"十二五"职业教育国家规划教材

国家精品课程配套教材

21世纪高职高专规划教材·市场营销系列

营销策划实务与实训

(第2版)

主　编　方志坚　章金萍

中国人民大学出版社

·北京·

图书在版编目（CIP）数据

营销策划实务与实训/方志坚，章金萍主编．—2版．—北京：中国人民大学出版社，2015.1
21世纪高职高专规划教材．市场营销系列
ISBN 978-7-300-20341-6

Ⅰ.①营…　Ⅱ.①方…②章…　Ⅲ.①营销策划-高等职业教育-教材　Ⅳ.①F713.50

中国版本图书馆CIP数据核字（2014）第282490号

"十二五"职业教育国家规划教材
国家精品课程配套教材
21世纪高职高专规划教材·市场营销系列
营销策划实务与实训（第2版）
主　编　方志坚　章金萍
Yingxiao Cehua Shiwu yu Shixun

出版发行	中国人民大学出版社		
社　　址	北京中关村大街31号	**邮政编码**	100080
电　　话	010－62511242（总编室）		010－62511770（质管部）
	010－82501766（邮购部）		010－62514148（门市部）
	010－62515195（发行公司）		010－62515275（盗版举报）
网　　址	http：//www.crup.com.cn		
	http：//www.ttrnet.com（人大教研网）		
经　　销	新华书店		
印　　刷	北京昌联印刷有限公司	**版　　次**	2011年8月第1版
规　　格	185 mm×260 mm　16开本		2015年2月第2版
印　　张	15	**印　　次**	2021年12月第11次印刷
字　　数	317 000	**定　　价**	29.80元

第2版前言

Preface

随着我国经济融入全球经济，我国的经济开始进入知识经济、网络经济时代。营销策划作为一种方法论的具体应用工具，在当今的知识经济、网络经济时代不仅越来越重要，而且运用越来越广泛。营销策划课程作为高职市场营销专业普遍开设的专业核心主干课，不仅要在教学理念上适应财经管理类专业工学结合人才培养模式的需要，更要在教材内容和教学方法上与时俱进地适应知识经济、网络经济时代发展的需要。

本教材为“十二五”职业教育国家规划教材，是在2012年国家精品资源共享课教材《营销策划技术》、2013年浙江省重点教材《营销策划实务与实训》的基础上，根据教育部制定的《高职高专教育市场营销专业人才培养方案》重新修订和编写的。全书由营销策划基础知识认知、市场调研与营销策划分析、营销战略STP分析与策划、战略性营销策划、企业形象策划、产品策划、营销渠道网络策划和促销策划八个项目构成。每个项目单元由“大家来讨论”(案例导入)、“基本知识”、“操作指导”、“案例学习”、“知识拓展”和“团队项目实战训练”六个模块组成。本次修订，我们在案例学习、知识拓展方面更加注重传统产品、服务产品与网络经济的融合。为了使教学与实训更接近实际，切实提高学生的实际操作能力，本教材的第2版在案例学习方面作了全面修改，所有学习案例均来自实际运作项目，或采用教师与学生共同实施完成项目的原创优秀案例。

在编写过程中，我们得到了众多行业专家、学者的建议、指导和支持，在此深表感谢！此外，我们还参考了许多专家最新的研究成果著述和资料，恕不一一致谢。

由于时间仓促，加之编者水平有限，不足之处在所难免，敬请批评指正。

编　者

2015年1月

第1版前言

Preface

本教材是根据21世纪高职高专规划教材·市场营销系列的指导思想和要求，并结合“营销策划技术”国家精品课程建设而编写的高等职业教育实用规划教材，适合高职高专院校经管类专业教学使用。

本教材力求体现当前我国高职教育中教学及人才培养模式改革发展的方向。在内容和教学组织安排上，突出知识、方法、技能和实践体验过程的融合，把对学生的职业思维观念和实操能力的培养作为教学的重心，紧密结合当前企业实际岗位的工作内容、程序和要求，围绕“工学结合，教学做合一”的人才培养模式，以团队化的项目制为教学和实训过程的载体，以学生为主体，教师全程指导，通过全方位、全过程、实战化、课内外结合的教学和训练，培养学生强烈的团队意识、良好的工作态度、敢于创新的精神和适应岗位实际需求的能力。

在遵循营销知识体系的基础上，本教材编者结合实际的项目和案例，按照实际工作岗位的操作程序、步骤、内容和要求，将全书分为八个项目。每个项目由“大家来讨论”、“基本知识”、“操作指导”、“案例学习”、“知识拓展”和“团队项目实战训练”六个模块组成，并以团队为教学组织形式，以每个团队所选择的具体项目为教学和训练的载体。教师通过团队化的项目制教学，将知识、方法、过程与具体的任务活动联系起来，让学生在学中做、做中学，加强学生在过程中的体验，切实调动学生的积极性、主动性，激发学生的团队合作精神和协作能力。需要说明的是：第一，本教材的教学项目仅涉及营销4P策略中的“产品”、“渠道”、“促销”的策划，“价格”策划更多地涉及企业的成本控制、盈利目标和财务知识，对高职学生来说有一定难度，故不作为本教材的教学项目；第二，“大家来讨论”模块的案例由编者结合相关资料改写，不再一一列举资料来源。

为了达到更好的教学效果，本教材在实际教学中建议总课时设置为60课时，各项目的具体的参考课时如下：

项目序号	教学项目	参考课时
1	营销策划基础知识	6
2	市场调研与营销策划分析	10
3	营销战略STP分析与策划	6
4	战略性营销策划	8
5	企业形象策划	6

续前表

项目序号	教学项目	参考课时
6	产品策划	8
7	营销渠道网络策划	4
8	促销策划	12
总　计		60

本教材由方志坚、章金萍担任主编，周宏敏、罗怀中、曹湛担任副主编。分工如下：方志坚编写项目一、项目四、项目八，章金萍编写项目三、项目五，周宏敏编写项目二，罗怀中编写项目六，曹湛编写项目七。最后，由方志坚负责统稿、章金萍负责定稿。

本教材在编写过程中，参考了大量著述和资料，还得到了杭州时信网络传播有限公司徐志清先生的指导和支持，在此深表感谢！

由于时间仓促，加之编者水平有限，本教材不足之处在所难免，敬请批评指正。

编　者

2011年5月

目 录

Contents

项目八 促销策划 / 194

项目一
营销策划基础知识认知

教学目标

通过本项目的学习与训练，要求学生深入理解营销策划的相关知识，熟悉并理解营销策划的方法和基本流程，掌握营销策划创意的方法和营销策划书的撰写技巧；要求学生通过充分的交流合作、合理分工、互相讨论和互相启发，探索完成适合本团队的项目，并对本团队的项目提出整体策划思路。

教学要求

1. 掌握营销策划的含义、要素与基本原理
2. 掌握营销策划的方法与基本流程
3. 掌握营销策划书的内容与撰写技巧

技能目标

1. 初步具有进行营销策划创意的能力
2. 初步具有撰写营销策划书的能力
3. 能通过团队合作，运用相关资料解决相关问题
4. 具有团队合作精神和协调团队内部人际关系的能力

卖木梳的故事

有一家效益相当好的大公司要高薪招聘营销主管。广告一出，报名者云集。为了能选拔出高素质的营销人员，公司出了一道实践性题目：“以10日为限，把木梳尽量多地卖给和尚。”

众应聘者困惑不解，甚至感到愤怒：“出家人剃发为僧，要木梳何用?”应聘者纷纷拂袖而去，几乎散尽。最后只剩下3位勇敢的应聘者：张三、李四和王五。

10日后，3位应聘者重聚，讲述各自的营销策略。

张三：“我历尽艰辛，受到众和尚的责骂和追打。好在下山途中遇到一个小和尚，一边晒着太阳，一边使劲挠着脏兮兮的头皮。我灵机一动，赶忙递上了木梳。小和尚用后满心欢喜，于是买了一把。”

李四：“我去了一座名山古寺，由于山高风大，看见进香者的头发都被吹乱了。于是我找到了寺院的住持，对他说：‘蓬头垢面是对佛祖的不敬，应在庙门前放把木梳，供善男信女梳发理鬓。’住持采纳了我的建议。那山共有10座庙，于是我卖掉了10把木梳。”

王五：“我一共卖出了1 000把木梳，而且手里还有很多订单。我去了一个颇具盛名、香火极旺的深山宝刹，那里朝圣者如云，施主络绎不绝。于是我对住持说：‘凡来进香朝拜者，都怀有一颗虔诚之心，宝刹应有所回赠，以作纪念，保佑其平安吉祥，鼓励其多做善事。我有一批木梳，你的书法超群，刻上“积善梳”三个字，便可作赠品。’住持大喜，立即买下1 000把木梳，并请我小住几日，共同出席首次赠送‘积善梳’的仪式。得到‘积善梳’的施主与香客很是高兴，这一消息一传十，十传百，朝圣者越来越多，香火也越来越旺。附近寺院的住持闻之，也纷纷前来找我预购木梳。我快马加鞭赶回，请公司速速发货，以成善事。”

讨论：为什么这三个人的销售业绩相差如此之大?

模块2 基本知识

一、营销策划概述

（一）关于策划

1. 策划的含义

策划是指人们为了达成某种预期的目标，借助科学思维方法和系统分析方法，对策划对象的环境因素进行分析，对资源进行重新组合和优化配置，以及围绕这些活动所进行的调查、分析、创意设计并制定行动方案的行为。按不同的分类标准，策划可分为团体策划和个人策划、政治策划和军事策划、企业策划和政府策划、战略策划和策略策划等。可以说，凡是有决策、计划的领域就有策划。

策划是一种非常复杂的活动。它不同于一般的“建议”，也不是单纯的“点子”，而是一种创造性的活动。因此，策划是为了解决现存的问题和实现特定的目标，通过提出新颖的思路、对策和制定具体可行的方案来达到预期效果的一种综合性创新活动。

2. 策划与计划的区别

策划不同于计划。策划包含策略和计划的双重含义。策划研究“做些什么”，是一种围绕既定目标而开展的具有崭新创意的设计。计划则研究“怎样去做”，是一种围绕已有设计而组织实施的具体安排。策划与计划的区别具体如表 1—1 所示。

表 1—1　策划与计划的区别

比较的角度	策　划	计　划
创意要求	必须有创意	不一定有创意
内容	自由，无限制	范围一定，按部就班
工作要求	掌握原则与方向	处理程序与细节
任务	做些什么	怎样去做
解决问题的方法	灵活性高	灵活性低
思维模式	开放	保守
挑战性	大	小

（二）营销策划的含义、要素与基本原理

1. 营销策划的含义

营销策划是营销策划人员围绕企业目标，根据企业现有的资源状况，在充分调查、分析市场营销环境的基础上，激发创意，制定企业具体市场营销目标和确定可能实现的解决问题的策略规划的活动过程。营销策划针对特定的营销对象和市场机会，在环境预期和市场分析的基础上，围绕企业的市场目标及绩效要求，对企业可控的经营资源和营销手段进行事先的、系统的设计、整合、规划和安排。

2. 营销策划的要素

营销策划包括以下几个要素：

（1）营销策划目标。

（2）营销策划主体。

（3）营销策划信息。

（4）营销策划物质技术手段。

3. 营销策划的基本原理

成功的营销策划并不是靠拍脑袋拍出来的，也不是一种偶然的巧合，而是某些客观规

律的体现，是现代科学原理指导下的产物。现代营销策划所涉及的科学原理是多方面的，它综合了哲学、经济学、管理学、营销学、社会学和心理学等学科的知识和原理，其中，最为重要的是市场营销学。营销策划必须通过分析消费者的需求动态来发现市场机会，通过具有战略眼光的整体策划来促进营销目标的实现。营销策划还必须遵循市场细分和目标市场的基本原理，若没有对各种市场要素的研究、分析以及在此基础上对企业目标市场的确定，营销策划就会失去方向。而企业市场开发、市场布局、市场拓展和市场竞争的决策与策划都离不开对营销策略组合原理的灵活运用。因此，市场营销学的基本原理也就理所当然地成为营销策划的基本指导思想。

（三）营销策划的目的

1. 统一企业经营活动

营销策划方案是企业经营活动的框架，它强调的是企业的整体组合，而不是各部门的各行其是。在营销策划目标确定之后，企业的产品策略、价格策略、渠道策略和促销策略都要围绕目标的实施而制定。

2. 提高资源利用效率

一般来说，资源都是有限的，因此，合理调配和运用各种资源非常重要。这里说的资源包括物质、信息和时间三方面。

（1）物质资源。主要包括企业员工数量、生产设备、原材料、资本额以及员工的知识、产品的科技含量等。

（2）信息资源。主要包括市场需求、同类产品、竞争者的举措等方面的信息。

（3）时间资源。企业只有把时间当做一种资源加以利用，才能对未来作出更好的规划，并处于主动地位。

3. 减少企业经营风险

“人无远虑，必有近忧。”企业在激烈的市场竞争中，要有忧患意识。营销策划可以帮助企业尽可能地避开各种风险和潜在威胁，充分挖掘自身的各种潜力，使自身最大限度地稳健发展。

4. 增强企业竞争能力

正如在战场上要战胜势均力敌的对手需要有周全的作战谋略一样，要想在市场上压倒具有实力的竞争对手也要有周密的营销策划。一个好的营销策划方案能使企业充分发挥自身优势，利用一切可以利用的条件和机会，最大限度地保持主动性，增强竞争能力，进而增加成功概率。

（四）营销策划的特征

营销策划作为市场营销学领域中的重要内容和创新实践活动，主要具有如下特征：

（1）创新性。营销策划的创新性表现在，在营销策划的过程中，营销策划人员从新的视角，以辩证的、动态的、系统的、发散的思维来整合营销策划对象所占有和可利用的各类显性资料和隐性资料，在新的排列组合方法指导下，使各种要素在生产经营的投入和产出过程中产生最大的经济效益。

（2）目标性。任何营销策划都必须围绕一定的目标，把握原则与方向。营销策划的出发点是为了更好地实现企业的目标，因此，营销策划过程中的一切活动始终不能脱离目标，要根据环境条件的变化，不断创新，以使将要采取的行动产生最佳效果。

（3）可行性。营销策划不是空想，营销策划方案的产生要建立在现有人、财、物的基础上，脱离现有条件的营销策划只是海市蜃楼，无法实现企业的目标。因此，任何营销策划都要具有可行性。

（4）系统性。营销策划是关于企业营销的系统工程，是企业产品整体的营销计划，因此具有系统性。

（5）超前性。营销策划是对未来环境的判断和对未来行为的安排，是根据目前或可预见的条件，设计还未到来的事业的活动。因此，营销策划人员必须具有超前意识和长远眼光，在设计方案时要高瞻远瞩。

（6）实践性。营销策划是一门实践性非常强的学问。营销策划人员不仅要提出开拓市场的思路，更要在创新思维的基础上制定营销策划的行动方案。

（7）综合性。营销策划是综合性的活动，是全方位、多谋略、多手段的整合。它包括对信息资源的分析与判断，对方案的构思、制定、实施、评估与调整的全过程。

（8）主观性。营销策划建立在营销的基础上，它是客体作用于主体之后所形成的主观产物。营销策划总是由人来完成的，这就决定了营销策划具有主观性。无论营销策划依据的信息有多么客观，只要经过了人的思考，就必然打上主观的烙印。

（9）复杂性。营销策划是一项要求投入大量智慧的高难度脑力劳动，是一项非常复杂的智力操作工程。

（五）营销策划的类型

1. 营销战略策划

营销战略策划是在经过科学决策并确定了企业目标的情况下，从企业的目标市场定位、竞争策略、形象设计等方面出发，围绕目标实现而进行的方案的构思和设计活动。营销战略策划是营销策划中至关重要的具有方向性和大局性的谋划。它主要包括以下内容：

（1）寻求营销机会。

（2）优选目标市场。

（3）市场定位策划。

（4）企业竞争战略策划。

（5）企业发展战略策划。

（6）企业形象战略策划。

2. 营销战术策划

营销战术是指企业在确定了目标市场和市场定位后，对企业可以控制的营销手段进行的组合或策划。营销战术策划主要涉及以下内容：

（1）产品策划。

（2）价格策划。

（3）渠道策划。

（4）促销策划。

（5）服务策划。

3. 营销创新策划

营销创新策划是指企业采用新观念、新技术、新方法对企业营销活动（目标市场、产品、价格、渠道、促销等）的战略与策略组合进行重新设计、选择、实施与评价，以促进企业市场竞争能力不断提高的方案与措施。近年来，随着国际营销理论与实践的深刻变化，大市场营销、关系营销、知识营销、CS（顾客满意）营销、CIS（企业形象识别系统）营销、特许加盟营销、服务营销、整合传播营销、绿色营销、网络营销等新的营销理念纷纷出现，这些都属于营销创新的范畴。

4. 总体营销策划

总体营销策划是指对企业整体营销过程的全面规划。换句话说，就是企业全面构思如何去寻找目标市场、如何开发产品、如何定价、如何分销及促销，最终使产品以最快的速度、最好的效益实现转移，从而实现企业的战略目标的规划活动。具体来说，它主要包括以下几类：

（1）总体产品营销策划。

（2）总体市场营销策划。

（3）整个时期营销策划。

5. 单项营销策划

单项营销策划是指企业为实施总体营销策划战略而进行的某项具体营销活动的策划。这一具体营销策划活动可以是针对某一产品、某项活动、某一区域或某一时期等。它主要包括以下几类：

（1）单一产品营销策划。

（2）单项活动营销策划。

（3）单一区域营销策划。

（4）单一时期营销策划。

6. 综合营销策划

综合营销策划是指依据一定的市场营销目标或任务所进行的全过程式的营销策划活

动，它大致可分为以下三类：

（1）以产品推广为思路的市场营销策划。

（2）以顾客管理为思路的市场营销策划。

（3）以市场竞争为思路的市场营销策划。

7. 专项营销策划

专项营销策划是指针对某一个具体产品或某一项具体活动而进行的营销策划，具有阶段性的特点，其内容往往是一个较为完整的市场营销过程的组成部分，如企业在某地的一次促销活动策划。

二、营销策划机构的组织形式和营销策划人员的素质能力要求

（一）营销策划机构的组织形式

为了实现营销策划目标，企业管理层必须选择适宜的营销策划机构组织形式。营销策划机构的组织形式通常有如下三种：

1. 自主型营销策划机构

企业内部以营销职能部门为策划主体单位，借助企业原有的市场营销组织机构和人员来采集信息、制定营销策划方案并组织实施。这种形式的营销策划机构渗透在企业的营销职能部门中，具有稳定性和系统性。

2. 外脑型营销策划机构

企业抽调部分营销人员、聘请专家或管理顾问公司成立专门的策划班子，进行企业的市场营销研究，对企业的市场营销战略和策略作出规划和策划，然后通过企业的营销职能部门来组织实施营销策划方案。这种形式的营销策划机构具有灵活性和高效性。

3. 混合型营销策划机构

许多企业将上述两种形式的营销策划机构结合运用，由自主型营销策划机构承担企业营销活动过程中常规的营销策划任务，由外脑型营销策划机构承担特定的营销策划任务，真正实现了营销策划机构的稳定、系统、灵活和高效。

（二）营销策划人员的素质能力要求

1. 预见能力

预见能力是指在深入了解某一产业、领域的特性的基础上洞察未来、预测今后发展趋势的能力，这是营销策划人员必备的“未来意识”。营销策划人员必须善于使用各种预测手段和预测工具，先人一步地进行预测，实施营销策划模拟操作。不仅如此，他还必须敢于接受新的知识和新的方向。当然，预见能力必须建立在对现状的正确认识和理解之上，

否则便是沙上建塔、纸上谈兵。

2. 构思能力

构思能力是营销策划人员心智的最高体现，是他们驾驭知识、信息的整体能力。营销策划人员必须首先动用形象思维描绘出全局的框架，然后运用简洁的语言描述营销策划的概要，充分把握人力资源、财务资源、社会资源以及各种可以动用的资源的变动趋势和发展趋势。构思如同建筑中的框架结构的建设，是营销策划之精要。构思的深度取决于营销策划人员对未来的预测、对资源的把握和自身知识结构的深度。

3. 创造能力

创造能力是营销策划方案提出、展开、推进和实施过程中，营销策划人员需要具备的解决问题的能力。创造能力在整个营销策划方案中起着主要作用。资料、信息的整理、运用，主意的发现、选择，构思的精细、巧妙，方案的表现、描述，策划的沟通、灌输，营销策划的每一个阶段都需要创造能力。因此，创造能力也是营销策划之精要。

4. 组织能力

营销策划需要对资源进行整合利用，对人、物、事进行统筹安排。因此，组织能力将直接影响营销策划成果。营销策划人员的组织能力包括内部组织的调配能力和外部组织的协调能力。营销策划人员除了要具备较强的组织纪律性和团队协作精神外，还必须拥有强劲的组织领导能力即统率力。

5. 情报能力

情报能力是指收集、分析必需的信息情报，让信息情报成为营销策划的基础，成为营销策划过程中对未来进行判断的依据的能力。情报能力包含三个方面：第一，收集情报、建立资料库的能力；第二，处理情报、整理信息的能力；第三，利用情报、运用信息，使营销策划更加科学、理性的能力。情报工作是营销策划人员主要的日常工作，也是营销策划的基础。

6. 表现能力

表现能力是丰富、充实营销策划的抽象能力，它不只是营销策划人员的个人能力，更多的是集体智慧。在营销策划中，表现能力的手法丰富多彩，可以根据需要采用适当的形式。倘若营销策划人员的表现能力不足，那么营销策划就是折翼的风筝。

7. 说服能力

营销策划是纯粹主观的智力活动，许多营销方面的理论不具备可供参考的样板，而且不同的营销策划人员的营销策划方案差异巨大。因此，把这种智力产品推销出去、传播开来，主要依靠的就是说服能力。说服能力是指以营销策划的表现能力为依托，通过对营销策划的每一个阶段的具体描述来达到沟通目的的能力。没有说服能力，再好的营销策划也得不到认可，更谈不上实施和实现了。

8. 学习能力

营销策划不是教条主义，它是一个动态的过程，必须在不断变化的市场环境和人文环境中进行。因此，营销策划人员的学习能力是衡量营销策划质量的标尺。只有不断加强对新的市场营销理论、新的品牌管理理论和各种有益于营销策划的知识的学习，并且接受新的资讯和新的观念，营销策划才能活起来。如果停止学习的脚步，营销策划将成为无源之水、无本之木。

9. 创新能力

创新能力是指基于学习能力之上的创造和更新的能力。创新在营销策划构思阶段是指对资源的创新利用，在营销策划表现阶段是指对理性思维的感性表现，在营销策划实施阶段又表现为新思想、新知识得到了验证并取得成果，在营销策划完成阶段是指对旧有机制的更新。因此，创新对于营销策划至关重要，它是新价值的体现。

三、营销策划的方法与创意

（一）营销策划的方法

1. 主题法

营销策划主题是指营销策划为达到某个目的而要说明的基本观念，它是营销策划活动的中心内容，是营销策划方案所要表达的中心思想，是企业进行营销策划的指向。完整的营销策划主题包括三个要素：营销策划人员的策划目标、营销策划人员提供给策划对象的信息和参与者的心理需求。

主题开发要在概念的基础上进行，其过程和概念挖掘过程类似，即首先运用创造性思维，发挥丰富的想象力，得到多个构思；然后进行分析和筛选，依据营销策划的特点来确定主题。

2. 点子法

点子是智慧的内核，它需要的是创新的欲望、过人的胆识及个性等。从现代营销策划角度来说，点子是指有丰富市场经验的营销策划人员经过深思熟虑，为营销策划方案的具体实施所想出的主意与方法。有时，一个点子能够代表整个营销策划的精华。

3. 造势法

造势法是指在营销策划方案实施前和实施过程中，企业进行对外宣传并制造声势，以扩大自身影响的方法，它有助于提升企业形象，改善公共关系。

4. 谋略法

谋略是关于某项事物、某件事情的决策和实施方案。谋略的中心是一个“术”字，战术、策略、手段和方法在谋略中发挥着核心作用。谋略起初在战争中被广泛运用，成为古代兵法中的重要内容。现代的谋略则含有组织、管理、规划、实施等多方面的内容，既具有全局性和根本性，又具有艺术性和方向性。

5. 创意法

创意是指在市场调研的基础上，以市场策略为依据，经过独特的心智训练后，有意识地运用新的方法组合旧的要素的过程。创意其实就是不断寻找事物与事物间存在的一般或不一般的关系，然后把这些关系重新组合、搭配，使其产生奇妙、变幻的效果。创意法是营销策划的核心和精髓，许多营销策划的成功往往来源于一个绝妙而大胆的创意。

（二）营销策划的创意

新颖的营销策划创意是营销策划的生命力。在营销策划过程中，营销策划创意只是一种思路和想法，它还需要被转化为具体的营销策划方案。从创意设计到营销策划方案的制定，是一个由抽象到具体、由感性到理性的过程。营销策划方案通常是由一系列相互连贯的营销策划活动计划组合而成的，所以，营销策划方案的制定往往表现为对一个个具体营销策划活动的设计和安排。所有的活动都必须体现和贯彻营销策划创意的基本思想，并使其具体化和现实化。这样，营销策划创意才有可能转化为切实可行的营销策划方案。

1. 营销策划创意的基本原则

营销策划创意是一种复杂、高级的思维活动，其基本原则有：

（1）综合择优原则。要选择最具可操作性又最能实现策划意图的营销策划创意。在营销策划的过程中，选择无时不有、无处不在。营销策划人员只有通过综合而择优，才能使营销策划的整体功能最优化。

（2）移植原则。客观事物中存在大量相似现象。他山之石，可以攻玉，在相似的基础上加以适当改变，就容易产生新的营销策划创意。

（3）组合原则。把系统要素、方法等加以重新组合，也容易产生新的营销策划创意。

（4）逆反原则。人们习惯于按照事物间存在的对应性、对称性去构思。要产生与众不同的营销策划创意，显示自己的特色，营销策划人员可以运用逆向思维方法，而不是亦步亦趋。

上述基本原则往往相互渗透、相辅相成，需要我们在实际操作中灵活应变。

2. 营销策划创意的一般方法

（1）移植创意法。移植创意法是指将某一领域的原理、方法、技术或构思移植到另一领域而形成新创意的方法。它是思维领域的一种嫁接现象。生物领域的嫁接或杂交可以产生新的物种，科技领域的移植或嫁接可以产生新的科技成果。同样，营销策划人员也可以通过对不同领域、不同行业的某些方面进行移植和嫁接，从而形成新的营销策划创意。

（2）改良创意法。改良创意法是对符合自身营销策划目的的已经公开的信息进行修改、提升和加工，从而形成新的营销策划创意的方法。这种方法简便而实用，但由于这一方法是将现成的情报或营销策划方案加上或减去一些内容，因此，这些情报和原营销策划方案应该是公开的，经允许可使用的。

（3）分解创意法。分解创意法就是把一个整体的营销策划过程分解成若干个步骤或相对独立的子过程，或把一个整体的营销策划内容分解成若干个相对独立的子内容的方法。

（4）组合创意法。组合创意法就是将积累的各种信息进行有机组合而产生新的营销策划创意的方法。例如，要制定一个新产品市场开发的营销策划方案，可以从以下各种渠道的信息的组合中得到启示，产生新的营销策划创意。如专业图书、杂志、企业刊物和剪报，有关市场开发成功的策划方案、活动方案和建议方案，有关专家、学者和研究人员拥有的市场开发知识和情报，国内外同行或业界其他成员所拥有的关于市场开发的策划和情报等。

（5）重点创意法。重点创意法就是抓住重点，从核心点、关键处进行突破的创意方法。它是营销策划的重要创意方法与思路之一，其核心是强调解决问题要善于从一点突破，不要眉毛胡子一把抓。营销策划人员在面对复杂的问题和对象时，要努力突出某一环节、某项业务等个别线索，主动地简化问题和对象，使之简单化、明了化。通过重点突破，进而把局部策划产生的功效传递给整个对象，最终解决整体策划问题。

（6）模仿创意法。模仿创意法是指通过模拟、仿制已知事物来创意构造未知事物的方法。它又分为仿生创意法和仿形创意法。仿生创意法是指对我们熟知的某种生物进行模仿的创意方法。仿形创意法是指仅仅对已知事物的形状进行模仿的创意方法。

（7）转换创意法。转换创意法是指转换、制造或寻找更加有利于营销策划的外界背景，使营销策划的效果更加显著的创意方法。

（8）联想创意法。联想创意法是一种由此及彼的扩散性思维创意方法。把联想转化为创意，进而形成营销策划方案，是营销策划人员较常采用的方法之一。

（9）逆向创意法。逆向创意法是指当按常规思维去解决问题不见成效时，反其道而行之，进行逆向思考以获得意想不到的效果的创意方法。

（10）激荡创意法。激荡创意法又称头脑风暴法，是一种刺激大脑、激发思考能力从而产生创意的方法。这一方法常常用于多人一起相互启发、进行思想碰撞，以达到创意涌动的境界。

模块3 操作指导

一、营销策划的基本流程

营销策划是一个较为复杂而又科学的运作过程，其顺利进行需要有一定的操作程序来保证。我们可以通过做好事前的准备、时间的安排、调研的分析和创意的筛选等一系列工作，来确保营销策划的成功。

（一）建立营销策划机构

营销策划机构是营销策划工作得以实施的组织保障，是企业为了实现营销策划目标、发挥营销策划功能，由有关部门和人员协作配合的科学体系。企业的所有营销策划活动都应该由营销策划机构来完成。要使营销策划科学化，确保营销策划的实施达成预期目标，就必须建立营销策划机构，并对其进行规划和安排。

（二）设定营销策划目标

设定营销策划目标是制定营销策划方案的前提。具体步骤如下：

1. 设定问题

设定问题时应选择最重要的问题。如果要在同一时间内完成多个目标，其结果往往是一事无成。追逐两兔，不如择一。问题的设定就好比射击时要通过枪的准星去瞄准目标一样，失之毫厘，谬以千里，所以营销策划人员一定要慎重。

2. 确立目标

企业要推广产品或营造品牌，必须制定切实可行的目标。这是营销策划能否成功的前提。

3. 量化目标

对目标进行量化处理，在实施过程中用数量标准对营销策划方案进行衡量，是许多企业所采用的方法。

（三）分析营销现状

1. 掌握现状

在拟订营销策划方案之前，应围绕目标，有针对性地了解营销现状，不仅要对市场情况、消费者需求进行深入调研，还要了解竞争产品和经销商的情况。

2. 搜集资料

（1）资料的直接搜集：采用观察、访问以及实验等方式获得一手资料。

（2）资料的间接搜集：查阅书籍与报刊、现成的企业内部资料和政府部门资料等。

3. 分析市场

在市场调研和预测的基础上，根据策划目的分析市场环境，寻找市场机会。营销策划是对市场机会的把握和利用，因此正确地分析市场机会是营销策划的关键。找准了市场机会，营销策划就成功了一半。

4. 了解企业

企业的营销策划必须量力而行。只求营销策划方案本身的亮丽而忽视企业的实力，将导致营销策划实施的失败。因此，对企业实力进行分析是不可或缺的重要一环。

（四）开展创意策划

1. 创意策划的含义

创意策划是指通过非凡的构思来体现营销策划的战略目标的过程。营销策划领域的创意可以被理解为企业形象设计、广告设计、艺术创作、市场营销技巧以及对现代文化娱乐活动等的构思。

2. 创意策划的环节

营销策划是一个复杂的系统工程，营销策划人员必须从营销策划的背景、问题点和实际效果出发，来探寻其运行途径和作业流程，明确其应该如何推进和最终能达到什么效果。创意策划没有固定的步骤可循，但一般包括以下环节：

（1）明确策划目标。营销策划人员必须弄清委托者的本意，并从中提炼主题，把合作者的智慧汇集其中，避免产生歧义或南辕北辙。

（2）探求策划线索。策划线索的探求大致可从两个渠道进行：其一，从现有的知识、情报中获得；其二，通过个人或集体的智慧产生。

（3）分析运行环境。企业的内外部环境是创意策划的依据，因而营销策划人员要对企业的内外部环境进行透彻的分析，以催生合乎环境的正确创意。一般来说，企业的外部环境包括政治环境、社会环境、经济环境和文化环境等，企业的内部环境包括生产状况、经营状况和管理状况等。

（4）加工处理信息。营销策划人员要对企业提供的资料和自己深入企业所取得的一手资料进行认真分析，借助电脑对信息的量化分析和人脑对企业实态的感性分析，对这些资料进行整理加工，去粗取精，去伪存真。在反复的调研、探究和切磋的过程中，营销策划人员不仅要充分了解情况，而且要具备强烈的创意冲动，由此才可以进入下一环节。

（5）产生创意灵感。创意是营销策划人员灵感闪现的过程，它通常需要外力的激发。激发创意一般要求营销策划人员具备以下条件：灵敏的反应能力、卓越的图形感知力、丰富的情报信息、清晰的系统概念和思路、娴熟的控制能力、高度的抽象化提炼能力、敏锐的关联性反应能力、丰富的想象力、广博的阅历与深入的感性体验、多角度思考问题的灵活性以及同时进行多项工作的能力等。

（6）形成策划创意。策划创意是将暗示、灵感和突发念头等初级层次的“想法”，经过整理、琢磨，形成有结构层次的可能实现的“构思”。在诸多“想法”中，实际能发展成为策划创意的只是少数。

（7）制定创意方案。创意方案又称创意报告，包括命名、创意人、创意的目标、创意的内容、经费预算、参考资料和备注等部分。

（五）制定营销策划行动方案

有了好的营销策划创意，下一步是将其具体化，使之发展成营销策划行动方案。其具体内容如下：

1. 设计方案

全面分析市场环境和企业资源，明确企业的优势，发现企业的市场机会，设定具体的市场营销目标，并在此基础上结合营销策划创意，制定可行的营销策划行动方案。

2. 优化方案

优化方案主要是对以下各项内容加以明确：营销目标及实现营销目标所需要的条件，营销战略与战术，营销策划的步骤、时间、实施人员与经费预算，营销策划方案的效果与评估，营销策划方案实施的附加条件，等等。

3. 确定进程

营销策划行动方案应注意时间安排。各项任务何时开始、何时结束，都要十分具体，应有行动日程表。

4. 经费预算

营销策划的经费预算是企业综合预算的重要内容，是调节和控制经营活动的重要工具，也是营销策划方案顺利实施的具体保障，是营销策划的一个重要环节。经费预算应尽可能详尽、周密，各项费用应尽可能细化，尽可能真实反映营销策划方案实施的投入大小，力争将各项费用控制在最低成本上，以求获得最优的经济效益。

（六）编写营销策划方案

营销策划的全过程，就是针对企业营销中存在的问题和市场机会，提出具体解决问题的战略性方案和战术性方案，并实施日程设计的过程。编写营销策划方案的过程，实际上与营销策划的过程是重叠的。营销策划方案不可能凭空而来，也不可能一蹴而就。营销策划人员要在市场调研的基础上，不断修改和完善最初的营销策划方案，形成最终的营销策划方案。

（七）实施营销策划方案

营销策划方案实施是将制定好的营销策划方案转化成具体的营销行动。实施营销策划方案应当注意以下两个问题：

1. 全面贯彻

既然历尽艰辛才策划出一个方案，就应当全面贯彻。一个好的营销策划方案必须有好的营销行动来落实。好的营销策划方案未能取得一流的效果，多半是执行不到位所致。设计一个好方案实属不易，如果仅因执行不到位而前功尽弃，不仅令人遗憾，还将造成新的损失。

2. 反馈调整

在实施过程中，任何营销策划方案都可能出现与现实情况不相适应的地方，因此必须及时根据市场的反馈情况对其进行调整。经常有这样的情况发生，一个非常普通的营销策划方案却取得了非常优秀的营销效果，这就是方案在实施中紧贴市场、适时调整，充分遵循市场运行规律的结果。

（八）设计控制和应急措施

在这一阶段，营销策划人员的任务是为已经通过效益预测的战略和行动方案，设计控制和应急措施，以便于操作时对营销策划方案的执行过程和进度进行管理。典型的做法是把目标、任务和预算按月或季度分开，使企业能够及时了解各个时期的销售业绩，找出未完成任务的部门和环节，并责令其限期作出解释和提出改进措施。设计控制和应急措施的目的是事先充分考虑可能出现的各种困难，防患于未然。营销策划人员可以扼要地列举出最有可能发生的不利情况，指出有关部门、人员应当采取的对策。

对营销策划的控制不同于营销策划方案中的控制和应急措施。它既不是对营销活动未来目标的设计，也不是对营销活动结果的考评，而是对营销活动现状的把握，即控制对象是现实营销活动过程本身。其特点是营销策划方案控制与营销活动的开展同步进行。从一定意义上讲，营销策划方案的控制，实际上是对企业营销活动过程的同步管理，是由系列调控行为组成的动态过程。

（九）营销策划方案实施效果测评

当营销策划方案实施后，营销策划人员应对其效果进行跟踪测评。测评形式主要有两种：

1. 进行性测评

进行性测评是在营销策划方案实施过程中进行的阶段性测评，其目的是了解前一阶段方案实施的效果，并为下一阶段更好地实施方案提供反馈指导。

2. 终结性测评

终结性测评是在营销策划方案实施完毕后进行的最终测评，其目的是了解整个方案的实施效果，为以后的营销策划方案的制定提供依据。

二、营销策划的经费预算

营销策划的经费预算是企业综合预算中的重要内容，是调节和控制经营活动的重要工具，也是营销策划方案顺利实施的具体保障。营销策划预算涉及实施营销策划方案的费用，如产品开发费用、广告宣传费用、促销推广费用以及产品分销费用等。在某些情况下，还应当对实施营销策划方案所可能产生的机会成本加以说明，通过对不同方案的机会成本的比较来证明该方案的经济可行性。

（一）营销策划经费预算的基本原则

如前所述，营销策划经费预算应尽可能详尽、周密，各项费用应尽可能细化，尽可能真实反映策划方案实施的投入大小，力争将各项费用控制在最低成本上，以求获得最优的经济效益。具体来说，营销策划经费预算必须科学、合理，遵循以下基本原则：

1. 效益性原则

效益性原则是指以最少的经费投入产出最大的营销效益。也就是说，应当避免在预算中出现对低营销效益或者没有营销效益的营销策划的经费投入。

2. 经济性原则

经济性原则是指在营销策划方案实施中，必须保证足够的营销策划经费，同时尽可能节省不必要的经费开支。营销活动是一项经济活动，必然要考核其投入产出比。要想取得良好的经济效益，必须遵循经济性原则。

3. 充足性原则

充足性原则是指投入的营销策划经费要能够保证营销策划方案的全面实施。营销策划经费是企业投入的营销费用，直接影响企业的利润。营销策划经费多了会造成资源浪费，少了又会影响营销效果，无法保证营销策划方案的实施，甚至会使营销策划方案夭折。因此，企业应通过边际效益理论来对营销策划经费投入的充足性作出测算和评估。

4. 弹性原则

弹性原则是指营销策划的经费预算要能根据未来环境的动态变化而表现出灵活机动性。当营销环境发生变化时，原有的营销策划经费也应相应调整。

（二）营销策划经费预算的具体内容

营销策划经费预算包括两大方面：策划活动的经费预算和营销活动的经费预算。二者内容不同，计算方法也不一样。

1. 策划活动的经费预算

策划活动的经费是指企业要为策划活动所支付的费用，其主要项目包括：

（1）市场调研费用。市场调研通常要委托专业调研公司或雇用专业调研人员。资金不足会导致调研资料失真，调研结果有偏差。因此，要根据市场调研的规模和难易程度来确定预算。

（2）信息收集费用。主要包括信息检索费用、资料购置及复印费、信息咨询费、信息处理费等，其预算要依据信息收集的规模和难易程度来确定。

（3）人力投入费用。为了完成不同的分工，策划活动需要一定的人力投入。这一费用比较容易计算。

（4）策划报酬。主要分两种情况：一是针对企业营销策划人员的自行策划，可以以奖金形式发放，这样开支相对较低；二是针对委托“外脑”策划，这需要事先商定策划费和支付细则，然后据此发放。

2. 营销活动的经费预算

营销活动的经费是指实施营销策划方案所要发生的费用。其预算方法主要有以下几种：

（1）目标任务法。目标任务法就是将营销策划方案所要实现的目标分解成具体的任务，再计算完成这些任务所需要的资金投入的方法。这是确定单项营销策划方案费用预算的主要方法。

（2）销售百分比法。销售百分比法是指依据特定销售额（当期或预测数）的百分比或售价的一定比重决定企业营销费用的方法。确定比重的依据有两种：一是上年度销售额，一是本年度预计销售额。这是一种简单易行的方法，目前绝大多数企业都采用这种方法。

（3）力所能及法。力所能及法是指扣除其他不可避免的费用后，再来确定营销预算的方法。

（4）竞争平位法。竞争平位法就是将同行竞争对手的营销预算作为本企业的预算标准的方法。

（5）市场份额法。市场份额法的基本思想是：企业要保持并扩大其市场份额，就必须使营销投入份额高于其所占有的市场份额。如果企业只希望以新产品来占有市场份额，其所付出的营销费用应该两倍于其所希望达到的市场份额预期。

三、营销策划书的编制和撰写

营销策划书，又称营销策划报告，是对创意后形成的概要方案加以充实和编辑，采用文字和图表等形式来表达，从而形成的系统性、科学性的书面策划文件。

（一）营销策划书的编前准备

营销策划书撰写前的准备工作包括以下几个方面：

1. 明确目标

明确营销策划要达成什么目标，这是开展营销策划的第一步，也是很重要的一步。目标不明确，营销策划便不能有的放矢。因此，在进行营销策划时，先要弄清目标，判断营销策划类型，据此开展之后的各项工作。

2. 环境评估与分析

市场营销环境对企业营销活动的开展起着十分重要的作用，关系着企业的生存和发展。市场营销环境的变化，既可以给企业带来威胁，也可以给企业带来市场机会。营销策划人员应通过对环境的评估与分析，最大限度地减少环境变化带来的市场威胁，增加新的市场机会。

3. 营销调研

营销调研即市场调研。在编制、撰写营销策划书之前，营销策划人员必须专门开展营销调研活动，为科学地制定营销策划方案提供可靠的依据。

（二）营销策划书的编制原则

1. 实事求是原则

营销策划书是一份执行手册，因此编制营销策划书时一定要坚持实事求是的科学态度。在制定指标、选择方法和划分步骤时，营销策划人员应从主客观条件出发，尊重他人的意见，克服自以为是和先入为主的观念，用全面的、本质的、发展的观点观察、认识事物。

2. 严肃规范原则

严肃规范原则要求营销策划人员在设计营销策划书时，严格按照营销策划的意图和科学程序办事。营销策划书是为营销策划的开发利用寻找方法、安排步骤和制定规划的。它是营销策划人员依据营销策划的内在规律，遵循操作的必然程序，严肃认真、一丝不苟、精心编制而成的。严肃规范原则贯穿于编制营销策划书的过程中，当一个科学合理的营销策划书被采纳之后，在实际操作过程中，任何人不得违背或擅自更改。

3. 简洁易行原则

简洁易行原则要求营销策划书简洁明了、通俗易懂、易于推广、易于操作。在营销策划书各要素的安排和操作程序的编制上，营销策划人员要依据主客观条件，尽量化繁为简、化难为易，使营销策划书既简洁易行，又不失其效用。

4. 灵活弹性原则

灵活弹性原则要求营销策划人员在设计营销策划书时，留有回旋余地。在当今这个信息高速发展的时代，营销策划书虽然具有科学预见性，但它毕竟与现实和未来存在一定的差距，所以，其实施过程难免遇到突如其来的矛盾和意想不到的困难。对此，营销策划人员应提前提出应变措施，并使其浸透到营销策划书中去，一旦意外情况出现，可及时对营销策划书进行修改和调整。这样，既保证了原有策划意图在不同程度上的实现，又避免了因营销策划书的夭折而造成的重大损失。

5. 逻辑思维原则

营销策划的目的在于发现企业营销中出现的问题并制定解决方案，营销策划人员要按照逻辑思维来编制营销策划书。首先，了解企业的现实状况，描述进行该策划的背景，分析当前市场状况以及目标市场，把策划的中心目的和盘托出；其次，详细阐述策划内容；再次，明确提出解决问题的对策；最后，预测实施该营销策划方案的效果。

6. 创意新颖原则

营销策划方案应该是一个“金点子”，“金”意味着策划的“点子”（创意）要与众不同、新颖别致，表现手段也要别出心裁，且能给人以全新的感受。新颖、奇特、与众不同的创意是营销策划书的核心内容。

（三）营销策划书的构成要素和基本结构

1. 营销策划书的构成要素

营销策划书大致包括以下八个构成要素。其中，何法、预算和预测是营销策划书区别于计划书和其他报告的三个显著特征。

（1）何事——营销策划的目的与内容。

（2）何人——营销策划团队与相关人员。

（3）何时——营销策划操作的起止时间。

（4）何处——营销策划实施的环境场所。

（5）何因——营销策划的缘由与背景。

（6）何法——营销策划的方法与措施。

（7）预算——营销策划的人、财、物与进度的预算。

（8）预测——营销策划实施效果的预测。

2. 营销策划书的基本结构

（1）策划基础部分。这一部分主要包括对企业营销背景和市场环境的分析，具体因策划内容而异，但具有共性的内容有宏观环境分析、微观环境分析、企业概况分析和对调研资料的分析。

（2）行动方案部分。这一部分主要包括对企业营销策划活动的范围、目标、战略、策略、实施程序和安排等的设计。就营销策划的指导思想而言，这一部分主要包括两个方面的内容：如何确定目标市场，包括市场细分、目标市场选择以及市场定位（对产品的市场定位和对企业的市场定位）等；如何占领目标市场，包括产品策略（新产品开发、新产品品牌命名、新产品市场推广等方面的策略）、价格策略（价格制定、价格变动等方面的策略）、渠道策略（分销渠道选择等方面的策略）和促销策略（广告、人员促销、营业推广、公关活动等方面的策略）等。

（四）营销策划书的内容

1. 前言

前言的作用在于引起阅读者的注意和兴趣。前言不能过长，一般不要超过一页，字数控制在 1 000 字以内。其内容可以集中在以下几个方面：首先，简单交代一下接受营销策划委托的情况。如：××公司接受××公司的委托，就××年度的营业推广计划进行具体策划。其次，重点叙述为什么要进行这一营销策划，即把营销策划的重要性和必要性表达清楚，吸引阅读者进一步阅读正文。最后，就营销策划的主要情况，即营销策划的过程及其实施后要达到的理想状态作简要的说明。

2. 目录

目录的作用在于使营销策划书的结构一目了然，同时也使阅读者能方便地查询营销策划书的内容。因此，目录不宜省略。如果营销策划书的内容不是很多、篇幅不是很长，目录可以和前言同列于一页。列目录时要注意：目录中所标的页码不能和正文的页码有出入，否则会给阅读者带来麻烦。

3. 概要提示

为了使阅读者对营销策划书的内容有一个清晰的概念，使他们尽快理解营销策划人员的意图与观点，提供一个总结性的概要提示是必不可少的。概要提示要简明扼要，篇幅不能过长，控制在一页以内。另外，概要提示不是简单地列举策划内容，而是要单独形成一个系统，因此，其遣词造句等都要仔细斟酌，要起到“管中窥豹，可见一斑”的效果。

4. 环境分析

环境分析是营销策划的依据与基础，所有营销策划都是以环境分析为出发点的。营销策划人员应在外部环境与内部环境中抓重点，描绘出环境变化的轨迹，收集令人信服的资料。环境分析的要点是明了性和准确性。明了性是指列举的数据和事实要有条理，使人能抓住重点。准确性是指分析要符合客观实际，不能有太多的主观臆断。任何一个带有结论性的说明或观点都必须建立在客观事实的基础上，这也是衡量营销策划人员水平的标准之一。

5. 机会分析

机会分析与环境分析可以被视为一个整体。实际上，在很多场合，一些营销策划书也确实是如此处理的。营销策划人员要从上述的环境分析中归纳出企业的机会与威胁、优势与劣势，然后找出企业存在的真正问题与具有的潜力，为后面的方案制定打下基础。企业的机会与威胁一般通过对外部环境的分析来把握，企业的优势与劣势一般通过对内部环境的分析来把握。在确定了机会与威胁、优势与劣势之后，再根据对市场运行轨迹的预测，企业就可以大致找到自身的问题所在了。

6. 营销战略与行动方案

这是营销策划书中最主要的部分。在撰写这部分内容时，营销策划人员必须非常清楚地提出营销目标、营销战略与具体行动方案。以医生为病人诊断为例，医生在询问病情、观察面色、把脉以及进行各项常规检查（如同环境分析和机会分析）后，要根据病人的具体情况，为其设定理想的健康目标（如同营销目标），并根据健康目标制定具体的治疗方案（如同营销战略与行动方案）。在制定营销战略与行动方案时，要避免人为提高营销目标，制定脱离实际、难以施行的行动方案。可操作性是衡量此部分内容的主要标准。所以，营销策划人员还必须制定一个行动日程表作为补充，以使营销战略与行动方案更具可操作性，提高营销策划的可信度。

7. 营销经费预算

营销经费的预算不能马虎，要有根据。媒体广告费用等最好列出具体价目表，如果价目表过细，可作为附录列在最后。在列营销经费时要区分不同的项目，既不能太粗，又不能太细。用表格的形式列出营销经费是较常用的方法，其优点是条理清晰且醒目。

8. 行动方案控制

这部分内容不用写得太详细，只要写清楚行动方案实施过程中的管理方法与措施即可。另外，行动方案由谁实施，也要在这里说明。

9. 结束语

结束语主要起与前言相呼应的作用，它能使营销策划书有一个圆满的结尾，而不会使人感到太突然。结束语中可再重复和突出一下主要观点。

10. 附录

附录的作用之一在于提供营销策划客观性的证明。因此，凡是有助于阅读者理解和信任营销策划内容的资料都可以考虑列入附录。但是，为了突出重点，可列可不列的资料还是不列为宜。附录的作用之二是提供原始资料，如消费者调研问卷的样本、座谈会原始照片等图像资料等。附录也要标明顺序，以便查找。

（五）营销策划书的撰写技巧

营销策划书和一般的报告有所不同，它对可信性、可操作性和说服力的要求特别高，因此，运用撰写技巧提高可信性、可操作性和说服力，也是营销策划书的目标。

1. 寻找理论依据

要提高营销策划书内容的可信性，并使阅读者接受，营销策划人员就要为其观点寻找理论依据。事实证明，这是一个事半功倍的有效办法。但是，理论依据与观点要有对应关系，纯粹的理论堆砌不仅不能提高可信性，反而会给人脱离实际的感觉。

2. 适当举例

这里的举例是指通过正反两方面的例子来论证观点。在营销策划书中，适当地加入成功与失败的例子，既能起到调节结构的作用，又能增强说服力。需要指出的是，举例以多举成功的例子为宜，如选择一些国外先进的经验与做法，以印证自己的观点。

3. 利用数据说明问题

营销策划书是一份指导企业实践的文件，其可靠程度如何是决策者首先要考虑的。它的内容不能有查无凭据之嫌，任何一个观点均要有依据，而数据就是最好的依据。在营销策划书中，利用各种绝对数和相对数来进行比照必不可少。需要注意的是，数据须有出处，以证明其可靠性。

4. 运用图表帮助理解

图表有助于阅读者理解营销策划的内容，还能提高页面的美观性。图表的主要优点在于其强烈的视觉效果，因此，用图表进行比较分析、概括归纳、辅助说明等非常有效。图表的另一优点是能调节阅读者的情绪，这有利于阅读者对营销策划书的深刻理解。

5. 合理利用版式设计

营销策划书的视觉效果在一定程度上影响着营销策划书的最终效果。合理利用版式设计也是营销策划书的撰写技巧之一。版式设计包括字体、字号、字距、行距以及插图和颜色等的设计。良好的版式设计可以使营销策划书重点突出、层次分明。

6. 注意细节，消灭差错

细节往往会被忽视，但是对于营销策划书来说却十分重要。可以想象，如果一份营销策划书错漏百出，阅读者怎么可能会对其及其撰写者抱有良好的印象呢？因此，营销策划人员要反复地、仔细地检查营销策划书，特别是企业名称、专业术语等关键内容。另外，纸张的质量、打印的质量等都会对营销策划书产生影响，营销策划人员对此也绝不能掉以轻心。

模块 4　案例学习

南方黑芝麻集团实物派发营销策划

“营养有黑白，我选黑营养。”这是央视多个频道和时段最近开始播放的黑芝麻乳广告中的一句话。

黑芝麻乳是南方黑芝麻集团股份有限公司（以下简称“南方黑芝麻集团”）的新产品，数十年来闻名遐迩的黑芝麻糊正是该公司的主要产品之一，而此次南方黑芝麻集团投向央视的广告金额达到 1 亿元之巨，高调出手在业界瞬间一石激起千层浪。

南方黑芝麻集团几个月前向股东派发实物产品的案例同样引起了资本市场的轰动，获赠实物的股东反响强烈，更引起诸多公司的效仿。

但鲜为人知的是，新广告正是实物派发以及有奖征集后南方黑芝麻集团充分吸取了股东群体智慧的结果。历时数月的活动不仅让股东充分了解了南方黑芝麻集团的新产品，还使该公司收获了关于新产品诸多细致入微的意见和建议。

奇招引争议

一纸公告将南方黑芝麻集团推向了舆论的焦点。

南方黑芝麻集团于 2013 年 4 月 3 日发布公告：为了向股东征集对新产品的意见和建议，公司向持有本公司股票 1 000 股以上（含 1 000 股）的股东（大股东除外），每 1 000 股赠发一份礼盒装产品（12 罐黑芝麻乳），1 000 股以下每个股东赠发 6 罐黑芝麻乳。

创新的产品派发方案和庞大的产品数量使得南方黑芝麻集团此举一石激起千层浪，在网络上引发了激烈的讨论。

这一行动最开始被网友误以为是上市公司分红，多数网友在对南方黑芝麻集团送股东黑芝麻乳一事持肯定态度的同时，开始向其他上市公司撒娇“要房、要车、要茅台酒”，甚至“要柳岩、李冰冰”。随后更有不少公司纷纷效仿，向股东派发了实物。

“实际上并不是分红，而是将一个不很成熟的产品和营销思路向股东征集意见。然而，本次活动自产品品尝、有奖意见征集到最后投放广告，被业内认为是一次精心的营销策划，效果出乎意料的好。”南方黑芝麻食品销售有限公司副总经理韦广贤向记者表示。

韦广贤介绍：“董事长韦清文首先提出将产品给股东品尝征集意见的想法，高层会议上大家都觉得很好，一方面股东是最关心公司发展的，所以对新产品的用心程度是一般消费者不能比的；另一方面告诉股东公司正在研发新产品，这是向股东负责和尊重股东的表现。”

后来（7 月 1 日），大股东追加 100 万元资金，进行了有奖征集活动，请股东对黑芝麻乳产品从口味、包装、广告语等各个方面提出建议。

收获奇效

据了解，南方黑芝麻集团在黑芝麻食品领域经营数十年，一直是行业龙头，尤其是黑芝麻糊产品，更是闻名遐迩。目前黑芝麻乳是公司主推的新产品之一，黑芝麻乳秉承了黑芝麻糊的口味和营养，并采用新的工艺和包装。

“我们发现现在消费者的饮食习惯更趋向便捷化，而原先的黑芝麻糊产品需要冲泡，并不是很方便，于是就研发了液态的黑芝麻乳。”韦广贤说。

“悬赏百万的征集令发出去后，反响更激烈了，股东的建议帮助我们完善了新产品的营销策划。举个例子，我们的广告语最开始是‘黑营养、黑头发，你想黑，天天喝’，这个广告语只有很少股东表示支持，征集意见后我们收到了上千条广告语的提议，公司后来重新确定了‘营养有黑白，我选黑营养’作为广告语。而且产品包装、口味等多个重要部分我们都在收集意见之后按照股东的提议做了有益的修改，后面的市场实战表明，各项方案的修改是正确的。”韦广贤说。

而更多的数据和事实证明，黑芝麻乳自上市以来，市场发展势头良好。

据了解，上半年是试点试销期，下半年全面上市试销，2013 年黑芝麻乳销售量达到 150 万箱。取得这样的成绩，与股东品尝献策活动关系很大。主要表现有三方面：

一是，股东的意见直接促使产品口感更加完善，比如降低甜度、增加黑芝麻香味等意见得以采纳，使产品更切合消费者需求。

二是，当初公司确定 4.5 元的建议零售价，公司内部有人认为太高，消费者很难接受，但不少股东认为 4.5 元的价格不成问题。于是，公司坚持原定零售价，后来经市场验证，价格不是销售的障碍。

三是，本次活动引发了资本市场和财经媒体的强烈关注，形成了广泛的报道传播。因此，产品一经上市，经销商经销的积极性就很高，从招商的数据看，新建官网8月上线以来，有126家经销商在官网上留言，就经销提出要约。

此外，终端商场销售黑芝麻乳的意愿也很强烈，不少超市提供进场和促销的便利；消费者因此事件而有所了解以后，不少人愿意尝试这个老牌子的升级新品。因此，事件对终端动销也有直接的拉动作用。

对此，有业内人士评价，南方黑芝麻集团此次投入数百万元的实物派发“营销策划”，其广告价值不会低于5 000万元，更难能可贵的是，本事件为新品南方黑芝麻乳找到了正确的营销策略，真可谓是“奇招奇效”。

资料来源：全球品牌网，http：//www.globrand.com/2014/576614.shtml。

营销策划常用的理论和方法

在营销策划活动中，有一些常用的理论和方法。这些方法一直以来对实际的营销策划方法和理念有着深刻的影响。现归纳如下：

一、二八法则

意大利经济学家帕累托（Pareto）提出：80%的收入来源于20%的客户，80%的财富掌握在20%的人手中，公司里80%的业绩是由20%的员工完成的，20%的强势品牌占据着80%的市场……这就是著名的二八法则。二八法则要求管理者在工作中不能胡子眉毛一把抓，而是要抓关键人员、关键环节、关键用户、关键项目和关键岗位。二八法则之所以得到业界的推崇，就在于其所提倡的“有所为，有所不为”的经营方略。

二、USP理论

USP理论由罗瑟·瑞夫斯（Rosser Reeves）提出，该理论要求向消费者说出一个“独特的销售主张”（Unique Selling Proposition，USP）。USP理论包括三个方面的内容：一是每个广告不仅要有文字或图像，还要对消费者提出一个建议，即其购买某一产品将得到的明确的利益；二是这一建议一定是该品牌独具的，而且是其他竞争品牌不能提出或不曾提出的；三是这一建议必须具有足够的吸引力和感染力，能够招徕新顾客。1954年，瑞夫斯为M&M糖果所策划的“只溶在口，不溶在手”的广告便是USP理论的典范之作。

三、SWOT分析

SWOT分析又称为态势分析，它是由美国旧金山大学的管理学教授海因茨·韦里克（Heinz Weihrich）于20世纪80年代初提出来的，是一种能够较客观而准确地分析和研究企业现实环境因素的方法。SWOT 的四个英文字母分别代表优势（Strength）、劣势（Weakness）、机会（Opportunity）和威胁（Threat）。从整体上看，SWOT 分析可以分为两部分：第一部分为 SW，主要分析内部条件；第二部分为 OT，主要分析外部条件。将分析得出的各种因素按轻重缓急或影响程度排序，构成 SWOT 矩阵。在完成环境因素分析和 SWOT 矩阵的构建后，便可以制订出相应的行动计划。制订行动计划的基本思路是：发挥优势，克服劣势，利用机会，化解威胁；考虑过去，立足当前，着眼未来。运用系统的综合分析方法，将各种环境因素匹配并加以组合，可以得出企业未来发展的一系列对策。

四、5W2H 法

5W2H 法是包含从战略（Who、Why）到策略（What、When、Where）直至战术（How）的完整的运作系统，再加上成本预算（How much），就形成了一个完整的营销策划方案。

（1）Why：为何。为什么要这样做？

（2）What：何事。做什么？

（3）Where：何处。从什么地方着手最好？

（4）When：何时。什么时候开始？什么时候完成？

（5）Who：何人。谁去做？

（6）How：如何。怎么做？

（7）How much：何价。成本是多少？能达到怎样的效果？

五、马太效应

马太效应这一术语来自于《圣经·新约·马太福音》中的一则寓言。美国科学史研究者罗伯特·莫顿（Robert K. Merton）认为：任何个体、群体或地区，一旦在某一方面（如金钱、名誉、地位等）获得成功和进步，就会产生一种积累优势，就会有更多的机会，取得更大的成功和进步，这就是马太效应。这一术语后为经济学界所借用，反映贫者越贫、富者越富、强者恒强、弱者恒弱的现象。

六、需求层次理论

美国心理学家马斯洛（Abraham H. Maslow）提出了需求层次理论。他认为人的需求有如下五个层次：

（1）生理需求，是人类生存的基本需求，如衣、食、住等方面的需求。

（2）安全需求，包括心理上与物质上的安全保障，如不受盗窃的威胁、预防危险事件、职业有保障、有社会保险和退休基金等。

（3）爱与归属的需求，指人是社会的一员，需要友谊和群体的归属感，人际交往需要彼此间的同情、帮助和赞许。

（4）尊重需求，包括要求受到别人的尊重和自己内在的自尊心。

（5）自我实现需求，指人们通过自己的努力，实现自己对生活的期望，从而真正感到生活和工作很有意义。

七、竞争战略理论

哈佛商学院的教授迈克尔·波特（Michael Porter）提出了竞争战略理论。这一理论认为，一个企业要在市场竞争中取得优胜地位，有三种战略可供选择，即总成本领先战略、差异化战略和集中化战略，这为企业的战略定位提供了框架。尽管学术界对波特的战略框架评价不一，但对于全球商界领导人来说，波特的理论依然有着非凡的说服力。现代管理之父彼得·德鲁克（Peter F. Drucker）也认为，波特是仅有的几个为管理作出重要贡献的学者之一。

八、蓝海战略

该理论来自金伟灿（W. Chan Kim）和勒妮·莫博涅（Renee Mauborgne）合著的《蓝海战略》一书。蓝海战略其实就是企业超越传统产业竞争，开创全新的市场的企业战略。如今，这个经济理念得到了全球工商企业界的关注。“红海”是竞争极端激烈的市场，但“蓝海”也不是一个没有竞争的领域，而是一个通过差异化手段得到的崭新的市场领域，在这里，企业凭借其创新能力可以获得更快的增长和更高的利润。

九、长尾理论

与二八法则相对，20世纪末又出现了长尾理论。长尾理论的基本原理是：只要存储和流通的渠道足够宽，需求不旺或销量不佳的产品所共同占据的市场份额，可以和那些少数热销产品所占据的市场份额相匹敌甚至更大，即众多小市场汇聚成可与主流大市场相匹敌的市场。实际上，“长尾”是指二八法则中原先不怎么被重视的那80%非关键的市场和低收益客户等。长尾理论要想发挥效果必须具备以下条件：足够的存储和流通的渠道，且市场维护成本要尽可能低。计算机和网络技术的高度发展使之得以实现。因此，我们看到，长尾理论的大批获利者都是互联网企业，而在传统市场中，二八法则依旧大行其道。

十、定位理论

定位理论是由美国营销专家杰克·特劳特（Jack Trout）和阿尔·里斯（Al Ries）提出的。定位起始于产品，但并不是对产品本身做什么，而是指要针对潜在消费者的心理采取行动，即要为产品在潜在消费者的心目中确定一个适当的位置。因此，定位是对潜在消费者的头脑进行争夺的理论，其目的是在潜在消费者的心目中占据有利的地位。定位的真谛就是“攻心为上”，消费者的心才是营销的终极战场。要抓住消费者的心，必须了解他们的思维模式，这是进行定位的前提。

十一、品牌形象论

20世纪60年代中期，由大卫·奥格威（David Ogilvy）提出的品牌形象论是广告创意策略理论中的一个重要流派。在此理论的影响下，出现了大量优秀的、成功的广告。其基本要点是：

（1）塑造品牌是广告最主要的目标。广告的最终目的就是力求使品牌具有并维持较高的知名度。

（2）任何一个广告都是对品牌的长程投资。从长远来看，广告必须尽力去维护一个好的品牌形象，而不惜牺牲追求短期效益。

（3）随着同类产品差异性的减少和品牌之间的同质性的增加，消费者选择品牌时所运用的理性逐渐减少，因此，描绘品牌的形象要比强调产品的具体功能特征重要得多。

（4）消费者所追求的是“实质利益＋心理利益”，对某些消费群来说，广告尤其应该运用形象来满足其心理的需求。

十二、木桶理论

木桶理论也称木桶定律，其核心内容为：一只木桶盛水的多少并不取决于桶壁上最高的那块木板，而恰恰取决于桶壁上最短的那块。该理论可以启发我们思考许多问题，比如企业团队精神建设的重要性。在一个团队里，决定这个团队战斗力强弱的不是那个能力最强、表现最好的人，而恰恰是那个能力最弱、表现最差的人。因为最短的木板对最长的木板起着限制和制约的作用，削弱了这个团队的战斗力，影响了这个团队的综合实力。也就是说，要想方设法让短木板达到长木板的高度，或者让所有的木板维持“足够高”的相等高度，才能完全发挥团队的作用，充分体现团队的精神。

十三、羊群效应

羊群效应是企业市场行为中的一种常见现象。如果一个羊群（集体）是一个很散乱的组织，若一只羊发现了一片肥沃的绿草地，并在那里吃到了新鲜的青草，后来的羊就会一哄而上，争抢那里的青草，全然不顾旁边虎视眈眈的狼，或者看不到其他更好的青草。羊群效应一般出现在竞争非常激烈的行业中，而且这个行业往往有一个领先者（领头羊）吸引了主要的注意力，整个羊群会不断地模仿这只领头羊的一举一动，领头羊到哪里去吃草，其他的羊也去哪里吃草。

十四、4P 营销理论

美国营销专家杰瑞·麦肯锡（Jerry McCarthy）在其《营销学》（第一版）中最早提出了这个理论。4P 即产品（Product）、价格（Price）、渠道（Place）和促销（Promotion）。该理论为企业的营销策划提供了一个有用的框架。它遵循自上而下的运行原则，站在企业的立场上，重视产品导向。

十五、4C 理论

4C 理论是由美国营销专家罗伯特·劳特朋（Robert Lauterborn）于 1990 年提出的，它以消费者的需求为导向，强调企业首先应该把追求消费者满意放在第一位，其次是努力降低消费者的购买成本，再次是充分注意消费者购买过程中的便利性，最后还应以消费者为中心实施有效的营销沟通，而不是从企业的角度来决定渠道策略。4C 即消费者（Consumer）、成本（Cost）、便利（Convenience）和沟通（Communication）。

十六、营销战略学说

阿诺德·魏斯曼（Alnold Weissman）的营销战略学说主要包括以下内容：

（1）市场领导者战略：企业的相关产品在市场中占有最大的市场份额，它通常在价格变化、新产品引进创新、渠道覆盖和促销强度上，对其他企业起着领导作用。

（2）市场挑战者战略：在行业中占据第二、第三和以后的位置的企业，可以攻击市场领导者和其他竞争者，以夺取更多的市场份额来提升自己，有可能取代市场领导者的地位。

（3）市场跟随者战略：它们在市场上采取跟随市场领导者的策略，产品、命名、宣传等都和市场领导者极为相似，利用市场领导者的资源分割市场。

（4）市场补缺者战略：它们避免与大企业竞争，只注重小块市场，并把它做深做透，投入较少的资源，获取较大的利润，从而成为小块市场的领先者。

组建项目团队，选择团队项目

一、训练内容

组建项目团队，选择团队项目。

二、训练目的

组建项目团队，选择适合本团队的策划项目，让学生通过交流合作、合理分工、互相讨论和互相启发，探索完成本团队所承担的具体项目的整体营销策划的基本流程、框架内容及关键环节的思考和设计，使其初步掌握针对具体项目的营销策划的基本流程、方法和营销策划方案框架的搭建，深入理解营销策划的整体概念和重点。

三、训练的具体任务

（1）教师先准备若干个不同行业的真实的营销项目载体（真实的企业及具体的产品，最好选择本地及周边地区比较正规的中小企业的案例）。

（2）在教师的指导下，全班学生分组，组建项目团队，每个团队4～8人。团队组建完后，选出团队负责人，并一起讨论设计团队名称、标志和口号。

（3）在教师的指导下，各团队选择或寻找适合本团队的营销项目（除教师提供的营销项目载体外，允许学生自行寻找，但须经教师同意），并进行内部的分工。

（4）各团队全体成员上台，向全班展示团队名称、标志和口号，并分享团队的总体策划思路。

（5）各团队根据所选的项目，以团队的形式完成本课程全部实战训练，直至课程结束。

四、训练的步骤及要求

（1）明确分工。

（2）了解、熟悉营销策划的含义、原则、基本流程、方法和营销策划书的内容及撰写技巧。

（3）了解所选择项目的市场、行业背景等情况。

（4）讨论、分析项目。

（5）归纳总结。

（6）确定思路、步骤。

（7）形成框架内容。

（8）选择重点。

（9）各团队代表向全班同学介绍本团队，陈述本团队项目的总体策划思路（每组5～8分钟）。

（10）将本团队项目的策划步骤、整体思路及框架内容形成书面报告（800字以上），并提交一份给教师。

五、评价与总结

（1）团队自评。

（2）团队成果展示介绍（包括团队成员的工作态度、团队合作程度、工作流程和对成果质量的评价）。

（3）团队间互评。

（4）教师总评。

（5）个人子项目任务教师评价（打分）。

教师根据各团队成果的优缺点，有针对性地点评，启发学生的创新思维；对各团队普遍存在的问题进行重点分析；针对各团队具体项目的策划提出要重点注意的问题。

项目二
市场调研与营销策划分析

教学目标

通过本项目的学习与训练，要求学生深入理解市场调研与营销策划分析的重点和难点，初步掌握具体项目的市场调研的内容、方法，以及市场调研方案的设计，并能根据调研结果对营销策划各要素进行全面、深入的分析，掌握市场调研方案设计和营销策划分析的基本流程，探索完成本团队项目的市场调研方案的设计与撰写。

教学要求

1. 掌握市场调研的含义、分类、原则、作用、内容和方法
2. 掌握市场调研方案的撰写技巧，并撰写一份完整的市场调研方案
3. 掌握市场调研资料整理和分析的方法
4. 掌握营销策划分析的内容和基本流程

技能目标

1. 初步具有设计市场调研方案的能力
2. 具有市场调研活动的具体组织和执行能力
3. 具有搜集、整理和分析资料的能力
4. 具有对实际项目的营销策划各要素进行全面、深入分析的能力
5. 具有团队合作精神和协调团队内部人际关系的能力

楼外楼如何进行市场调研?

杭州楼外楼餐馆位于杭州市西湖区孤山路30号，是杭州市区最有特色的传统名餐馆之一。该餐馆紧邻西湖，与中山公园、西泠印社相邻，相传创建于清道光二十八年（1848年），被原国内贸易部评定为“中华老字号”。

楼外楼不仅菜肴出名，其生产的中秋月饼在华东市场也十分畅销。但近年来，市场竞争加剧，再加上消费者的消费观念、口味的变化较快，所以每年中秋节之前，楼外楼都要开展一次有针对性的市场调研，作为推出月饼新产品这个重要决策的依据之一。

讨论：1. 楼外楼的市场调研如何开展？主要调研对象是谁？

2. 你认为影响楼外楼月饼销售的营销环境因素主要有哪些？

模块 2 基本知识

一、市场调研

（一）市场调研的含义

市场调研是指为成功营销而进行的以市场为对象的调查研究活动或工作过程，是运用科学的方法，系统地、客观地对市场活动过程的事实进行搜集、筛选、鉴别、分类、汇总、整理和分析，以发现问题和解决问题而开展的活动。

市场调研通过系统地搜集、整理和分析数据资料，对企业所面临的特定营销环境状况进行调查研究，来把握目标市场的变化规律，从而为企业营销决策提供可靠的依据。从本质上来说，市场调研是一种市场信息搜集和处理的工作。它运用一定的技术、方法和手段，遵循一定的程序，搜集、整理和加工市场信息，为营销决策提供依据。

（二）市场调研的分类

1. 按市场调研范围不同，分为狭义的市场调研和广义的市场调研

狭义的市场调研，是指对市场的生产性消费需求和生活性消费需求进行的调研，主要包括对产品供应量、销售量及其变化的调研，还包括对产品流通渠道的运、销、存等问题的调研。广义的市场调研，除了狭义的市场调研所涵盖的内容之外，还包括从产品使用价值与消费角度所进行的产品分析，如对产品的性能、形状、规格、价格等进行的调研和分析。

2. 按市场调研对象不同，分为消费者市场调研和生产者市场调研

消费者市场调研，是指对以满足个人生活需要为目的的产品供应、销售、购买与使用进行的调研。生产者市场调研，是指为满足加工制造等生产性活动的需要而进行的生产资料市场的调研。

3. 按市场调研样本产生方式不同，分为全面调研和抽样调研

全面调研，又称为普查，即对总体内的所有个体逐一进行调研。抽样调研，又称为抽查，分为随机抽样调研和非随机抽样调研。随机抽样调研是从总体中抽取一部分个体作为样本，运用数理统计的原理和方法对总体的数量特征进行估计和推断，是一种受人为因素影响较小的调研方式。非随机抽样调研也称立意抽样调研，在抽样中不以随机性作为抽样原则，市场调研人员需根据自己的主观分析和判断来抽取样本，样本的代表性取决于市场调研人员的经验，所以调研结果存在一定的误差。

4. 按市场调研主体不同，分为政府市场调研、企业市场调研、社会团体市场调研和个人市场调研

政府市场调研，是指各级政府部门为了对经济发展进行宏观调控所进行的市场调研活动，其内容和范围一般比较广泛。企业市场调研，是指企业为了对市场问题进行判断和决策所进行的市场调研活动，其主体一般是企业的营销信息部门或专业的营销调研公司、市场调研公司和广告公司等。社会团体市场调研，是指各种社团组织为了达到某种目的所进行的市场调研活动。个人市场调研，是指个人进行的各种不同内容、不同方式的信息资料搜集活动。

5. 按市场调研频率不同，分为经常性市场调研、定期性市场调研和临时性市场调研

经常性市场调研，又称为不定期性市场调研，是指企业根据经营决策的需要和市场行情的变化，不定期开展的市场调研。定期性市场调研，是指企业根据经营决策的需要，按规定的时间间隔，定期开展的市场调研，如月末调研、季末调研和年终调研等。定期性市场调研的时间间隔、调研内容基本固定不变。临时性市场调研，又称为一次性市场调研，是指企业为了满足经营决策的特殊需要，针对市场行情的变化所进行的一次性调研活动，如企业为了开发新产品、开拓新市场或进行某项投资决策，临时决定进行的市场调研活动。

6. 按市场调研分析方法不同，分为定量调研和定性调研

定量调研的方法有邮寄或传真调研法、电话访问法、拦截访问法、入户面访法、神秘顾客调研法等。定性调研的方法有小组座谈会法、深层访谈法、德尔菲法、观察法、投影法等。

7. 按市场调研环节不同，分为批发市场调研和零售市场调研

批发市场和零售市场都是中间市场，其购销活动一头连着生产者，一头连着消费者。批发市场调研，是指对产品从生产领域到流通领域过程中所发生的交易批量、批次、金额以及批发风险等进行的调研。零售市场调研，是指对产品零售交易活动的各环节以及消费者对产品的反应、零售商对产品的支持情况等进行的调研。由于零售市场上连众多批发商，下连广大消费者并直接服务于消费者市场，故对其进行调研尤为重要。

8. 按市场调研功能不同，分为探索性市场调研、描述性市场调研、因果性市场调研和预测性市场调研

探索性市场调研，是指对市场进行基本认识和了解的市场调研，目的是掌握和识别调研项目的基本特征和与之相关的各种影响因素。描述性市场调研，是指对调研项目作出结论性的或准确的描述，为使人们认识和了解调研项目而进行的市场调研。因果性市场调研，是指为了研究某种市场现象与各种影响因素之间客观存在的关系而进行的市场调研，目的是确定相关事物之间的因果关系。预测性市场调研，是指为了对市场未来的发展进行预测而进行的市场调研。

9. 按市场调研组织形式不同，分为专题性市场调研和综合性市场调研

专题性市场调研，是指为了解决某个专门性的具体问题而进行的针对性较强的市场调研，其目的是减少决策中某个方面的不确定性或者应付临时出现的困难。综合性市场调研，一般是指企业为全面了解市场的整体情况所进行的市场调研。

10. 按市场调研资料来源不同，分为文案调研和实地调研

文案调研，又称为二手资料分析或二手数据分析，是搜集已有的资料、数据、调研报告和已发表的文章等相关二手信息，并对其加以整理和分析的市场调研方法，经常在探索性市场调研中使用。实地调研与文案调研不同，它必须在制定详细的调研方案的基础上，由市场调研人员从受访者处获取一手资料，并进行整理和分析，完成调研报告。

（三）市场调研的原则

（1）客观性原则。客观性原则是指在市场调研中，对信息的提供、搜集、整理、加工都必须真实地反映实际情况，它是贯穿整个调研过程的最重要的原则。

（2）全面性原则。全面性原则要求在研究市场现象时，不能只抓一点不顾其余，而应从多方面入手，准确认识市场现象，因为市场现象并不是由一种因素决定的。

（3）准确性原则。市场调研所获取的是过去和现在的资料，市场调研人员对这些资料进行筛选、整理和分析后得出的结论，可以为市场预测及决策服务。这就要求资料必须真实地反映客观实际，对资料的分析也必须实事求是、准确到位。

（4）科学性原则。市场调研不是简单的资料搜集活动，在时间和经费有限的情况下，为了获得更多、更准确的资料，必须对调研过程进行科学的安排。

（5）系统性原则。市场调研的系统性表现为全面、系统地搜集有关企业生产和经营方面的资料。

（6）时效性原则。市场信息具有一定的时效性，一份好的调研资料应该是最及时的。因为只有最及时的调研资料，才能反映市场的最新情况。

（7）适用性原则。适用性原则包括两层含义：一是所搜集的信息是对决策有用的信息，能够给企业的营销决策提供科学的依据；二是所搜集的信息够用即可，企业依靠这些信息足以作出正确的决策。

（8）动态性原则。市场中的任何事物都处于不断的变化和发展中，因此必须用变化的、发展的、动态的观点指导市场调研活动。不仅要注意市场现在的状况，还要了解市场过去的状况；不仅要注意分析已经掌握的资料，还要注意发现和搜集尚未掌握的资料；不仅应该妥善保管已经拥有的资料，还要不断地进行资料的更新和完善，尽量保持资料与市场变化的动态同步。

（9）经济性原则。市场调研是一种商业性活动，在保证调研质量的同时，还要考虑经济效益，即投入产出比。

（10）深入性原则。市场调研是一项艰苦、细致的工作。要把握市场的脉搏，揭示出市场内在的错综复杂的联系，认识市场变化的本质规律，就必须深入市场，搜集一手资料。同时，市场调研不能一蹴而就，要反复实践，不断反馈，不断总结。

（四）市场调研的作用

市场调研对企业的良性经营和可持续发展具有重要的作用。

1. 发现机会，开发新品

市场调研是探索新的市场机会的基本工具，通过市场调研，企业可以随时掌握市场营销环境的变化并积极主动地适应这种变化，从中寻找新的市场机会，为企业带来新的发展机遇。

2. 准确定位，按需经营

企业在发现机会、开发新品后，还要根据自身的资源和经营能力以及市场需求和营销环境来确定目标市场、生产计划，以及产品的品种、数量和质量。消费者的需求是多种多样的，而且会随着有关因素的变化而变化。企业只有通过市场调研，才能了解和掌握消费者的需求变化情况，从而进行准确的市场定位，并按消费者的需求（包括潜在需求）来组织生产和销售，顺利地完成产品从生产到消费的转移，使产品的价值和使用价值得以实现，使企业获取最大的经济效益。

3. 了解供求，促进销售

企业只有通过市场调研，掌握市场的供求状况及其变化规律，才能编制出切合实际的产品生产和经营计划，作出科学的营销决策，组织符合消费者需求的生产和供应，加快产品和资金的周转速度。否则，就有可能导致盲目经营，使企业处于被动状态。只有重视市场调研，做到知己知彼，才能有效地避免营销决策的任意性和盲目性，才能真正有效地促进销售、扩大销售。

4. 培育市场，应对竞争

企业应该努力做到在适当的时间和适当的地点，以适当的价格、适当的信息沟通和促销手段，向适当的消费者提供适当的产品和服务，这要求企业充分了解和认识目标市场的需要。目标市场的需要是不断变化、发展的，企业只有通过系统的市场调研，根据目标市场的需要，提供有针对性的产品和服务，才能真正做到满足目标市场的需要，培育好目标市场。企业在培育目标市场的同时，还需要应对竞争。“人无我有，人有我优，人优我转”的经营策略是企业应对市场竞争的有效方法。

5. 强化管理，提高效率

企业生产或经营的好坏，最终取决于经营管理的水平。现代企业经营管理注重的是科学化和理性化，管理决策不能仅凭经验，还要以对大量数据和资料进行分析后的结果为依据，因此重视市场调研是提高企业经营管理水平的基础。如果企业经营管理水平较高，能够有效地调动现有资源，并对其进行合理配置和优化组合，就可以降低成本、减少损耗，从而达到增加利润、提高效益的目的。

（五）市场调研的内容

1. 市场营销环境调研

（1）政治环境调研。政治环境是指企业市场营销的外部政治形势。一般而言，只要一国政府的政策是稳定的，企业就可以在了解和掌握该国政策的基础上，制定相应的策略或对策，从而取得在该国经营的成功。

（2）经济环境调研。企业经营的成败与经济环境的好坏密切相关，因此要对经济环境进行调研。调研内容主要包括经济发展水平、经济结构、消费支出模式和消费结构以及货币政策和信贷等。

（3）文化环境调研。文化作为一种沟通体系，影响消费者的行为，进而影响这一市场的消费结构和消费方式。

（4）法律环境调研。法律环境是指国家或地方政府颁布的各项法律、法规和条例等。法律环境对市场消费需求的形成和实现具有一定的调节作用。企业研究并熟悉法律环境，既可保证自身依法经营和管理，又可运用法律手段保障自身的合法权益。

（5）技术环境调研。企业要在市场上立于不败之地，就必须时刻关注技术环境的变化，通过多种形式的调研，充分认识新技术、新工艺、新材料、新产品、新能源和新标准，还要注意科学技术对市场营销观念和营销策略的影响。

（6）人口环境调研。人口环境调研是市场营销环境调研中一个比较重要的内容。在一些市场经济比较发达的国家和地区，人口环境调研被认为是市场调研的首要内容。在比利时等国家和地区，有的企业甚至规定，市场可行性报告如果没有人口专家的签字，就是无效的。

（7）自然环境调研。自然环境包括地理、气候、资源、能源等因素。企业的经营要受到各种自然环境的影响，如资源的短缺、环境的污染、能源成本的上升等。企业要不断地通过自然环境调研，了解和认识自然环境的变化，以制定企业的发展战略。

2. 生产者调研

影响生产者需求的因素很多，包括企业无法控制的宏观因素和可以控制的微观因素。企业可根据政策、市场需求水平、政治法律状况、技术发展状况、采购程序、竞争态势以及自身经营目标、战略、组织结构和制度体系等对生产者需求进行调研。假如国家经济前景看好或国家扶持某一产业的发展，相关生产者就会加大投资，增加原材料采购和库存，以备生产规模扩大之用。而在经济滑坡时期，生产者则会减少甚至停止购买原材料，这时供应商的营销人员试图增加生产者需求总量往往是徒劳的，只能通过艰苦的努力来保持或扩大自己的市场占有率。

3. 消费者调研

消费者需求是企业一切活动的中心和出发点，消费者调研也是市场调研最重要的内容，主要包括消费者结构调研、消费者数量调研、消费者购买动机调研、消费者购买行为调研以及消费者满意度调研等。

4. 竞争者调研

企业仅仅了解生产者和消费者的需求是远远不够的，还必须了解自己的竞争者。不研究竞争者的战略而要取得竞争优势是不可能的。从某种意义上讲，了解竞争者也是现代企业营销的重中之重，是企业选择营销战略和策略的先决条件。因此，竞争者调研正日益成为企业最为关注的调研内容之一。

5. 市场营销要素调研

（1）产品调研。对企业来说，它的任何形式的产品都必须符合消费者的需要，并且能促使消费者以最快的速度接受自己而不是竞争者的产品。这就需要企业对产品的各个方面进行调研，包括对产品实体、产品包装、产品使用价值和产品市场生命周期的调研等。

（2）价格调研。产品价格是企业可控因素中最活跃、最敏感、最难以有效控制的因素，也是决定企业产品市场份额和盈利能力的最重要因素之一。企业的产品价格适当与否关系到产品能否顺利地进入市场，关系到产品销售量、市场占有率和利润的大小以及企业形象的好坏。产品价格不是企业单方面所能决定的，它涉及消费者和经销商的利益，受到市场供求状况、竞争产品价格以及其他各种社会环境因素的影响和制约。因此，企业在产品定价或调价之前，进行价格调研是非常必要的。

（3）渠道调研。合理的渠道可使产品及时、安全、经济地经过必要的环节和路线，以最低的成本、在最短的时间内实现最大的价值。因此，渠道调研也是市场调研的一项重要内容，一般包括渠道类型调研和渠道成员调研等。

（4）促销调研。促销是营销者与消费者之间的信息沟通与传递活动。促销的目的是激发消费者的购买欲望，影响和促成消费者的购买行为，从而扩大产品的销售，增加企业的效益。促销调研就是对企业在产品的促销过程中所采用的各种促销方法的有效性进行测试和评价，一般包括促销手段调研和促销策略可行性调研等。

(5) 服务调研。如今，很多产品都处于买方市场，市场竞争越来越激烈，服务已成为许多企业获得竞争优势的手段，而消费者也越来越重视企业对产品的服务，尤其是大件产品和技术性较强的产品。服务的手段和方式多种多样，而不同的消费者对服务有着不同的要求，这就要求企业进行服务调研，有的放矢，针对不同的消费者和不同的产品，设计、实施不同的服务项目。

(六) 市场调研的方法

1. 拦截访问法

拦截访问法分为两种：一种是调研人员在事先选定的若干地点，按一定程序和要求（如每隔几分钟拦截一位，或每隔几个行人拦截一位）选取调研对象，征得对方同意后，在现场进行简短的问卷调研；另一种是中心地调研（Central Location Test）或厅堂测试（Hall Test），指根据调研要求，事先租借专用的房间或厅堂，摆放若干供调研对象观看或试用的产品，然后在事先选定的若干地点，按一定程序和要求选取调研对象，征得其同意后，将其带至专用的房间或厅堂进行面访调研。

2. 留置问卷法

留置问卷法是指由调研人员将调研问卷当面交给调研对象，并说明回答要求，让调研对象自行填写，然后由调研人员定期收回的调研方法。

3. 观察法

观察法是指调研人员现场观察调研对象的行动，或安装仪器（如录音机、照相机、摄影机或者某些特定的仪器）记录调研对象的声音或行为的调研方法。观察的方式有很多种，可以到消费现场观察，也可以到产品使用单位的使用现场观察。观察法能帮助调研人员获得准确性较高的一手资料，但调研面较窄，花费时间较长。

4. 实验法

实验法是指在大批量生产某些产品之前，先生产一小批投放市场，进行销售试验，即在特定地区和特定时间，向市场投放一部分产品进行试销，观察消费者反应的调研方法。

5. 电话访问法

电话访问法是指调研人员通过电话对客户进行有条理的访问的调研方法。这种人性化的、与客户直接进行的访谈，一般可获得较高的参与度。不过，电话访问也容易因拒绝率的上升而降低效率，如果委托第三方调研公司还可能涉及较高的费用。更重要的是，客户现在越来越反感接到影响其生活和工作的电话，这使得电话访问越来越困难。

6. 在线访问法

在线访问法是指企业利用网络收集客户信息的调研方法。在线访问法的优点是较为便利，因而能够获得比传统的邮寄或传真调研更高的反馈率，且成本较低，可以借助软件快速分析数据。其缺点是：客户发起的在线访问可能产生扭曲的结果和不准确的回复（自动回复系统通常自动寻找关键字并发送回复）；容易忽略客户之间的细微差别；除非绝大部分客户都能在线提供反馈意见，否则收集的信息会不完整。

7. 邮寄或传真法

邮寄或传真法是指企业通过邮寄或传真对抽样的客户进行调研的调研方法。这种方法的优点是客户有足够的时间回答问题，因而能收集到精确的、高质量的调研问卷，可提供便于量化的信息，且成本较低。其缺点是调研的完整性取决于客户的意愿，且回收率一般较低，回收速度较为缓慢。

8. 小组座谈会法

小组座谈会法是指经过仔细选择，邀请一定数量（6～15位）的客户，在一个专业的调研主持人的帮助下，召开小组座谈会，了解客户的满意度等情况的调研方法。这种方法的优点是：根据讨论指南和时间表，可以全面、深入地了解客户的偏好和顾虑，且便于与客户建立良好的关系。其缺点是：可能会因调研主持人的偏见而得到曲解的结果；为了让每位客户都能充分参与，每次小组座谈会的参与人数都有限制；如果扩大抽样的人数，成本会比较高。

9. 神秘顾客法

神秘顾客法是指企业派专业人士到市场第一线评估客户的满意度和所得到的价值的调研方法。肯德基、麦当劳、飞利浦等跨国公司已有多年使用神秘顾客法的经验。这种方法可以评估提供给客户的服务所涉及的流程，而其他调研方法只能检查客户所得到的结果（产品、服务和解决方案等）。不过，由于神秘顾客是带着一定指令寻找可能存在的缺陷，因此其调研的结果可能带有偏见。

10. 深度访谈法

深度访谈是一种无结构的、直接的、个人的访谈，用于获取受访者对问题的深层理解和探索性研究。这种方法的优点是：调研人员能更深入地探索调研对象的思想与看法，方便调研双方更自由地交换信息。其缺点是：能够做深层访谈的有技巧的调研人员（一般是专家，需要有心理学或精神分析学的知识）收费较高，也难以找到；调研的无结构，使其结果十分容易受调研人员自身的影响，其结果的完整性也十分依赖于调研人员的技巧；调研结果常常难以分析和解释，需要熟练的心理学家来解答；占用的时间较长，支出的经费较多。因此，在一个调研项目中，深度访谈的使用是十分有限的。

（七）市场调研方案设计

1. 市场调研方案设计的含义

市场调研方案设计，就是根据调研目的和调研对象的性质，在进行实际调研之前，对调研工作总任务的各个方面和各个阶段进行通盘考虑和安排，提出相应的调研实施方案，制定合理的工作程序。也就是说，市场调研方案设计不是指对市场调研工作过程的整体设计，而是指为了有效地搜集和分析资料而预先确定调研类别及其基本模式。市场调研方案设计一般要提出某类调研的预期目标和形式，同时规定调研活动要获得什么、要做什么和如何去做。

2. 市场调研方案设计的意义

市场调研方案指导市场调研工作按计划实现其既定目标。如果没有市场调研方案，就很难保证市场调研工作能满足决策者和管理层对信息的需求，或者需要承担更大的风险，付出更大的代价。所以，设计和制定一个好的市场调研方案十分重要，它能保证调研目标的顺利实现，提高调研活动本身的效率和效果。

3. 市场调研方案设计的原则

（1）科学性原则。市场调研方案设计必须科学、合理，否则容易失败并造成损失。

（2）可行性原则。市场调研方案设计必须依据实际情况制定，具有可行性。

（3）有效性原则。市场调研方案设计不仅要科学、可行，而且要有效，即在一定的经费约束下，调研结果可以达成调研目标。

4. 市场调研方案设计的内容

市场调研方案设计作为市场调研的前期准备工作之一，是对市场调研工作的整体规划，主要包括以下内容：

（1）识别调研问题和确定调研目标。

（2）确定所需资料及其来源。

（3）确定调研对象。

（4）选择资料搜集方法。

（5）设计调研问卷。

（6）制订数据分析计划。

（7）组织人员并配备资料。

（8）安排调研日程和进行经费预算。

（八）市场调研问卷

1. 市场调研问卷的含义

市场调研问卷，是指根据市场调研的需要编制的一套问题表格，是由调研对象填写的一种用于搜集资料的工具，同时可以作为一种测量个人行为和态度倾向的手段。市场调研问卷往往包含多种类型的量表，但又不等同于量表。

2. 市场调研问卷的类型

按照不同的分类标准，可将市场调研问卷分成不同的类型。

（1）根据使用问卷方法的不同，分为自填式问卷和访问式问卷。自填式问卷，是指调研人员发给调研对象，由调研对象自行填写的问卷。自填式问卷可以借助视觉功能，在问题的设置上可以更加详尽、全面。访问式问卷，是指由调研人员按照事先设计好的问卷或问卷提纲向调研对象提问，然后根据调研对象的回答进行填写的问卷。访问式问卷要求简便，最好将问卷内容设计为选择题。

（2）根据问卷发放方式的不同，分为送发式问卷、邮寄式问卷、报刊式问卷、人员访问式问卷、电话访问式问卷和在线访问式问卷。其中，前三者是自填式问卷，后三者是访问式问卷。

（3）根据问卷结构的不同，分为结构型问卷、非结构型问卷和综合型问卷。结构型问卷，又称为封闭式问卷，在设计时对每个问题的答案都加以限制，调研对象只能在问卷给出的选项中进行选择。其优点是简化了资料的整理工作，缺点是搜集的资料不够完整和全面。非结构型问卷，又称为开放式问卷，在问卷中只设计问题，不考虑备选答案，调研对象可以根据自己的情况自由作答。其优点是简化了问卷设计的过程，缺点是增加了资料整理的难度。综合型问卷将结构型问卷和非结构型问卷结合起来，以封闭式问题为主、开放式问题为辅，集合了两种问卷的优点，弥补了两种问卷的缺点。

（4）根据问卷传递方式的不同，分为传统问卷和网络问卷。传统问卷，是指在一些以传统方式（如面访调研、邮寄调研等）进行的调研中仍大量使用的纸质问卷。网络问卷，是指借助网络来传递和搜集资料的问卷，这种问卷目前已被人们逐步认可和接受，成为搜集资料的重要渠道之一。

二、营销策划分析

（一）营销策划分析的含义

营销策划分析是指在发现市场营销中的问题后，搜集、分析和研究有关信息，进而为企业提出解决问题的策略和方法的过程。营销策划分析是营销决策的基础。市场营销中发现问题和解决问题的过程就是营销策划分析的过程。从目标的确定到方案的选择、确定与实施，以及最后对整个营销策划活动效果的评估，营销策划人员都需要从定性与定量两个角度来分析。

（二）营销策划分析的作用

1. 发现市场机会

企业如果想在一个新的地区开辟业务，除了要了解该地区的消费者需求之外，还要了解该地区的竞争对手。只有通过细致的市场调研和营销策划分析，企业才有可能制定出正确的营销策略。

2. 帮助企业选择合适的促销活动和促销方法

促销活动是企业在进行产品推销过程中的主体活动，企业如何进行促销活动和选择什么样的促销方法，依靠的就是营销策划分析。以广告为例，商业广告的途径和种类甚多，但究竟哪一种广告的效果更好，何时、何地、何种情况下企业应该运用何种广告来宣传自己的产品，这些都需要用到营销策划分析。

3. 发现经营中的问题并找出解决办法

经营中的问题范围很广，涉及产品、销售、广告和企业责任等各个方面。造成某种问题的因素并不简单，当许多因素相互交叉作用的时候，营销策划分析就显得格外重要。

4. 了解消费者对产品的需要和要求

营销过程实际上就是通过各种各样的方法来使消费者了解产品和感到满意的过程。通过营销策划分析，企业可以搜集和研究消费者对产品的信息反馈，进一步掌握消费者对产品的需要和要求，从而更有针对性地开展营销工作。

（三）营销策划分析的内容

营销策划要素包括市场营销环境以及竞争者、消费者和企业资源等。营销策划必须全面、深入地分析营销策划要素，因为没有分析就没有策划。不同的营销策划要对不同的营销策划要素进行分析，要根据营销策划内容的不同进行取舍。营销策划分析的内容主要有以下几个方面：

1. 市场营销环境分析

市场营销环境是指与企业营销活动有潜在关系的所有外部力量和相关因素的集合，是影响企业生存与发展的各种外部条件。

一般来说，市场营销环境主要包括两方面：一是微观环境，即指与企业紧密相连、直接影响企业营销能力的各种参与者，包括供应商、营销中间商、消费者、竞争者以及社会公众和影响营销管理决策的企业内部各部门；二是宏观环境，即指影响企业微观环境的社会力量，包括政治、经济、文化、法律、技术和人口等多方面的因素。微观环境直接影响和制约企业的市场营销活动，而宏观环境主要以微观环境为媒介，间接影响和制约企业的市场营销活动。

（1）市场营销微观环境分析。市场营销微观环境分析主要是对当前市场状况、市场前景，以及影响产品的具体市场因素进行分析，其目的有二：一是找到市场中存在的问题，并分析其形成原因；二是找到市场机会。市场营销微观环境分析是一种系统的分析，涉及面较广，营销策划人员要根据营销策划内容的不同，选择不同的分析内容。

（2）市场营销宏观环境分析。主要包括以下几个方面：

1）政治环境分析。政治环境分析就是对现在和未来国际、国内的政治态势和走向以及已出台和即将出台的相关方针、政策、法规、条例和制度等的分析。

2）经济环境分析。经济环境直接影响企业的经济效益。企业的营销策划总是在一定的经济环境下展开的，营销策划人员必须全面了解和分析目标市场的经济环境。

3）文化环境分析。文化是一个社会的民族特征、价值观念、生活方式、风俗习惯、伦理道德、教育水平、语言文字、社会结构等的总和。它主要由两部分组成：一是全体社会成员所共有的基本核心文化，二是随时间变化和受外界因素影响而容易改变的社会次文化或亚文化。对目标市场的文化环境进行分析，有助于企业更有针对性地开展营销活动。

4）法律环境分析。任何营销都只能在法制规范下进行，任何与法律相抵触的营销行为必将失败。对目标市场的法律环境进行仔细的分析是营销策划的基本前提。

5）技术环境分析。研究目标市场的技术环境，是对企业产品进行技术定位的基础。

6）人口环境分析。对营销策划而言，最直接的环境就是消费者市场，因此，仔细分析目标市场的人口环境是十分必要的。人口环境主要包括地理分布、家庭寿命周期、经济收入、所处社会阶层与亚文化群以及所属团体等。

以上是对市场营销环境的简要分析。营销策划是否科学，取决于营销策划人员对市场营销环境的认识程度。从这个意义上说，只有全面、深刻地反映市场营销环境的营销策划，才是优秀的营销策划。

2. 竞争者分析

在当今的市场营销中，竞争司空见惯，企业必须从竞争者那里赢得消费者。所以，企业必须一只眼睛盯着消费者，一只眼睛盯着竞争者，在将自身的优势和劣势与竞争者的优势和劣势进行比较分析的基础上，达到三个目的：一是向竞争者发动更准确的攻击，二是受到攻击时做出更有力的防御，三是向竞争者学习。

对竞争者的分析，主要包括如下几个方面：

（1）竞争者的基本情况分析，主要包括对竞争者的名称和所在地、经营规模、市场占有率、经营品种和核心产品、整体实力、“五度”（知晓度、知名度、美誉度、忠诚度和满意度）以及发展趋向和发展前景的分析。

（2）竞争者的营销状况分析，主要包括对竞争者的营销规模、营销政策、营销渠道、产品辐射区和销售网点布局情况，竞争者与中间商的关系，以及竞争者的服务状况的分析。

3. 消费者行为分析

消费者通常可分为两类：消费品消费者和产业消费者。显然，产业消费者更加理性和专业化，而消费品消费者则容易受到其他因素的影响，相对产业消费者而言，其专业化程度也较低。

（1）消费者行为分析的目的和内容。消费者行为分析对企业的产品决策和促销决策都至关重要。消费者对产品的需求与兴趣及其自身的社会地位、收入水平等都会影响其购买行为。消费者行为分析的目的在于把握消费者的购买动机及其对产品的具体要求，勾勒出典型的消费者形象，从而为企业有针对性地开展营销策划活动提供决策上的参考。消费者行为分析的主要内容包括：消费群体构成与特征分析、目标消费群消费态势分析、消费者消费行为模式分析、消费者态度分析。

（2）影响消费者行为的因素。消费者行为的影响因素主要有文化因素、社会因素、个人因素和心理因素四个方面。对这些影响因素进行分析的主要目标是：挖掘那些迄今为止尚未被挖掘出来的消费者行为特征。需要注意的是，这里的研究不是对已经广为人知的消费者行为特征进行罗列，而是要求企业能与众不同地把握对消费者决策产生实质性影响的消费者行为特征。

4. 企业资源分析

在营销策划活动中，了解企业自身所拥有的资源与对市场营销环境、竞争者和消费者的了解同样重要，知己知彼，百战不殆。

（1）产品的基本情况分析。对于产品的基本情况，可采用 FAB 分析法来进行分析。FAB 分析法是目前产品分析领域最为先进的一种方法，它可以简洁、快速地呈现产品的基本情况。FAB 分析法中的 F 是 Feature 的缩写，代表特征，即产品的效用价值，包括机能、构造、使用简易程度、耐久性、经济性、外形、价格等；A 是 Advantage 的缩写，代表优点，即针对上述特征，发现其特殊的功能，或者是表明上述特征在产品中扮演的角色；B 是 Benefit 的缩写，代表客户利益，即上述的这些特征或优点能给客户带来什么利益，可满足客户的哪些需要。

（2）产品在消费者心目中的地位分析。对产品在消费者心目中的地位的分析主要涉及产品是否受欢迎、产品在消费者心目中的形象、产品的消费者层（忠诚层、游离层和潜在层）、产品畅销或滞销的原因、消费者使用产品的方便性、消费者对产品有哪些意见以及产品的消费者属于什么细分市场等内容。

（3）产品的竞争地位分析。主要包括对产品在市场同类产品中的排序、产品与竞争者产品的差距和比较优势、产品的市场竞争力、市场现有产品的改良状况以及市场同类产品的发展前景等的分析。

（四）营销策划的 SWOT 分析

分析营销策划要素的目的在于寻找市场机会。SWOT 分析是在营销策划要素分析的基础上，就企业的优势（S）、劣势（W）、机会（O）和威胁（T）四个方面进行结论性的进一步分析，可以说是市场营销环境分析的后续部分。利用 SWOT 分析可以找出对自己有利的、值得发扬的因素和对自己不利的、需要避开的因素，发现存在的问题，找出解决的办法，捕捉市场机会，并明确今后的发展方向。关于 SWOT 分析，本书项目一的知识拓展中已有论述，此处从略。

模块3 操作指导

一、市场调研的基本流程

（一）市场调研的准备

1. 确定市场调研的必要性

并非每一项市场调研都有执行的必要。因此，进行市场调研的首要环节就是确定市场调研是否有必要。首先，弄清搜集信息的原因；其次，明确企业是否已经拥有所需信息，是否有充裕的时间进行市场调研，是否有充足的资金进行市场调研，并权衡成本与收益的关系；最后，分析信息可获得程度的高低。

2. 确定市场调研主题

明确市场调研的必要性后，就要确定市场调研主题。确定市场调研主题包括确定营销管理决策问题和具体的市场调研问题这两个既不相同但又密切联系的层面。营销管理决策问题是企业决策者在企业经营管理中面临的问题，即“决策者要做什么”。市场调研问题以信息为导向，主要判断需要获取什么信息、如何获取这些信息以及如何获得最大效益和最高效率。

3. 确定市场调研目标

确定市场调研主题之后，就要确定市场调研目标。为市场调研投入的所有时间及成本都是为了实现既定的市场调研目标。市场调研目标是开展市场调研的指导方针，也是衡量市场调研质量的重要尺度。为了保证调研结果的准确性和实用性，市场调研目标应尽可能准确、具体并切实可行。

（二）市场调研方案的设计

确定好市场调研主题和市场调研目标后，就要着手设计市场调研方案了。设计市场调研方案的过程就是常说的市场调研策划，其内容主要包括确定具体调研项目、选择调研类型、确定调研方法、设计抽样方案、估算调研经费、制订调研计划和调研进度表以及完成调研提案等。

1. 设计市场调研方案的步骤

（1）确定市场调研目标。市场调研目标必须明确和清晰，并且最好形成文字记录，以利于各部门人员统一思想。另外，为了确保市场调研目标的准确性，在正式确定市场调研目标前，最好先确定预市场调研目标，在内部或小范围展开讨论和征求意见，然后根据结果进行修改并正式确定市场调研目标。

（2）确定市场调研内容。市场调研目标确定后，紧接着就是市场调研内容的确定。市场调研内容一般包括以下两类：一类是诸如政治环境、经济环境、文化环境、消费环境和竞争环境等不可控因素；另一类是诸如产品、价格、渠道和促销等可控因素。

（3）确定市场调研对象。有了市场调研目标和市场调研内容后，就应该确定市场调研对象。市场调研对象即市场调研所针对的特定群体。市场调研人员应依据市场调研的目标和内容，确定相应的调研对象。

（4）确定市场调研方法。根据市场调研目标、内容和对象，可以确定市场调研方法。市场调研人员可以通过电话访问、拦截访问、小组座谈会等多种形式开展调研活动。

（5）形成市场调研方案。主要包括以下几个方面：

1）制定调研提纲。在调研提纲中，要把调研内容予以分列，每一项调研内容对应一个具体的调研目标。

2）设计调研问卷。调研问卷要以问题形式详细有序地记载调研内容。它不仅要涵盖调研内容的各个方面，而且要恰如其分地激发起调研对象的热情。

3）选择抽样方法。抽样方法一般分为随机抽样和非随机抽样两种。随机抽样又分为简单随机抽样、分层随机抽样、分群随机抽样和系统抽样等。非随机抽样又分为任意抽样、判断抽样和配额抽样等。具体抽样方法的选择要根据市场调研目标和内容以及对调研结果精度的要求、费用、时间等情况来确定。

2. 市场调研方案的作用和构成

市场调研方案有两个方面的作用：一是供雇主即调研委托方作审议检查之用，作为双方的执行协议；二是作为市场调研人员进行市场调研的纲领和依据。一个完整的市场调研方案一般包括以下几个部分：

（1）前言：简明扼要地介绍整个调研项目出台的背景和原因。

（2）市场调研目标和意义：较前言部分稍微详细些，应指出调研项目的背景、主题和几种备用决策，指明该项目的调研结果能给企业带来的决策价值、经济效益、社会效益以及在理论上的重大价值。

（3）市场调研内容和对象：说明调研项目的主要内容，规定必需的信息资料，列出主要的调研问题和相关的理论假说，明确界定调研的对象和范围。

（4）市场调研方法：说明所采用的调研方法的主要特征、抽样方案的设计步骤和主要内容、所取样本大小要达到的精度指标、最终数据采集的方法和调研方式、调研问卷设计方面的考虑以及数据处理和分析方法等。

（5）市场调研进度和经费预算：调研进度和经费预算应该留有一定的弹性和余地，以应付意外事件。

（6）附录：列出项目负责人及主要参与者的名单，并可简单介绍一下团队成员的专长和分工情况，说明抽样方案的技术和细节，调研问卷设计中有关的技术参数、数据处理方法和所采用的软件等。

3. 撰写市场调研方案时应注意的问题

（1）一份市场调研方案应包括上述六个方面的内容，不能有遗漏，否则就是不完整的。

（2）本项目提供的范本并不是唯一的标准，具体内容可适当合并或进一步细分。总之，应根据具体的项目背景来灵活处理。

需要特别指出的是，市场调研方案的书面表达非常重要。一般情况下，市场调研方案的起草与撰写应由项目负责人来完成。

（三）市场调研问卷的设计

1. 市场调研问卷的拟订步骤

（1）确定调研目标。

（2）确定调研方式。

（3）确定问题内容。

（4）确定问题形式。

（5）问卷预测试。

（6）问卷修订。

（7）问卷印刷。

2. 市场调研问卷的基本结构和内容

市场调研问卷一般由标题、说明、主体、编码、调研对象项目、调研者项目和结束语七个部分组成。

（1）标题。每份调研问卷都有特定的调研主题，调研者应该为调研问卷确定一个明确的标题，用以开宗明义地表明调研问卷的目标，使调研对象对要回答什么方面的问题有一个大致的了解。标题应简明扼要，易于引起调研对象的兴趣。

（2）说明。调研问卷的开头一般应有一个说明，旨在向调研对象说明调研的目标、意义、内容，作答的要求和注意事项，保密措施和调研者的身份等，并表示感谢。这个说明可以是致调研对象的一封信，也可以是指导语，应尽可能简明扼要。访问式问卷的开头一般非常简短，自填式问卷的开头可以长一些，但一般以不超过300字为宜。

（3）主体。该部分是调研问卷的核心，它包括了问卷所要调研的全部内容，主要由各种形式的问题、选项及其指导语组成。在拟订主体部分问题时，问题的多少应根据调研目标而定，在能够满足调研目标的前提下越少越好。需要注意的是，与调研无关的问题不要问，能通过二手资料了解到的问题也不要问，选择题的选项不宜过多。

（4）编码。编码是为调研问卷中的每一个问题以及备选答案统一设计代码，将问题变成数字代码的工作过程。大多数调研问卷均需编码，以便后期分类整理。在大规模问卷调研中，调研资料的统计、汇总工作十分繁重，编码技术和计算机技术的应用可大大简化这一工作。编码既可以与调研问卷的设计同时进行，也可以等调研工作完成以后再进行。前者称为预编码，后者称为后编码。在实际调研中，一般采用预编码。

(5) 调研对象项目。调研对象项目是有关调研对象的一些背景资料，如消费者调研中的消费者的性别、年龄、民族、婚姻状况、文化程度、职业、工作单位、收入、所在地区、家庭住址、家庭人口、联系电话等情况，以及企业调研中的企业的名称、地址、所有制性质、主管部门、职工人数、产品销售额（或产品销售量）等情况。调研对象项目通常放在调研问卷的后面。在实际调研中，需要列入哪些具体项目、列入多少项目，应根据调研目标和调研要求而定，并非多多益善。

(6) 调研者项目。调研者项目主要包括调研者姓名、调研地点、调研日期等相关信息，其作用在于明确责任和便于查询、核实。

(7) 结束语。结束语也称致谢语，一般放在调研问卷的最后，可以对调研对象的合作表示感谢，也可以征询调研对象对问卷设计和问卷调研本身的看法和感受。

(四) 市场调研的实施

市场调研的实施主要包括实地调研和文案调研两个方面。实地调研投入的人力、物力、财力相对较多，技术要求、过程控制和质量要求也较高。在市场调研的实施中，实地调研是重点。文案调研的实施过程相对自由、简单，但对实施者的素质及技能要求较高。

1. 实地调研

(1) 访员培训。在实地调研过程中，访员作为信息的收集者，会直接影响调研的质量。因此，访员培训是调研实施过程中的一个重要环节。访员培训的内容应根据调研目标和接受培训人员的具体情况而定，一般包括思想道德、性格修养、规章制度和市场调研相关业务等方面的培训。

(2) 调研实施环节和技巧。在调研过程中，应注意以下环节，把握好调研技巧。

1) 进入访问状态时，应自信地进行自我介绍，注重仪表，并注意选择适当的入户访问时间。如果被拒访，应分析被拒访的原因，调整方法和技巧。

2) 控制环境。理想的访问应该在没有第三者的环境下进行，但事实上访员总会受到各种干扰，所以要掌握控制环境的技巧。例如，如果访问时有其他人插话，应该有礼貌地说："您的观点很对，我希望等会儿请教您，但现在，我只对调研对象的观点感兴趣。"访员应该尽力使访问在脱离第三者的情况下进行。如果访问时因第三者的插话，访员得不到调研对象自己的回答，应中止访问。

3) 保持中立。访员在访问中，除了表示出礼节性的兴趣外，不要作出任何带有导向性的反应。即使对方提问，访员也不能说出自己的观点，而要向调研对象解释，他们的观点才是真正有用的。

4) 提问和追问。访员应按调研问卷设计的问题排列顺序及提问措词进行提问。对于开放性问题，一般要求充分追问。追问时，不能引导，也不要用新的词汇，而要使调研对象的回答尽可能具体。熟练的访员能帮助调研对象充分表达他们的意见。追问不仅能给调研提供充分的信息，而且能使调研更加有趣。

5）记录。访员应该在调研过程中完成记录。如果来不及记录，应该放慢提问速度，并有意重复对方的话。有的访员认为自己能记住，在访问完成后靠记忆补填问卷，这是不允许的。访员在离开之前，应检查是否所有的问题都已作答，答案是否清楚、容易辨认。

6）结束访问。当所有希望得到的信息都得到之后，就要结束访问了。此时，调研对象可能还想进一步陈述看法或者有新的问题，访员应认真做好记录，并认真回答有关问题。总之，应该给调研对象留下一个良好的印象。最后，要对调研对象表示诚挚的感谢，这一点十分重要。

7）保密。最后要强调的是，保密是访员的职业道德，访员不得向其他人透露调研对象的情况和调研结果。

2. 文案调研

在市场调研中，资料通常要通过一定的方法来获取。根据性质的不同，资料可以分为一手资料和二手资料两大类。一手资料是指调研者为了某种特定的目的而通过专门调研获得的原始资料。二手资料是指在某处已经存在，并已经按某种目的编辑起来的资料，比如从网络、图书、杂志、报纸等处获取的资料，以及企业经营资料、行业资料、专业机构资料等。

（五）市场调研资料的整理和分析

调研工作结束后，调研者获得了许多宝贵的调研资料。接下来的工作，就是将这些资料进行整理和分析，得出调研结论。

1. 一手资料的整理和分析

（1）检查。对调研资料进行检查，确定其是否可作为有效的资料。

（2）输入和统计。检查后可进行数据的输入和统计。不同规模的资料，所使用的统计工具也不相同。调研规模较小、资料较少时，可采用手工统计；调研规模较大、资料较多时，应该用计算机进行统计。

（3）制表。数据输入计算机后，一般需要用表格或图、线等形式统计并表达出来，便于研究分析。

（4）分析。资料的分析方法很多，必须选择合适的分析方法。

2. 二手资料的整理和分析

二手资料的整理和分析包括资料汇总、梳理、核实、筛选、归纳、整理和分析等。

3. 一手资料与二手资料的融合分析

这是指对经过整理和分析的一手资料与二手资料进行归类和整合，并对其进行定性定量、有理有据的分析。

二、营销策划分析的基本流程

（一）营销策划分析的总体步骤

营销策划分析可以明确地分为五个步骤，其中每一个步骤都有特定的内容和要求。图 2—1 展示了由这五个步骤组成的营销策划分析的全过程。

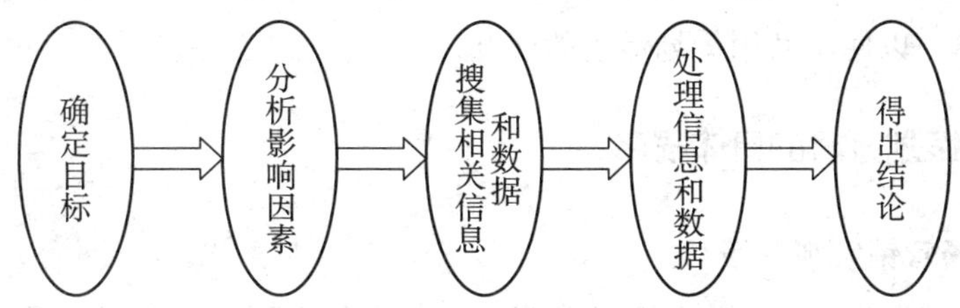

图 2—1 营销策划分析的总体步骤

第一步：确定目标。

在进行营销策划分析时，首先要明确其目标是什么。目标是否明确，关系到营销策划分析的方向、内容和方法，营销策划人员应予以充分重视。市场营销的问题可能在企业，也可能在消费者。市场营销中普遍存在的问题涉及销售收入及利润的变化、新旧产品的更替和消费者对产品的认识程度等。在确定营销策划分析目标的同时，还要确定一些衡量问题的标准。借助这些标准，营销策划人员可以提出解决问题的方法。

第二步：分析影响因素。

由于问题的影响因素多，涉及范围广，在时间和经费有限的条件下，企业很难对所有的影响因素一一进行分析。因此，必须根据营销策划分析的目标，选择对企业影响较大的重要因素进行调研和分析。

第三步：搜集相关信息和数据。

与营销策划分析目标相关的信息包括概念性信息和方法性信息，数据则包括直接数据和间接数据。

概念性信息是指一种看法、现象、潮流，或是对某种产品或服务的直接描述。例如，某年的流行色是黄色，这就是概念性信息。方法性信息是指与营销策划人员在进行营销策划分析时所运用的各种方法有关的信息。这些信息涉及一些市场调研方面的问题。例如，进行问卷调研时，如何才能使调研对象认真地填写调研问卷？问调研对象对两种品牌的看法时，怎样才能不让他们产生误解？

数据是营销策划分析的基础。直接数据是指为进行某项研究而特别搜集的数据，它也可以从特别设计的实验中得来。间接数据是指以前已经记录下来的数据，这些数据一般可以在企业内部的经营记录中找到，比如销售记录、仓储记录等，有时还需要利用网络或到有关部门去搜集。

第四步：处理信息和数据。

一般来说，信息和数据反映的只是事物的现象，并不能直接作为营销策划分析的依据。只有通过对描述现象的信息和数据进行数理统计处理，得出事物的本质和发展规律，才能将其作为营销策划分析的依据。营销策划分析中常用的数理统计方法有回归分析、相关分析和方差分析等。

第五步：得出结论。

通过对信息和数据处理结果的分析和判断，得出正确的、符合实际情况的结论，了解市场趋势和规律，以便于营销策划活动的展开。

（二）营销策划分析的具体程序

1. 分析市场营销宏观环境

（1）分析市场营销宏观环境的趋势。发现趋势，找出可能的市场，是确定企业有无盈利机会的第一步。营销策划人员一定要注意：只有顺应趋势而不是反其道而行之，营销策划才能获得成功。然而，察觉一个新的市场机会并不能保证营销策划一定会成功，因为除了技术上的可行性外，还要考虑很多其他方面的因素，这就是要进行市场调研的原因。

（2）分析政治、经济、文化、法律、技术和人口环境。企业与其供应商、营销中介机构、消费者和竞争者，都在一个很大的宏观环境中运作。这一宏观环境在给企业创造机会的同时也带来了威胁，因为宏观环境往往是不可控的，所以，企业必须监控这些不可控因素，并及时作出反应。

2. 分析市场营销微观环境

与市场营销宏观环境相比，市场营销微观环境即企业的微观营销环境对营销策划分析有更直接的影响。通过下列方法，可以全面地了解企业的微观营销环境。

（1）熟悉企业内部营销环境。企业在内部构成和对外关系等方面的政策，决定了企业的对外形象和决策方式。

（2）了解企业的实力，重点是企业的市场经营能力和财务能力。

（3）掌握与供应有关的情况。具体包括：供应原材料、设备等的及时程度，供应商在产品供应方面的质量水准、价格水平、运输条件、信贷保证和风险承诺，以及供应商在供应市场中的影响力和带动能力等。

（4）掌握营销中介机构的信息，主要包括中间商、物流配送公司、营销服务机构、金融机构等的信息。

（5）跟进消费者需求，主要掌握市场需求水平，市场发展速度，消费者的消费观念和心理，消费者的消费趋势、消费习惯及行为等信息。

（6）了解外部公众关系。与企业相关的外部公众（如融资公众、媒介公众、政府公众以及一般公众）保持良好关系，有利于实现企业的长期发展战略。

3. 分析竞争者

竞争者的状况直接影响企业战略和策略的制定。对企业而言，只有做到知己知彼，方能百战不殆。

（1）竞争者分析的主要步骤。世界著名营销专家、美国西北大学教授菲利普·科特勒等在1996年提出了分析竞争者的主要步骤，包括：识别企业的主要竞争者，了解和确定竞争者的目标，识别竞争者的战略，评估竞争者的实力，预测竞争者的反应，选择对竞争者采取的策略。

（2）竞争者能力分析。营销策划分析主要涉及如何在所选定的行业或领域内与竞争者展开有效的竞争，在战略上拟定竞争的思路、手段和方法。因此，竞争策划是营销策划的重要内容。而要做好竞争策划，首先要识别和了解主要竞争者，并在此基础上对竞争者的竞争能力进行分析。对竞争者能力的分析主要从产品、代理商或分销渠道、营销与销售能力、生产运作能力、研发与工程能力、财务能力、综合管理能力七个方面进行。

4. 分析企业的竞争地位

只有确定了企业及行业中的其他竞争者在目标市场中的竞争地位，才能制定出相应的市场营销战略。

（1）评估企业的竞争优势和劣势。对企业的优势和劣势的评估可以从以下几个方面来考虑：

1）营销管理是否高效。

2）目标市场是否有利可图。

3）产品是否有特色。

4）分销和促销活动是否得力。

（2）确定企业的竞争地位。由于各个企业在目标市场所起的作用不一样，其所处的竞争地位也不一样，因此大致可以将企业概括为市场领导者、市场挑战者、市场跟随者和市场补缺者四种。

（三）SWOT分析的步骤

1. 搜集信息

SWOT分析实质上是对优势、劣势分析与对机会、威胁分析的综合，因此所搜集的信息主要是环境、行业和企业的信息。

2. 整理分析

搜集好信息后，要将信息分别归类到宏观环境和微观环境，再分析信息的含义，判断它们属于优势还是劣势、机会还是威胁。

3. 确定企业具体业务所处位置

确定企业具体业务所处位置，可以采用做SWOT分析表（见表2—1）的方法。具体的做法是：首先，把企业的所有优势分成两组，以表2—1中所列出的原则为基础，看它们是与行业中潜在的机会有关，还是与潜在的威胁有关。其次，用同样的方法把企业的所有劣势分成两组，一组与机会有关，另一组与威胁有关。最后，构建一个表格，优势、劣势、机会、威胁各占1/4，这样就形成了一个SWOT分析表。

表2—1 SWOT分析表

优势	劣势
内部因素： 有利的竞争态势、充足的财政来源、良好的企业形象、先进的技术力量、规模经济、较高的产品质量、较大的市场份额、成本优势、猛烈的广告攻势	内部因素： 设备老化、管理混乱、缺少关键技术、研发落后、资金短缺、经营不善、产品积压、竞争力弱
机会	**威胁**
外部因素： 出现新需求、新产品、新市场或新技术，市场壁垒解除，竞争者失误	外部因素： 出现新的竞争者、行业政策变化、突发事件、市场萎缩、替代品增多、消费者偏好改变、经济衰退

4. 拟订方案

根据SWOT分析的结果确定营销战略或营销策划方案时，有四种对策可供企业选择。当企业业务处于优势与机会的组合时，可以采取扩张战略。当企业业务处于劣势与机会的组合时，可以采取防卫战略，通过努力做好营销策划分析，克服自身的弱点，化劣势为优势，或者争取与优势企业合作或合并，充分利用市场机会。当企业业务处于劣势与威胁的组合时，可以采取退出战略，退出该业务领域。当企业业务处于优势与威胁的组合时，可以采取分散战略，通过多元化经营来分散风险，或者通过兼并或合并来扩大规模、增强实力，提高抗风险能力。

飞毛腿跑腿业务杭州市场需求情况调研策划方案

一、前言

现代人的生活节奏变快，各种往来频繁，生存压力很大，缺少的就是时间和精力。所以现在这个社会急切需要一批职业跑腿人和专业跑腿机构为这些“忙人”、“懒人”提供周到细致的、一对一的个性化和人性化的服务。

中国的跑腿服务只有3年左右的历史，是一个崭新的行业，从2005年到现在国内已经有50多家正式注册的跑腿公司成立，尤其在近一年里就有近20家新店开张，成为新兴行业中发展最快的行业之一。

目前，跑腿公司覆盖了中国东部经济比较发达的大部分地区，且这些地区都同时存在几家跑腿公司。比如上海、杭州、北京等地，都各有4～5家跑腿公司存在。跑腿业务正从东部向西部、从大城市向小城市扩张，跑腿业务正形成星火燎原之势。同时，跑腿业务也越来越广泛，成为现代生活中不可或缺的一部分。

二、调研目的

（1）了解杭州跑腿公司、家政公司、快递公司、送货上门服务公司等的经营状况，为进入该市场提供依据；

（2）了解跑腿公司主要服务对象、主要服务项目以及服务形式；

（3）了解消费者对跑腿业务的需求情况；

（4）了解跑腿业务的营销现状以及相对竞争者的市场优势与市场障碍；

（5）了解不同层次消费者对跑腿业务的看法，以及选择该业务的各种原因。

三、调研内容

1. 消费者

（1）一般消费者对跑腿公司业务的需求（服务内容、价格）；

（2）一般消费者对跑腿公司的消费态度（费用、态度）；

（3）一般消费者对跑腿公司的看法和认可度、信任度；

（4）企业所需服务类型、人员数量、工作时间；

（5）批发商所需服务范围等。

2. 市场状况

（1）杭州地区需要跑腿服务的主要人群；

（2）杭州地区跑腿服务的市场需求状况；

（3）杭州地区跑腿市场同种类型的占比、数量；

3. 服务内容和服务水平

（1）杭州地区市场上跑腿公司、家政公司、快递公司、送货上门服务公司等所提供的服务类型；

（2）杭州地区的消费者需要的主要服务内容；

（3）杭州地区的消费者对跑腿公司、家政公司、快递公司、送货上门服务公司等的服务水平的评价（时间、态度、价格等）。

4. 竞争对手

（1）目前杭州地区已有的跑腿公司的数量、规模、经营状况；

（2）杭州地区其他有关服务行业的公司（家政公司、快递公司、送货上门服务公司）的数量、规模、经营状况；

（3）现有主要竞争对手的经营模式、客户来源、宣传方式。

四、调研方法

（1）网络搜索；

（2）问卷调查（定点访问、拦截访问）；

（3）文案调研；
（4）实地勘察。

访问员要求：
（1）了解行业背景和服务内容，具有必要的专业素质；
（2）开朗、大方、热情，善于沟通；
（3）能严格按照要求执行调研工作，吃苦耐劳；
（4）认真负责、积极的工作态度以及良好的团队精神。

五、调查对象

（1）企事业单位职工；
（2）大学生；
（3）公务员；
（4）自由职业者；
（5）已有的跑腿公司；
（6）批发商；
（7）零售企业。

六、调研区域及样本分配

1. 街头拦截访问与定点访问：样本数200份
下沙经济开发区各银行、高教东区、高教西区、物美超市等：50份
武林门、庆春路、文三路等：100份
城站火车站、九堡客运中心站等：50份
2. 踏勘观察与访谈：样本数3家
杭州快马跑腿服务有限公司：杭州市新塘路181-6-5
杭州小强跑腿服务有限公司：杭州市机场路218号
杭州罗兰跑腿公司：杭州市玉皇山路阔石板路86号

七、调研程序、时间及项目进度计划安排

完成本次调研任务预计需要一个月的时间，具体时间安排如下。

第一阶段：	初步市场调研	9月20日至9月24日
	收集必需的二手资料	4天
	整理二手资料并分类放置	1天
第二阶段：	计划阶段	9月25日至9月27日
	制订计划	1天
	审定计划	1天
	确认修订计划	1天
第三阶段：	问卷阶段	9月28日至9月30日

	问卷设计	1 天
	问卷调整、确认	1 天
	问卷印刷	1 天
第四阶段：	实施阶段	10 月 1 日至 10 月 12 日
	访员培训	2 天
	实施执行	7 天
	收集二手资料	3 天
第五阶段：	研究分析阶段	10 月 13 日至 10 月 16 日
	二手资料归类整理	1 天
	数据输入、处理	2 天
	数据研究、分析	1 天
第六阶段：	报告阶段	10 月 17 日至 10 月 20 日
	撰写调研报告	3 天
	报告打印	1 天

调研实施自计划、问卷确认后第四天起执行。

八、项目小组主要成员及调研人员名单

1. 项目小组主要成员

项目小组人数：6 人

组长：黄佳萍

组员：潘佳倩、何莎微、叶学丹、陈璐、吴亚阳

2. 分工合作

撰写市场调研策划方案：3 人（黄佳萍、潘佳倩、吴亚阳）

撰写调研问卷（初稿、修改）：3 人（陈璐、叶学丹、何莎微）

文案调研、网络搜索：2 人（吴亚阳、叶学丹）

实地调研：6 人

数据统计、整理、录入：4 人（潘佳倩、何莎微、陈璐、黄佳萍）

撰写调研报告：2 人（潘佳倩、黄佳萍）

九、附件

[附件 1]

跑腿业务杭州市场需求情况调查问卷

您好！我们是浙江金融职业学院的学生，为了了解现代跑腿业务的发展规模以及市场需求，我们特此展开调查，感谢您抽出时间予以配合！

1. 您听说过跑腿业务吗？

A. 没听说过　　B. 听说过，但不了解　　C. 听说过，并且找过跑腿公司

2. 您在什么样的情况下会考虑选择跑腿业务？（多选）

A. 很忙，没时间处理　　B. 懒，不想出门

C. 生病，身体不适　　D. 其他____________

3. 您觉得一次帮忙付多少钱您能接受？

A. 10元以下　　B. 10～30元　　C. 30～50元　　D. 50元以上

E. 看具体情况

4. 如果有一家跑腿公司，您最想让其代办的业务有哪些？（多选）

A. 订票　　B. 接送　　C. 缴费　　D. 排队

E. 购物　　F. 其他____________

5. 您选择跑腿公司一般是通过什么途径？

A. 朋友、亲戚介绍　　B. 报纸、杂志　　C. 电视广告　　D. 电台广播

E. 传单　　F. 其他____________

6. 您信任跑腿公司吗？

A. 不信任，一般不会选择它　　B. 信任，可以选择

C. 谈不上信任，只有不得已的时候才会选择它

7. 您能接受怎样的结算方式？

A. 提前支付　　B. 完成后支付　　C. 网上支付　　D. 其他____________

8. 您在接受跑腿服务时最在乎哪方面？（请在相应分数下打钩）

项目内容	5	4	3	2	1
效率					
安全					
佣金					
服务态度					
其他_______					

9. 您对跑腿业务有什么意见或建议？

____

____

您的个人资料

1. 您的性别：

A. 男　　B. 女

2. 您的年龄：

A. 20～27岁　　B. 28～35岁　　C. 36～45岁　　D. 46～55岁

E. 56岁以上

3. 您每月可支配收入：

A. 1 000元以下　　B. 1 001～2 500元　　C. 2 501～5 000元　　D. 5 001元以上

4. 您的职业：

A. 学生　　B. 个体工商业者　　C. 企业单位职员　　D. 其他__________

谢谢您的积极合作，再次感谢！

调查员________　调查地点________　调查时间________　问卷编号________

[附件 2]

跑腿业务访谈提纲

访谈对象：杭州地区已有的跑腿公司、消费者（退休老人、学生、企事业单位职工等）。

您好！我们是浙江金融职业学院的学生，为了了解现代跑腿业务的发展规模以及市场需求，我们特此展开访谈，感谢您抽出时间予以配合！

一、已有的跑腿公司

1. 贵公司一般在每天的什么时候最忙？
2. 贵公司的收费标准是怎样的？
3. 贵公司主要的消费群体是哪些？
4. 贵公司提供的跑腿服务类型有哪些？在这些服务中，消费者最需要的类型是什么？
5. 跑腿公司在经营时会遇到的问题以及解决方案有哪些？
6. 消费者一般是通过什么途径联系贵公司的？
7. 贵公司是通过什么途径对公司进行宣传的？

二、消费者

1. 您是否了解跑腿业务？
2. 您一般在什么情况下需要跑腿公司的帮忙？
3. 多少钱帮一次忙您能接受？
4. 您最需要什么样的跑腿业务？
5. 您一般是通过什么途径来联系跑腿公司的？
6. 您可以接受什么样的结算方式？
7. 您接受服务时最在乎哪方面？（效率、安全、佣金、服务态度等）
8. 您对跑腿业务今后的发展有什么意见或建议？

被调研人单位________职业________月收入________

被调研人性别：A. 男　　B. 女

再次感谢您的合作！

访问人：________日期：________

［附件3］

调研执行计划表

第一阶段：初步市场调研	
调研人员	黄佳萍（组长）、潘佳倩、何莎微、叶学丹、陈璐、吴亚阳
调研方式	网络搜索
实施步骤	收集必需的二手资料（9月20日至9月23日）：潘佳倩、何莎微
	整理二手资料并分类放置（9月24日）：叶学丹、陈璐、吴亚阳
第二阶段：计划阶段	
调研人员	黄佳萍（组长）、潘佳倩、吴亚阳
实施步骤	制订计划（9月25日）：黄佳萍、潘佳倩
	审定计划（9月26日）：吴亚阳
	确认修订计划（9月27日）：黄佳萍、潘佳倩、吴亚阳
第三阶段：问卷阶段	
调研人员	陈璐、叶学丹、何莎微
实施步骤	问卷设计（9月28日）：陈璐、叶学丹、何莎微
	问卷调整、确认（9月29日）：陈璐、叶学丹
	问卷印刷（9月30日）：何莎微
第四阶段：实施阶段	
调研人员	黄佳萍（组长）、潘佳倩、何莎微、叶学丹、陈璐、吴亚阳
调研地点	下沙经济开发区各银行、高教东区、高教西区、物美超市等50份：叶学丹、陈璐
	武林门、庆春路、文三路等100份：吴亚阳、何莎微
	城站火车站、九堡客运中心站等50份：黄佳萍、潘佳倩
实施步骤	访员培训（10月1日至10月2日）：黄佳萍
	实施执行（10月3日至10月9日）：黄佳萍、潘佳倩、何莎微、叶学丹、陈璐、吴亚阳
	收集二手资料（10月10日至10月12日）：潘佳倩、何莎微、叶学丹、陈璐、吴亚阳
第五阶段：研究分析阶段	
调研人员	黄佳萍（组长）、潘佳倩、何莎微、叶学丹
实施步骤	二手资料归类整理（10月13日）：黄佳萍、潘佳倩
	数据输入、处理（10月14日至10月15日）：何莎微
	数据研究、分析（10月16日）：黄佳萍、潘佳倩、何莎微、叶学丹
第六阶段：报告阶段	
调研人员	黄佳萍（组长）、潘佳倩、何莎微、叶学丹
实施步骤	撰写调研报告（10月17日至10月19日）：黄佳萍、潘佳倩、何莎微、叶学丹
	报告打印（10月20日）：叶学丹

资料来源：浙江金融职业学院营销09（2）班黄佳萍、潘佳倩、吴亚阳，指导老师方志坚。

模块5 知识拓展

会员制客户数据库的价值

实行会员制营销的目的在于培养客户忠诚度，留住每一位客户，以带来更多的后续购买行为。实现该目的的关键在于千方百计地提高客户的满意度。要提高客户的满意度，就必须了解与掌握客户需求的相关信息，以制定更有针对性的营销策略并开展营销活动。建立客户数据库，是分析、维护好企业“自留地”的一种有效方式。

企业通过建立客户数据库，在对数据进行处理和分析的基础上，可以了解客户购买产品的倾向性，当然也可以发现现有产品的目标客户群体，从而有针对性地向客户提出各种建议，并更加有效地说服客户接受企业的产品。

建立客户数据库的理由显而易见。随着市场竞争激烈程度的与日俱增，企业的客户群体已经成为企业赖以生存与发展的基础。不能很好地跟踪客户，不能提前研究出客户的发展态势，就很难把握好向已有客户销售的时机。

比如，客户今天购买了一台激光打印机，那么三个月之后，这个客户就可能需要购买硒鼓。如果没有随时跟踪的数据库，那么，最好的结果是这个客户向你提出购买要求，糟糕的结果是这个客户从其他经销商手中购买硒鼓。为什么你不能在数据库的提醒下，在客户购买之前就主动地提出购买建议而使客户感受一次被呵护的服务呢？

总体而言，建立客户数据库能为企业带来以下好处：

（1）可以帮助企业准确地找到目标消费群体。

（2）可以帮助企业判定现有消费者和潜在消费者的消费标准。

（3）可以及时把握客户的需求动态，为企业开发新产品提供准确的信息。

（4）可以帮助企业在最合适的时间、以最合适的产品满足客户的需要，从而降低成本、提高销售效率。

（5）可以帮助企业结合最新信息和结果，制定出新的策略，以增强企业的环境适应能力。

（6）可以帮助企业发展新的服务项目，促进企业发展，并促使购买过程简单化，提高客户重复购买率。

（7）可以帮助企业建立与客户的紧密联系，建立稳定、忠实的客户群体，从而稳定与扩大产品的销售市场，巩固与提高产品的市场占有率。

企业收集到的这些客户数据不仅可以用于会员制营销活动，还可以支持企业其他部门的活动，为其提供开展业务所需要的信息。但同时也必须注意，要慎重使用这些数据，以避免客户为过多的沟通和提供品所困扰，从而与企业疏远。

资料来源：http：//www. kaaav. com/2009/1217/85. htm.

模块 6　团队项目实战训练

团队项目市场调研与营销策划分析

一、训练内容

市场调研策划、调研执行及营销策划分析。

二、训练目的

在完成项目具体任务的过程中，各团队成员通过充分的交流合作、合理分工、互相讨论和互相启发，探索完成本团队项目的市场调研方案、调研问卷或访谈提纲的策划和设计，制订详细可行的具体调研执行计划，并开展调研活动，搜集、整理、归纳、分析调研资料，在此基础上对本团队项目的营销策划各要素进行全面而深入的分析，从而深入理解市场调研与营销策划分析的重点和难点，初步掌握具体项目的市场调研方案设计的步骤、内容和技巧。

三、训练的具体任务

（1）制定并提交一份完整的市场调研方案（包括调研问卷或访谈提纲）。

（2）实施全面的市场调研，并对调研结果和资料进行整理、归纳和分析。

（3）进行本团队项目的营销策划各要素的全面、深入分析。

（4）进行本团队项目的 SWOT 分析。

四、训练的步骤及要求

（1）明确分工。

（2）了解、熟悉市场调研、调研问卷设计和调研活动开展的基本流程和方法，并掌握撰写市场调研方案和调研报告的内容及技巧。

（3）充分了解本团队项目的市场、行业背景等情况。

（4）讨论分析该项目的市场调研事宜。

（5）策划市场调研思路和步骤。

（6）设计调研问卷或访谈提纲。

（7）形成框架内容，并撰写市场调研方案。

（8）制订具体可行的调研活动执行计划。

（9）执行调研。

（10）搜集、整理、归纳、分析调研资料。

（11）进行营销策划要素分析和 SWOT 分析。

（12）各团队选 1～2 名代表向全班同学陈述本团队的市场调研策划、调研实施情况、调研结果、调研感受及 SWOT 分析表（每组 6～8 分钟）。

（13）各团队提交一份书面的市场调研方案（3 000 字以上，包括调研问卷或访谈提纲）、调研活动执行计划（600 字以上）、营销策划要素分析和 SWOT 分析（3 000 字以上）。

五、评价与总结

（1）团队自评。

（2）团队成果展示介绍（包括团队成员的工作态度、团队合作程度、工作流程和对成果质量的评价）。

（3）团队间互评。

（4）教师总评。

（5）个人子项目任务教师评价（打分）。

教师根据各团队成果优缺点，有针对性地点评，启发学生的创新思维；对各团队普遍存在的问题进行重点分析；针对各团队具体项目的策划提出要重点注意的问题。

项目三 营销战略STP分析与策划

教学目标

通过本项目的学习与训练，要求学生深入理解营销战略STP分析与策划的重点和难点，了解营销战略STP分析与策划的内容，掌握营销战略STP分析与策划的市场细分、目标市场选择和市场定位的基本流程；要求学生通过充分的交流合作、合理分工、互相讨论和互相启发，探索完成本团队所承担的具体项目的营销战略STP分析与策划。

教学要求

1. 理解营销战略STP分析与策划的内容
2. 掌握市场细分的基本原则和相关变量
3. 掌握决定目标市场选择的因素和目标市场选择的基本策略
4. 掌握市场定位的作用和原则
5. 掌握营销战略STP分析与策划的基本流程

技能目标

1. 能进行本团队项目的目标市场的细分分析
2. 能进行本团队项目的目标市场选择和市场定位
3. 能通过团队合作，运用相关资料解决相关问题
4. 具有团队合作精神和协调团队内部人际关系的能力

名茶如何进行市场定位？

云南普洱市孟连娜允红珍茶叶有限公司是一家专业种植、生产、销售高山原生态茶的企业。茶园和生产基地位于云南普洱市孟连县克珠尼克山（海拔2 400米）山麓的原始生态林区（距离娜允古镇20多千米），这里俗称边地“绿宝石”的故乡，是野生大叶种乔木树茶和野生大叶种乔木紫茶的故乡。这里属南亚热带地区，气候温和，雨量充沛，日照时间长，土地肥沃，植被良好。茶树生长在海拔2 000米以上的茫茫原始森林中，那里人烟稀少、空气清新，常年云雾缭绕，清澈见底的山泉水一年四季环绕茶园，厚厚的腐质土滋养着自由生长的茶树。

娜允古镇是全国知名的最后一个傣族古镇，也是茶马古道通向南亚的重要驿站和必经之地。这里是一个自然美与人文美、历史文化与现代文明和谐发展、交相辉映的地方，茶文化源远流长。

孟连娜允红珍茶叶有限公司就是在这样得天独厚的自然条件下应运而生的。这里典型的立体气候造就了有助于“娜允红珍”、“红毛丹”等名茶生长的无与伦比的条件。孟连娜允红珍茶叶有限公司有1 200亩茶园，其茶树大多生长在云雾缭绕、古树参天的生态环境中，是天然的、无污染的，正好印证了“高山云雾出好茶”这句话。该公司的“香珍”、“娜允红珍”、“飞虹”、“月光白”、“海贝”等12种顶级原生态名茶多年来远销欧盟各国。其中，“娜允红珍”香醇浓郁、味道极美，是茶中的极品。以往因产量较少，这些极品茶只专供出口到欧盟地区等高端市场。随着产量的增加，孟连娜允红珍茶叶有限公司打算将这些顶级品质的原生态名茶打入国内市场。

讨论：“娜允红珍”的国内目标市场应如何选择？市场应如何定位？

模块2 基本知识

在营销理论中，市场细分（Segmenting）、目标市场选择（Targeting）和市场定位（Positioning）都是企业营销战略的要素，它们被称为营销战略的STP。STP是整个营销策划的核心和基础。营销策划人员在进行营销策划分析时，必须通过STP分析与策划，对各自的市场进行细分，并选择自己的目标市场，向外界传达自己的市场定位，以迎合目标消费者的需求。

一、市场细分

在市场上，受许多因素的影响，不同的消费者通常有不同的欲望和需求，因而有不同的消费习惯和消费行为。消费者需求的差异性使得任何企业都无法满足所有消费者的需求。企业必须确定最有吸引力的、可以提供最有效服务的细分市场作为目标市场，并在目标市场上确立经营优势。

（一）市场细分的含义与作用

1. 市场细分的含义

市场细分就是企业按照市场的同质性，把整个市场划分为若干需求不同的产品和市场营销组合的市场部分或亚市场。其中任何一个市场部分或亚市场都是一个有相似的欲望和需求的消费者群，都可能被选为企业的目标市场。

2. 市场细分的作用

企业通过市场细分，可以了解不同的消费者群的不同需求和满意度，从而发现哪些消费者群的哪些需要没有得到满足或没有得到充分满足；可以有的放矢地采取适当的市场营销措施；可以按照目标市场的需求变化，及时地、正确地调整产品结构，使产品适销对路；可以相应地、正确地调整和安排分销渠道、广告宣传等，使产品得以顺利地、迅速地送达目标市场；还可以集中使用人力、物力、财力，把有限的资源用在“刀刃”上，从而以最少的经营成本取得最大的经营效益。

（二）市场细分的基本原则

市场细分必须遵循以下基本原则：

（1）可区分性。即细分市场具有一定的特征，能够被区分。

（2）可衡量性。即细分市场必须是可以衡量的，细分出来的市场不仅要有明确的范围，而且其规模和购买力是能够估量的。

（3）可进入性。即细分市场要易于进入，企业可以通过采取适当的营销策略组合，进入并占领该市场。

（4）足量性。即细分市场的规模要大到使企业足以获得稳定的利润。

（5）行动可能性。即企业能提出有效的计划来吸引和服务细分市场。

（三）检验市场细分是否有效的方法

市场细分有许多方法，但并不是所有的细分都是有效的。例如，可以根据食盐购买者头发颜色的不同，将他们分为淡黄色头发的消费者和浅黑色头发的消费者，但是购买食盐与头发的颜色无关。企业可以用下列问题来检验经过细分和完善的市场是否合格、有效。

（1）在能取得经济效益的细分市场中，消费者数量的最低界限是什么？

（2）企业能够控制的细分市场数量是多少？（企业能够控制的细分市场数量是有限的，这主要由企业自身的综合实力来决定。）

（3）是否能使用一系列可测量的参数（如市场容量、消费者数量等）来检验细分市场？

（4）细分市场是否具有足够的潜力给企业提供发展的机会？

（5）细分市场是否能为普通的分销渠道服务？有没有其他特殊要求？为什么？

（6）企业是否能采用简单、经济的沟通方式（如促销、广告）来识别和获得消费者？

（7）细分市场是否具有一般性的、可描述性的特征？

（8）企业是否能为有效控制细分市场提供一套组织和信息系统？

（四）市场细分的相关变量

细分市场贵在创新。只有创新的细分市场才能避开竞争，创造出独特的目标市场。营销策划人员必须尝试创造新的细分变量或变量组合，以便找到分析市场结构的最佳方法。常用的市场细分变量有如下几个：

1. 地理因素

地理因素细分是指将消费者活动的地域环境作为细分市场的依据。营销策划人员可以根据产品的特点和企业有能力覆盖的区域，把市场细分为不同的地理区域。这种细分需要考虑的因素主要有地理位置、城市规模、人口密度和气候条件等。此外，城市、农村的消费者对产品、价格、渠道、促销等营销策略的反应也不同。营销策划人员需要针对不同消费者的不同需求和偏好，采取行之有效的方法，开展营销活动。

2. 人口因素

人口因素是最常用的市场细分变量。市场细分需要考虑的人口因素有性别、年龄、家庭情况、收入、文化程度等。性别差异在服装、食品、保健品、化妆品等领域表现尤为明显。根据性别进行市场细分后，可以有针对性地开发新产品，例如针对男士开发的香水。根据年龄进行市场细分时，要注意根据人口统计资料，了解人口年龄分布，以掌握不同年龄段的人口数和比重，从而确定市场容量的大小。根据家庭情况进行市场细分时，家庭人口的数量是细分市场的重要切入点。根据收入进行市场细分时，可以从个人收入和家庭平均收入两个角度入手，比如私家车、高尔夫球场市场一般需要根据个人收入进行细分，而家具、家电产品市场则需要根据家庭平均收入进行细分。文化程度一般可以分为小学及以下、中学、专科、本科、本科以上，不同文化程度的消费者对产品的偏好、审美情趣及评价等有很大的不同。

3. 心理因素

心理因素对消费者的偏好、购买动机、购买行为等有很大影响。营销策划人员从心理因素的角度，进一步深入分析消费者的需求和偏好，这有利于发现新的市场机会和目标市场。例如，上层社会的消费者喜欢高贵、华丽、质优、价高的产品，因为这样的产品具有显示经济实力和社会地位的功能。有的消费者身穿奇装异服，为的是突出个性。有的消费者喜欢购买国外品牌的产品，为的是满足崇洋心理。营销策划人员根据心理因素来进行市场细分，可为不同细分市场设计专门产品，并采取有针对性的营销策略组合。

4. 行为因素

要根据消费者的购买时机、消费者追求的利益、消费者的使用状况、消费者的忠诚度等行为因素来细分市场。从购买时机来讲，空调、冷饮、墨镜等产品显然有一个夏季的消费者细分市场，而电暖器、羽绒服等则有一个冬季的消费者细分市场。从追求的利益的角度来讲，有的消费者追求产品物有所值，有的则追求产品的高品位。从使用状况的角度来讲，消费者可以分为非使用者、未使用者、潜在使用者、首次使用者和经常使用者等。从忠诚度的角度来讲，可以将消费者分为四个细分市场，即单一品牌忠诚者、几种品牌忠诚者、品牌忠诚转移者和无品牌偏好者，营销策划人员必须深入调查消费者的品牌忠诚度，以便采取有针对性的营销策略。

（五）市场细分的误区及其可能带来的成本

市场细分并不是越细越好，细分过度会增加企业成本，这些成本主要包括：

（1）产品修改成本。修改产品以迎合不同的细分市场，通常需要一些研发费用、工程费用和特殊工具费用。

（2）生产成本。生产 10 种各不相同的产品，每种各生产 10 件，通常要比生产 100 件相同的产品所花费的成本高。每种产品的生产准备时间越长，销售量越小，生产成本就越高。如果每种产品的销售量足够大，那么每件产品所分摊的间接费用或期间费用就会变得相当低。

（3）管理成本。企业必须针对不同的细分市场，采取不同的营销策略。这需要额外的市场调研、预测、销售分析、促销、计划工作和销售渠道的管理。

（4）存货成本。多种产品的存货成本一般要比单一产品的存货成本高。

（5）促销成本。细分市场的差异营销要求采用不同的广告宣传方式，以占领不同的细分市场，这会增加促销成本。

（六）企业运用市场细分策略前应思考的问题

无论市场细分是多么有效的策略，它还是存在一定的局限性，往往会影响企业整体运作的有效程度。具体表现为细分市场间的财务、定价、促销、人力资源等方面决策的差异会引起多项额外的成本。企业何时适宜选用市场细分策略，其关键在于分析各细分市场间的差异性和相似性。如果细分市场间区别很大，且各自的战略决策也有众多差异，那么企业应该选择市场细分策略。在运用市场细分策略前，企业应思考以下问题：

（1）不同的细分市场是否需要不同的营销策略，如目标消费者、营销渠道、营销媒体、营销人员和运输费用是否存在差异？

（2）针对不同的细分市场是否采用不同的生产技术，如生产设施、研发计划是否存在差异？

（3）不同的细分市场是否处于不同的发展时期，如处于成长期还是成熟期？

（4）不同的细分市场是否处于不同的竞争地位，如有效市场份额、产品相对质量、竞争者状况等如何？

（5）不同的细分市场中，不同的财务计划，如股票成本、收益状况和投资比例，是否具有可行性，是否易于实施？

二、目标市场选择

一种产品不可能满足所有消费者的需求。企业只有以部分特定消费者为服务对象，才能充分发挥优势，提供更有效的服务。因此，明智的营销策划人员会根据消费者需求的差异，对市场进行细分，从中选出具有一定规模和发展前景，符合企业的目标且在企业能力所及范围内的细分市场作为企业的目标市场。

（一）决定目标市场选择的因素

选择合适的目标市场，必须充分考虑以下因素：

（1）市场因素。主要包括市场规模、市场容量、市场增长率、年销售增长率、消费者对价格和服务类型等的敏感程度、市场生命周期等。

（2）竞争因素。主要包括竞争者的类型及对市场的重视程度、竞争类型的变化、竞争者市场份额的变化、新技术的替代性等。

（3）经济因素。主要包括分销渠道宽度、经济规模、进入和退出的壁垒等。

（4）技术因素。主要包括技术的成熟性及可变性、技术的复杂程度、技术被复制的难易程度等。

（5）社会政治因素。主要包括公众的态度及价值取向、法律法规、消费者行为及消费者素质等。

（6）企业目标和资源因素。企业必须考虑对细分市场的投资与企业的目标和资源是否一致。某些细分市场虽然具有较大吸引力，但不符合企业的长远目标，应该放弃。即使某个细分市场符合企业的目标，也必须考虑企业是否具备在该细分市场获胜所必需的技术和资源。

（二）针对目标市场的营销策略

1. 无差异化营销策略

无差异化营销策略是指忽略各个细分市场之间的差异，将它们视为一个整体市场，企业为整体市场设计单一的产品，采取单一的营销策略组合。此策略要依赖庞大的营销渠道网络和大众化的广告宣传，力图在消费者脑海中建立稳固的产品形象。此策略的优点在于成本较低，单一的产品线保证了生产、仓储和运输的低成本，无差异的广告费用也较低；

缺点在于仅仅通过一种产品或者一个品牌去满足消费者的需求，无疑会流失一些具有不同偏好的边缘消费者，当几个企业同时采取这种策略时，细分市场中的竞争会非常激烈。这一策略适用于同质性较高的产品（如钢铁、食盐等）和刚上市的新产品。

2. 差异化营销策略

差异化营销策略是指瞄准几个细分市场，并为各个细分市场提供不同的产品或服务。通过提供各种产品和使用多种营销策略，企业可以在各个有差异的细分市场中占据强有力的位置，并能加强消费者对生产某类产品的企业的总体印象。此策略的优点在于能创造比无差异化营销策略更大的销售额；缺点在于成本较高。这一策略适用于规格和品质有较大差异和涉及品种较多的产品（如照相机、汽车等）、处于成熟期的产品以及技术含量高的产品。

3. 集中化营销策略

集中化营销策略是指瞄准一个或者少数几个细分市场，追求在若干个较小的细分市场上获得较大的市场份额，从而在整体上获利的策略。通过采取集中化营销策略，企业能够较深入地了解消费者的需求，从而开拓市场，提高产品的市场占有率，建立相对稳固的市场地位。同时，集中力量占领目标市场，有利于企业知名度的提高。此策略为小型企业提供了一个很好的涉足大市场并与资源丰富的竞争者竞争的方法。此策略的优点在于从小处着眼，能以较低的成本得到较高的投资回报率；缺点在于其风险比其他的营销策略高，特定的细分市场可能因强大竞争者的进入或消费者需求的剧烈变化而失去。这一策略适用于资源有限但富有特色的中小型企业。

三、市场定位

随着经济的发展和生产力水平的提高，各种品牌纷纷涌现，产品间的差异越来越小，同质化越来越高。因此，消费者选择产品越来越不容易，往往在众多品牌面前无所适从。企业营销愈加困难，市场争夺日益激烈。

如何在竞争中获得成功？出路只有一条，就是要尽力制造差异，追求与众不同，使消费者易于将其与其他品牌区分开来，进而使产品在他们心目中占有一定的位置。要脱颖而出，就要抓住消费者的心，在其心中占据阵地。

（一）市场定位的含义与作用

市场定位是指确定产品在目标消费者心目中的形象，通过对产品特定信息的传递，使目标消费者将该品牌与竞争者区分开来，以占据细分市场。

市场定位的作用包括以下几个方面：

1. 制造差异

差异化是市场定位的首要原则。市场定位中的差异性可能来自企业的产品与竞争者产品之间的差别，如七喜与可口可乐之间的差别是不含咖啡因；差异性也可能来自同一企业众多品牌之间的差别，如宝洁公司推出的海飞丝、飘柔、潘婷三种洗发水，分别定位于去屑、柔顺、营养三个方面。市场定位中的差别主要来自于以下几个方面：

（1）质量：产品质量是否更为优越、更经久耐用？企业能否作出质量保证？

（2）美观：产品外观是否更能满足消费者特别的审美要求？

（3）方便：产品使用是否更方便、更易于操作？

（4）舒适：产品服务是否能让消费者获得更为舒适、愉悦的享受？

（5）价格：产品价格是否更为优惠？是否像产品本身一样具有吸引力？

（6）服务：企业是否提供了更多的超越竞争者的完善的服务？

（7）利益：使用该企业的产品究竟能给消费者带来多少利益和好处？

当然，市场定位中的差别因素远远不止这些，还包括很多有形或无形的因素。企业与竞争者的差别越多，其市场定位优势就越明显，产品形象也就越突出。但没有多项差别也不要紧，只要有一项特别出色，就能打动消费者。

2. 辅助目标实现

在具体营销策划中，营销策划人员往往需要回答涉及营销策略组合的多种问题。各项营销策略直接影响营销目标的实现，而这些策略的依据是否正确，则是其是否有效的关键。只有将市场定位作为各项策略的制定依据，将各种手段相互配合、整合，向消费者传达产品的市场定位信息，才能使产品顺利击中目标市场。

3. 创造竞争优势

对企业而言，关键不是对产品本身做些什么，而是做些什么才能打动消费者。单凭质量的上乘或价格的低廉已难以获得竞争优势。国外一项研究表明，市场上各种品牌的化妆品之间的品质差异远低于它们之间的价格差异。成功品牌的竞争优势主要来源于其市场定位。

具有某种优势是对产品进行市场定位的有利条件，但市场定位本身不是竞争优势，不过它能创造竞争优势。营销策划人员在进行市场定位时会发现，市场定位带来的竞争优势并不见得是产品自身的优势，甚至可能正是自身的劣势，而之所以定位于此，是因为其中存在市场空白。

（二）市场定位的原则

1. 简明原则

消费者具有喜欢简单、讨厌复杂的心理。越是简单、明确的信息，越容易被消费者识别和接受。产品各有特色，关键在于企业要预先筹划好先以什么特色打动消费者。一言以蔽之，突破这道屏障的诀窍就是定位要简明，集中力量于一个重点并将其深深地印在消费者心上。

2. 个性化原则

有差异意味着有距离，而距离是可以拉近的，无法拉近的是产品的需求。个性往往是一种无形因素，人们知道它的存在，却无法追随。市场定位应遵循个性化原则，即赋予产品或品牌独有的个性，以迎合相应的消费者的需求。

在挑选产品时，消费者在理性上考虑产品的实用功能，同时也评估不同产品所表现出的个性。当产品的个性与他们的价值观相吻合时，他们就会选择该产品，并利用该产品来彰显自己的个性。

营销策划人员可以从产品的物理特性和功能利益出发，确定其市场定位，但这一定位并不仅仅是产品的物理特性和功能利益的总和，它还含有另外一些完全属于精神层面的东西。比如，万宝路与西部牛仔和马到底有什么必然的联系呢？没有！万宝路西部牛仔和马的形象使消费者产生了自由、奔放、帅气、强劲而有力量的联想，这完全是从精神层面出发，从而让消费者吸万宝路时自然而然地产生这样的心理感受。至于烟本身的特性和功能，与这种心理感受关系不大。企业所做的只是将产品的包装、广告和其他手段与其市场定位相匹配。

3. 动态调整原则

动态调整原则要求企业在变化的环境中，抛弃传统的以静制动、以不变应万变的静态定位思想，对环境时刻保持高度的敏感，及时调整产品的市场定位，或开发产品的新性能来满足消费者的新需求，或偏移和扩大原有的定位点，以做到驾驭未来，而非经营过去。企业只有不断调整自己的经营目标、产品种类、技术水平、管理方式和营销策略，才能适应环境，焕发生命力。

成功的经验表明，在动态的市场环境中，企业应当密切关注市场环境，审时度势，根据环境的变化、竞争者的变化、消费者观念和态度的变化以及政府宏观政策的变化，重新定位自己的产品和企业形象，修正企业的营销策略，以适应不断变化的市场需求。

4. 目标消费者原则

目标消费者原则实质上就是为目标消费者提供令其满意的服务的原则，即不断强化消费者满意程度的原则。许多企业曾陷入无休止的“广告大战”、“品牌大战”，而忽视了竞争的根本立足点，如今它们又重新调整战略，回归至为消费者提供令其满意的服务上来。如美国通用电气公司和惠而浦公司，都提出了“使客户 100%满意”的目标。以消费者为导向，是市场定位的重要原则。

模块 3 操作指导

一、市场细分的基本流程

市场细分是企业寻求目标市场的一种有效的科学方法，是企业进行目标市场选择的前提和基础。一个整体市场之所以可以细分为若干个细分市场，主要是因为消费者的需求存在差异。市场细分的基本流程如下：

（一）了解市场基本情况

需要了解的市场基本情况包括如下几方面：

（1）消费者对企业及其产品和服务的了解有多深？

（2）即将推向某一市场的产品是新产品还是旧产品？

（3）市场细分的目的是什么？是增加现有消费者对产品的忠诚度，还是吸引新的消费者，抑或将消费者从竞争者那边吸引过来？

（4）市场细分是为短期规划还是长期战略服务？

（5）企业管理者和销售者对现有市场结构有何看法？

（二）确定市场细分依据

市场细分需要考虑各种因素（以地理、人口、心理和行为四个方面的因素为主），根据具体的产品特征和市场特征，找出最重要的一个或者几个因素，以此为依据优化市场结构，实现营销目标。

（三）选定产品的市场范围

企业根据自己的任务和追求的目标，制定发展战略，继而选定产品的市场范围。产品的市场范围应根据市场的需求而不是产品的特性来决定。

（四）列举潜在消费者的基本需求

选定产品的市场范围以后，可以通过“头脑风暴”法，从地理因素、人口因素、心理因素和行为因素等方面出发，大致推断潜在消费者的基本需求。营销策划人员在这一环节所掌握的情况有可能不全面，但却为以后的深入分析准备了基本资料。

（五）分析潜在消费者的需求差异

对潜在消费者进行抽样调研，并对其需求变数进行评估，从而了解其共同需求及其需求差异。

（六）排除潜在消费者的共同需求

分析潜在消费者的需求差异后，应排除其共同需求。共同需求固然重要，但它们只能作为营销策略组合的参考，不能作为市场细分的依据。市场细分需要大量的市场调研资料作为支撑，对样本量有较高要求，例如，多城市研究的成功样本应在1 000份以上。

(七) 确定细分市场

确定了符合现实的市场细分方案之后，下一步就是要获得关于市场细分的额外信息，并对其进行进一步分析，以确定细分市场。

(八) 命名细分市场

细分市场确定后，要给每个细分市场命名。细分市场的名称应该能准确概括该市场的内涵，体现该市场的特征，并且要有意义，令人难忘。

(九) 描述细分市场

对细分市场进行简洁明了的描述是必要的，内容如下：

(1) 细分市场的名称。

(2) 使细分市场产生差异的重要因素。

(3) 对细分市场中消费者群体的简要描述。

(4) 以细分市场为目标，利用 4P 营销理论获取的相关信息。

二、目标市场选择的基本流程

目标市场选择，即在制定衡量细分市场吸引力的标准后，选择一个或几个要进入的细分市场。目标市场选择的基本流程主要包括评估细分市场和选择营销策略两个环节。

(一) 评估细分市场

在市场细分的基础上，企业需要评估各种各样的细分市场，并确定哪些是值得进入的目标市场。评估细分市场时，必须注意三个因素：细分市场的规模和发展前景、细分市场目前和潜在的盈利能力以及企业的目标和资源。

1. 细分市场的规模和发展前景

企业必须收集有关细分市场目前的销售量、增长率和期望利润的数据。那些具有相当规模和正在发展的细分市场是企业要重点攻克的市场，但相当的规模和发展势头是相对而言的。企业应该在考虑细分市场规模和发展的基础上，结合自身的特点，选择更加有利可图的细分市场。

对于无吸引力或吸引力小的细分市场，企业应采取合并的方式。在评估细分市场的吸引力大小时，需注意的是，某个细分市场现在没有吸引力并不意味着其在未来也没有吸引力。所以在判断细分市场潜力时，要弄清楚其无吸引力的原因。一般来说，造成细分市场目前无吸引力但有潜力的原因有二：其一，企业目前还不能提供适合的产品或服务来迎合这些细分市场的消费者，所以该市场看似无吸引力；其二，该市场尚处于开发阶段，暂时无利可图。

2. 细分市场目前和潜在的盈利能力

一个细分市场可能具备理想的规模和发展前景，但就盈利能力而言，它可能缺乏优势。所以，企业必须考察影响细分市场长期盈利能力的主要因素，这些因素包括替代品或潜在替代品、消费者的购买力、各个企业的规模和垄断力等。

3. 企业的目标和资源

即使细分市场具有理想的规模、发展前景和盈利能力，营销策划人员在评估细分市场时还要考虑企业自身的目标和资源情况。有些细分市场可能本身具备吸引力，但它会分散企业资源，使得企业偏离目标。假如企业不能保证自己有实力参与竞争并取胜，就应该慎重进入这样的细分市场。即使企业具备各种必要的实力，也要确认它在人力和物力上优于竞争者，并能为消费者提供优于竞争者的价值。

（二）选择营销策略

评估不同的细分市场后，企业需要决定究竟为几个细分市场服务，并可以根据不同的情况，选择不同的营销策略（无差异化营销策略、差异化营销策略和集中化营销策略）。

企业在选择营销策略时，应考虑以下几方面因素：

（1）市场同质性。市场同质性是指消费者需求、偏好及各种行为特征的类似程度。市场同质性高，表明各个细分市场的相似度较高。此时，宜采用无差异化营销策略。反之，各个细分市场的需求差异明显时，应采用差异化营销策略或集中化营销策略。

（2）产品同质性。产品同质性高，宜采用无差异化营销策略；产品同质性低，宜采用差异化营销策略或集中化营销策略。

（3）产品生命周期。在产品生命周期的不同阶段，市场会表现出不同的需求特点，因此应采用不同的营销策略。新产品上市时，产品品种相对单一，竞争者少，企业为刺激消费者需求，应采用无差异化营销策略或集中化营销策略；产品进入成熟期时，产品品种日益增多，竞争者多，企业为维持和扩大销售量或巩固其在某一细分市场上的优势地位，可采用差异化营销策略；产品进入衰退期时，企业为了延长其市场寿命，应采用集中化营销策略。

（4）企业实力。如果企业的生产、技术、资源、销售等的实力很强，有能力覆盖所有的市场面，则可采用无差异化营销策略或差异化营销策略；如果企业的实力有限，则应采用集中化营销策略。

（5）竞争者的营销策略。一般而言，如果市场上的竞争者很多，为了有别于竞争者，树立企业及其产品在消费者心目中的良好形象，企业最好采用差异化营销策略或集中化营销策略；反之，则采用无差异化营销策略。通常情况下，企业还应选择与竞争者不同的营销策略。如果规模较大、实力雄厚的竞争者采用的是无差异化营销策略，那么企业最好选择差异化营销策略或集中化营销策略。如果竞争者采用的是差异化营销策略，那么企业应当在进一步市场细分的基础上，采用差异化营销策略或集中化营销策略。

三、市场定位的基本流程

（一）确定目标消费者的需求特征

1. 研究目标消费者的个体特征

对目标消费者的购买产生影响的个体特征主要有如下两个方面：

（1）年龄和所处人生阶段。不同年龄和所处不同人生阶段的人需要的产品和服务是不同的。十几岁的青少年偏重于娱乐性、新潮产品的消费，二十来岁、刚结婚的年轻人对价格较为敏感，三十来岁、有小孩的人对儿童物品较为感兴趣，四十来岁、儿女成家的人偏重于品牌、耐用产品的消费。

（2）职业。消费者的消费模式和所从事的职业有很大的关系。营销策划人员要找出对自己的产品和服务有较高需求的职业群体，并考虑为这些特定的群体增添或减少产品的部分附属功能，以更契合他们的需求。

2. 了解相关群体对目标消费者的影响

个人既然生活于社会中，就不可避免地受到相关群体的影响。在考虑目标消费者个体特征时，还要分析他们所受到的宗教、职业和行业协会的影响，以及来自家庭、朋友、邻居和同事等的影响。

3. 调研目标消费者所需利益的特征

这里的利益是指目标消费者购买产品时所追求的利益。企业要调研目标消费者对某种产品属性的重视程度，搞清楚他们的选购标准，及其需要何种利益。

（二）研究竞争者的市场定位

研究竞争者的市场定位一般可以从如下几个方面入手：

1. 调研竞争者的产品在目标消费者心目中的形象

产品在目标消费者心目中的形象一般分为高质量高价格、高质量低价格、低质量高价格、低质量低价格和质量价格均一般这几种。营销策划人员可以通过问卷调研的形式，了解目标消费者对竞争者的产品的看法。

2. 了解竞争者的经营状况

竞争者如何经营和经营状况如何，对企业的市场定位有重大影响。一般来说，当竞争者某一产品的经营状况相当不错时，企业要尽量规避与竞争者采取相同的市场定位；当竞争者的经营状况欠佳时，企业则可以考虑采取同一市场定位，蚕食竞争者的市场。

3. 预测竞争者的发展潜力

在市场定位之前，营销策划人员应设法了解更多的关于竞争者未来发展潜力的信息。

比如，购买竞争者的商业情报或留意竞争者在人才培养、设备引进等方面所采取的措施。

（三）确定企业的市场定位

1. 选择广义的定位

广义的定位一般有三种：差异化定位、总成本领先定位和补缺式定位。企业需要根据自身的资源和实力，选择与自身组织文化和管理系统相一致的方案。

2. 选择特定的定位

企业需要定位产品更具体的利益与值得购买的理由。特定的定位具体包括以下几种：

（1）特色定位。例如，一些饭店注明自己有野菜食品。

（2）利益定位。例如，个人掌上电脑（PDA）的生产厂家都强调这一产品除了可以管理个人事务外，还可以上网等，强调其多用途和方便性。

（3）用途定位。例如，小霸王学习机的定位就是寓教于乐。

（4）用户定位。例如，普通可乐和减肥可乐就定位于不同的用户。

（5）种类定位。例如，快餐店不是将大饭店作为自己的竞争者，而是将出售方便食品的超市作为自己的竞争者。

（6）针对竞争者定位。例如，可口可乐和百事可乐经常进行对比性的广告宣传。

（四）传播企业的市场定位

1. 建立与市场定位相一致的企业形象

营销策划人员要积极、主动地向目标消费者宣传企业的市场定位，首先要在目标消费者心目中留下符合企业市场定位的鲜明形象，其次要尽力使目标消费者认同、喜欢和偏爱企业的市场定位。

2. 巩固与市场定位相一致的企业形象

（1）不断强化企业在目标消费者心目中的形象。目标消费者对企业的市场定位的印象，需要通过不断的由浅入深、由表及里和由偏到全的深化过程来强化。

（2）与目标消费者保持沟通。在不断适应外部生存环境变化的过程中，企业的市场定位必然会有所变化，营销策划人员要将变化后的企业市场定位及时传递给目标消费者，使目标消费者的认识与这些变化相一致。

（3）稳定目标消费者的态度。在企业形象建立后，营销策划人员还要不断地向目标消费者提供新的信息，印证目标消费者原有的认识和看法，从而使其更加支持企业的市场定位。

（4）加深目标消费者的感情。营销策划人员要引导目标消费者的感情倾向，增加其感情浓度，并尽量提高目标消费者感情的效能。

3. 矫正与市场定位不一致的企业形象

当发现目标消费者对企业市场定位的理解模糊、混乱时，营销策划人员一定要对其进行矫正。这种模糊、混乱可能是主题太多所致，也可能是市场定位变换频繁所致，这就要求营销策划人员及时发现问题并作出快速反应。

（五）实施市场定位策略

完成市场定位后，紧接着就要考虑采取何种策略把市场定位落到实处，一般有以下三种策略可供选择。

1. 填补空缺策略

这一策略是指将产品定位在目标市场的空白处，这样，企业不仅避开了市场竞争，不与目标市场上的竞争者直接对抗，而且可以在目标市场的空隙或空白领域进行开拓，生产、销售目标市场上还没有的特色产品，打造特色品牌，进而迅速地在市场上站稳脚跟，并在消费者心中较快地树立起形象。在实施这种市场定位策略时，一定要注意产品在经济、技术上的可行性，以及潜在的消费者群体是否足以支撑产品的发售。

2. 正面交锋策略

采取这种策略意味着要与竞争者采取相同或相近的战略，选择与竞争者接近或重合的市场定位，争夺同样的目标消费者。一般来讲，一些实力不太雄厚的中小企业可采用此策略。正面交锋策略是一把“双刃剑”，如果用得不好就很容易被打压。但一旦成功，不仅可以取得巨大的市场优势，而且可以极大地激发企业的凝聚力。

3. 重新定位策略

一般来说，采取这种策略是为了摆脱企业目前或潜在的困境，重新获得活力和生机。在采取此策略前，要慎重考虑如下因素：企业是否在思想上、心理上、技术上、信息上和财力上做好了进行重新定位的准备，特别是财力能否保证企业的市场定位转移；企业是否对将要产生的经济效益和社会效益作出了适当的评估；企业是否对将要到来的竞争态势作出了判断和准备了应对各种情况的措施。企业面临以下情况时，需要考虑采取此策略：

（1）企业在与竞争者的正面交锋中处于下风，获胜的可能性很小，或有新的强有力的竞争者进入市场，并选择和本企业相同或相似的市场定位，对企业的发展有相当大的威胁。

（2）消费者偏好发生转移，其需求也随着社会的发展而改变。

（3）环境发生变化，使现有产品不适合原有定位。

当然，并不是一定要到陷于困境时才采取此策略，企业发现更好的市场需求时，也可考虑采取此策略。

模块 4 案例学习

黄金酒品牌定位营销策划

作为一个刚刚推出的新品牌，黄金酒从一面世就获得了业内和媒体的超高关注度，这不仅因为 2008 年底各大电视媒体铺天盖地的“送长辈，黄金酒”的广告，还源于五粮液集团和史玉柱巨人投资有限公司的双重背书。而这种超高关注度更是在史玉柱宣称黄金酒将在3个月内为其赚到10亿元后掀起高潮。

黄金酒释义

黄金酒全名黄金牌万圣酒，为保健食字号产品，由五粮液集团和上海巨人投资有限公司（以下简称“巨人投资”）共同打造。根据双方签署的一份长达30年的战略合作协议，五粮液集团负责黄金酒产品的研发和生产，销售策略和团队执行则由位于上海的巨人投资来完成，巨人投资作为大股东，占收益分配的大头。应该说黄金酒很好地集合了五粮液集团和巨人投资在品牌、技术、资金和营销网络等方面的优势。

从产品层面看，黄金酒的酿造者是掌握五粮液绝密配方的中国酿酒大师陈林。黄金酒以五粮液集团生产的浓香型白酒为酒基，这是对传统保健酒采用清香型白酒做酒基的一个改革，从而确保了黄金酒在酒的色、香、味上更适合大多数消费者对酒的偏好。同时精选老龟甲、天山鹿茸、美国西洋参、宁夏枸杞、汉中杜仲、关中蜂蜜六味传统药材，来确保具有滋补保健功能。

一波三折的合作

成美营销顾问公司（以下简称“成美”）第一次接触黄金酒项目是在2007年7月，当时巨人投资副总裁程晨了解到成美为王老吉凉茶制定品牌定位的情况后，带领黄金搭档公司市场部到广州与成美进行了初次接触。

当时巨人投资希望通过比稿竞标的方式确定合作伙伴，而成美制定品牌定位需要40多天的系统研究才能确立，即在完成研究前无法提供任何品牌定位方向，因此成美仅提供了针对黄金酒如何展开定位研究的思路、研究方法与模型。

同时，巨人投资希望合作伙伴是一家能完成品牌定位制定、广告传播和促销活动策划的全案执行公司，而成美多年来只专注于品牌定位的研究，因此当时双方并没有确立合作关系。

在初次沟通中，成美和大多数人一样产生了一个疑问：作为保健品行业龙头的巨人投资为什么会突然进军酒业？经过此次沟通，成美对巨人投资有了一个全新的认识——巨人投资一直将自己定位为礼品公司而非保健品公司，在五花八门的礼品中他们目前只选择可食用的礼品，由于多年运作脑白金、黄金搭档，在保健品行业积累了不少经验，因此他们会更优先选择可以食用的有保健功能的礼品。

众所周知，巨人投资一旦看准一个目标市场，会狂风暴雨般重兵投入以达成目标，但鲜为人知的是该公司还有一个不成文的惯例——在旗下品牌形成稳健的销量和领先的市场地位后，才会考虑进入下一个目标市场，而选择进入哪个目标市场往往会进行长达数年非常细致的研究和评估，正可谓审时度势、谋定后动。

从沟通中成美了解到，黄金搭档目前已经步入正常的运转轨道，巨人投资数年前已经在积极寻找下一个目标市场，而礼品酒市场成为他们的新目标。在与成美初步接触之前，巨人投资计划让黄金酒在2007年底上市以争夺2008年春节礼品酒市场。

选择进军酒业，则源于他们对礼品市场的多年研究——中国消费者在礼品选择上主要是烟、酒和保健品。

其中，香烟虽然选择的比重很高，但属于国家垄断行业，巨人投资无法介入。保健食品作为新兴的礼品选择，巨人投资已经拥有两个重磅炸弹——脑白金和黄金搭档，但由于保健食品行业过去无序经营造成行业信任度较低，同时，国家针对保健食品的政策不断出台，使得保健食品的大环境非常不稳定，这些均不利于保健食品新品牌的塑造。而酒作为中国人送礼的传统选择，其礼品市场规模远比保健食品大得多，哪怕在其中细分一小块也是非常可观的。正是出于这个考虑，巨人投资将礼品酒市场作为未来进入的领域。

巨人投资在保健食品方面积累了丰富的实战操作经验，在如何与其他礼品酒形成差异的考虑上，他们选择了添加保健功能。

为此，巨人投资还重点研究分析了当年以“送给父亲的爱”诉求赢得市场的椰岛鹿龟酒。虽然目前椰岛鹿龟酒的销售额从高峰的 6 亿元下滑至 4 亿元，且市场从全国范围收缩到目前的华东局部，但他们认为主要原因是椰岛鹿龟酒获得市场认可后并没有很好地坚持，而且海南椰岛集团实力有限，多元化经营使其在进行战略追击上存在诸多现实问题。尽管如此，椰岛鹿龟酒当年的市场反应和目前数亿元的销售额足以说明，用保健酒细分礼品酒市场的方向是可行的。

巨人投资在礼品和保健食品市场上拥有多年的成功经验积累和一支 8 000 人的队伍，并为推广新品准备了 5 亿元的项目资金，再加上椰岛鹿龟酒的前车之鉴，按常理巨人投资应该可以下定决心大干一番了。然而此时史玉柱却将全部精力转移到了网络游戏业务上(黄金酒业务他只作为大股东而不会参与管理和运营)，巨人投资第一次面临没有史玉柱亲自指导去开拓全新市场的状况。经研究后他们认为，应该再上一道保险——请一家外脑公司对黄金酒进行品牌定位研究，判断用“保健”细分礼品酒市场的方向是否可行，其市场规模是否足够大。

2007 年 10 月，令成美倍感意外的是，巨人投资再次来到成美。在寻找合作伙伴一轮未果后，巨人投资决定将原计划的寻找一家公司进行全案合作改成寻找数家专业公司，分别展开品牌定位制定、广告代理等合作。同时，在品牌定位制定方面，巨人投资也不再进行比稿竞标，而是直接选择成美进行品牌定位战略研究制定。

此时黄金酒已无法实现 2007 年底上市的原定计划，原因在于成美最快也需要 40 天来完成黄金酒定位研究，然后根据品牌定位对产品、价格、渠道、促销等提供整合规划建议，最后由专业广告公司进行广告创意拍摄、铺货等，时间压力过大。

成美接触过不少根据上市时间计划来调整上市前期准备工作的企业，而巨人投资则选择为更好地进行上市准备工作而推迟黄金酒的上市时间。

巨人投资习惯用看似疯狂的投入开拓市场，这造就了史玉柱“史大胆”的绰号，但通过更近距离的接触，才能真切地看到这个人和这个公司身上在战略决策上的异常谨慎，也许正是因为比别人在制定战略时更胆小，所以在战略执行时可以更大胆。

作为礼品酒，黄金酒送给谁？

首先，黄金酒已经明确是在礼品酒市场进行竞争。

从消费者行为学角度来看，消费者赠送礼物，赠送的不仅仅是产品实体，而且包含重要的象征信息：他们要确保通过礼物的种类、价格和品牌，向接受礼物的对象发送正确的信息。由于赠送礼物的这种特性，不同受礼对象会导致消费者的礼品预算不同，并影响礼物品种、品牌的选择，因此成美首先需要确定黄金酒可能会被送给谁，并以此界定黄金酒需要研究的目标礼品市场范围。

在礼品市场中，送领导、求人办事等功利型送礼市场较为特殊，此类礼品一般价值较高，注重品牌，品牌能保证礼品的高价格广为人知，而新品牌难以短期内企及。因此黄金酒作为新品牌，主攻亲朋好友间的送礼市场。

消费者在选择礼品时首先会有一个预算，而决定亲朋好友间送礼预算的关键因素是：受礼者与送礼者关系的亲疏。成美从巨人投资了解到，黄金酒由于用五粮液集团的优质白酒为基酒，又加入了老龟甲、天山鹿茸、美国西洋参、宁夏枸杞、汉中杜仲、关中蜂蜜六味传统药材，产品成本已经较高，而中国人送酒的习惯是要送两瓶酒，然后还会搭配一些其他礼品，这意味着送礼的预算相对较高。消费者调查显示，如亲朋好友间礼品预算超过200元，主要是送给和自己关系亲近的长辈，包括夫妻双方的父母、叔伯等。因此黄金酒更多会送给和消费者关系亲近的长辈。而送礼人一般都是已经有工作的成年人，其长辈的年龄相对处在老年阶段。

同时，黄金酒加入六味中药材有一定的保健功能，根据消费者观念，这种加入中药材的酒更适合送给老年人，如送青年人则存在忌讳，等于暗示对方身体不好。因此黄金酒与老年人是匹配的。

作为礼品酒，黄金酒进入哪个市场？

项目组研究发现，保健酒存在官方和民间两种不同的定义。

目前国家标准中并没有保健酒这个产品类别，保健酒具有露酒和保健（功能）食品双重身份。露酒属于饮料酒的范畴，官方定义是：露酒是以发酵酒、蒸馏酒或食用酒精为酒基，加入可食用的辅料或食品添加剂，进行调配、混合或再加工制成的、已改变了其原酒基风格的饮料酒。保健（功能）食品的官方定义是：保健（功能）食品是食品的一个种类，具有一般食品的共性，能调节人体机能，适于特定人群食用，但不以治疗疾病为目的。

无论从露酒还是从保健（功能）食品的定义看，保健酒都首先是食品，应该具有酒的一般共性，能调节人体机能或具有营养补益的功能，而不以治疗疾病为目的。

而在民间，消费者将保健酒基本等同于药酒，这是因为过去数千年中，二者统称为“药酒”，前者为“滋补型药酒”，后者为“治疗型药酒”。但按照国家相关规定，药酒属于药品范畴，是以治疗疾病为目的。

这两种不同的定义，其实蕴含了作为礼品酒，黄金酒有两种截然不同的推广方向可供选择。

一种是将黄金酒定义为饮料酒，黄金酒应该具备酒的一般共性，消费者选择这种产品是基于酒的基本属性——“好喝”，是种享受，而保健功能是增加的一个新利益。这就对黄金酒的色、香、味要求更高，而对其功能的期望相对较低。

就像王老吉，首先是饮料，具有饮料的基本属性，如好喝、解渴等，然后才是“防上火”的功能，消费者只会在想喝饮料时选择王老吉，味道不错还可以防上火，而不会在已经上火后，期望通过喝一瓶王老吉消除上火的症状。

另一种是将黄金酒定义为民间理解的保健酒（药酒）。由于传统药酒在消费者头脑中的认知主要是针对疾病的，加之过去不少保健酒宣传过度、夸大疗效，将保健酒包装成壮阳补肾、祛风湿甚至包治百病的神药，导致中国消费者将保健酒和药酒混为一谈，消费者选择保健酒主要是基于药品的基本属性——药效，而酒只是产品的一个剂型。这就对黄金酒的配方及所含药材要求更高，而对其是否好喝的期望相对较低，甚至在“良药苦口”的传统观念下，认为其药味应该更浓。

就像广东另外一个凉茶品牌——黄振龙的癍痧凉茶，其颜色、口感、销售渠道和包装形式、推广内容都更贴近传统中药茶，消费者只会在消除上火等症状时选择黄振龙癍痧凉茶，而不会在想喝饮料时选择这种苦口的凉茶。

这两种不同的方向选择其实是进入不同的目标市场，它不仅影响黄金酒的产品、包装、推广、价格，更影响黄金酒的市场规模。因此，成美分别对礼品白酒和礼品保健食品进行了研究。

黄金酒进入传统保健酒（药酒）市场去细分？

从医学角度而言，酒可以把药材中脂溶性、水溶性的有效成分溶出，且药可借酒的通行经络之势，提高药效，即药酒有单独酒或药所不具有的价值。这就是在医药科技突飞猛进的今天，用酒浸泡中药材仍被广泛应用的重要原因。

保健酒是近年来的新名词，调查显示，望文生义，消费者对药酒、保健酒能说出一个是治疗、一个是保健的区别。但深入了解就会发现，消费者观念中两者选用的药材、饮用情况、制作情况以及成品的功效等方面均一致，而且在消费者的日常言辞中，保健酒和药酒可以换用。这意味着消费者是将保健酒和药酒混为一谈的，认为都是用酒去浸泡中药材。

消费者对于保健酒的观念基本等同于传统药酒。传统药酒在商代就已出现，甲骨文中有“鬯其酒”的记载，这种传统药酒应用延绵数千年至今，很多中国人家中至今都习惯用中药材如枸杞、鹿茸、人参、蛇、海马、杜仲等泡药酒。中国人通过泡药酒、饮药酒，形成了对传统药酒的固有观念并影响了对保健酒的观念，主要包含以下几个方面：

（1）保健酒更多被消费者看成药，而非酒。消费者最看重的是药效，他们心目中好的保健酒（药酒）应该是传统中药企业如同仁堂生产的，用的是地道药材，对泡药材的酒则只关注酒精度是否够高（他们认为只有高酒精度的酒才能将药材中的有效成分泡出来），闻着要有明显的药味，颜色应该是红色、茶色或金黄色，口感有一点点甜。由于将保健酒看成药，因此不适合拿来招待客人和在饭店等公开场合饮用，更多是在家自酌自饮。

（2）保健酒（药酒）的功效主要有治疗风湿、肾虚、怕冷、易疲劳、睡眠障碍，由于这些问题主要出现在老年人身上，因此保健酒更多被认为只适合老年人喝，送礼也只适合送给老年人。

（3）保健酒（药酒）不能多喝，每次1两左右，但可以天天喝，讲究药效细水长流；由于中国人传统的秋冬进补习惯，而且药酒的酒精度高又有令身体发热的中药材，因此往往在冬季饮用为多，夏季则较少饮用。

消费者对保健酒的既有观念，对于研究定位非常关键。心理学中有一个“选择性记忆”原则，即如果商家推广的内容与消费者的既有观念冲突，就会导致信息被大脑排斥，这也是定位理论强调消费者观念难以改变的基石。而通过对消费者观念的研究，成美认为如果将黄金酒定位在保健食品市场，则面临下面几个问题：

首先，强调药效的保健酒更类似于药品，其市场规模相对较小。这主要是因为对于药品，消费者需求为负面需求，存在忌讳，能不买就不买，如消费者调查中部分消费者就认为自己长辈身体比较健康或者认为自己长辈只有五六十岁还不够年长而不选择送保健酒。

其次，根据传统观念良药苦口，要强调药效好，在突出药味时就难免牺牲酒的口感。消费者送酒无论是送保健酒还是白酒都是送给平时饮酒的人，而且送了保健酒一般就不再送白酒，这对于喜欢饮酒的长辈来说就很矛盾，如果强调药效必然导致口感较差，缺乏饮酒的快感，此时，长辈难免会生出抵触心理。从消费者调查情况看，相当部分的消费者不选择保健酒送长辈就是因为担心长辈不喜欢其口味，或曾经送过但被长辈明确告知不希望再送。消费者在选择礼品送给父母等长辈时，主要根据其生活需要和喜好去选择礼品，送礼主要是图父母等长辈高兴，如果送保健酒无法实现这个目的，这种送礼行为也是难以持续的。

最后，作为保健食字号产品的黄金酒如果按照传统保健酒营销思路强调药效，还面临保健品行业信任度缺失的现实障碍。尤其是国家目前尚未出台“保健酒”的明确标准，保健酒具有露酒（属于饮料酒范畴）、保健（功能）食品双重身份，但露酒行业标准对保健酒来说并不适用［保健酒的原辅料比露酒多出了“可用于保健（功能）食品的物品”］，保健（功能）食品的行业标准对保健酒也不完全适用［保健（功能）食品的标准缺乏酒的相关规范］，这致使保健酒处于无标准的空白状态。由于缺乏统一的生产标准，保健酒行业监管呈现真空状态，正是这种局面造成过去众多保健酒厂商纷纷夸大产品的功效，将保健酒混淆成能够医治百病的药酒，从而影响了其健康发展。

整体而言，将黄金酒定位为传统保健酒（药酒），并按照保健品的方式去运作，从椰岛鹿龟酒的营销过程看，其市场规模是可观的。但成美认为这与巨人投资选择进入礼品酒市场的初衷在一定程度上相违背——礼品酒市场绝大部分是白酒，其次是红酒，而保健酒在其中所占比重很小（数据支持）。所谓礼品市场中酒排名第二，准确地说应该是白酒排名第二，只有细分礼品白酒市场才是其初衷。因此，成美项目组决定继续对白酒礼品市场进行研究。

黄金酒进入饮料酒（白酒）市场去细分?

巨人投资的初衷是希望细分礼品酒市场，其实是指细分礼品白酒市场。

白酒是中国独有的传统酒，属世界六大蒸馏酒之一。中国人将白酒作为礼品已成为一种习俗，在逢年过节时送白酒是最安全的礼品，收礼者不仅可以自己饮用，还可以招待客人或者转送他人。

要细分礼品白酒市场，黄金酒首先应该具备白酒的一般共性，即应该满足消费者对白酒的基本需求——好喝，并在这个基础上增加保健的新利益从而实现差异化。若黄金酒仅仅强调保健功能，而忽视酒的色、香、味，是永远无法细分白酒市场的，因为保健和好喝是两种不同的基本需求。

幸运的是，系出名门的黄金酒在“酒”方面的产品力表现非常好，国家品酒大师沈怡方品尝黄金酒后给予了高度评价，入口柔和，饮后口留余香。将保健酒以清香型白酒为酒基的传统改变为以五粮液特有的浓香型白酒为酒基，很大程度上满足了消费者的口感。消费者调查结果也显示：消费者对“黄金酒看上去呈浅浅的琥珀色，清澈透明无明显混浊，闻上去是典型的浓香型白酒中夹着淡淡的西洋参味，喝起来酒香浓郁，极其接近浓香型白酒”都表示高度认同。

同时，项目组研究发现，消费者观念中白酒分高度酒和低度酒，其中超过 38 度的白酒称为高度酒，而真正喝酒的人都是喝高度酒，并认为好酒都是高度酒，高度酒更上档次。

白酒虽然好喝，但消费者普遍认为白酒伤身，对肝、肾等不利，而高度白酒对身体伤害更大，并不适合老年人饮用。项目组前期判断，在选择礼品白酒时，消费者可能会在保证一定口感的前提下，更倾向于选择一些酒精度低的白酒送长辈。但调查显示，实际上更多消费者会根据长辈平时的饮酒喜好（包括香型和酒精度）来选择白酒，因此送长辈高度白酒更为普遍。

黄金酒的酒精度为 35 度，然而因为药材的缘故，消费者在口味测试时一致认为酒精度在 42 度左右，这就一定程度上解决了消费者对于酒口味偏好和健康冲突的问题，也满足了消费者送长辈时希望既健康又好喝的心愿（2010 年秋季糖酒会上，黄金酒为迎合市场需求，推出 45 度和 52 度两款新品）。同时，五粮液集团作为白酒行业的老大，其品牌和研发能力可给予黄金酒最大的信心保证。

经过上述研究，成美认为黄金酒凭借良好的色、香、味表现，完全可以进入礼品白酒市场进行细分。

对于保健功能的诉求，项目组认为首先必须明确保健功能的信息不能脱离“白酒”好喝的属性，这就像功能饮料王老吉在整体上都体现了饮料的属性，好喝、清凉、解渴、时尚、年轻等，再去突出其“防上火”功能的差异。

其次，明确诉求保健功能的目的是要与普通白酒相区隔。因此在整体上体现白酒“好喝”属性的前提下，黄金酒应该利用消费者观念中滋补酒适应人群广的认知，现阶段诉求具有适应人群最广的笼统的滋补功能即可，而无须强调有何具体保健功能。这既可以避免进一步将市场局限在某一个具体保健功能市场上，又可以弱化消费者对保健酒固有的认知——药酒，尽量避免药酒针对疾病的联想，从而弱化消费者对黄金酒口感和每次饮用量的担心，并符合消费者对于功能期望相对较弱的现实。

如何令消费者接受黄金酒具有保健功能？显然只需要宣传推广酒中含有滋补药材的信息，就能令消费者感知到保健功能，从而实现与普通白酒的区隔（巨人投资在后来的新闻发布会上直接提出了“功能白酒”的概念）。

至此，成美对于黄金酒的定位研究有了更清晰的结论：在礼品市场，送给长辈保健的白酒。这包含三个层面的意思：首先，黄金酒的目标是细分白酒市场；其次，黄金酒与其他白酒的差异在于具有保健功能；最后，黄金酒是在礼品市场专门送给长辈的酒。

竞争对手是否占据了该定位？

在礼品市场，送给长辈保健的白酒。这个定位可行与否？必须验证该定位是否已经被竞争对手占据。定位具有唯一性，只有竞争对手没有占据该定位，即消费者的心智资源未被竞品占据，该定位才能成立。

目前，在国内有一定影响力的保健酒主要是劲酒和椰岛鹿龟酒，项目组研究这两个主要竞争对手后认为，“送给长辈保健的白酒”的定位并没有被占据。

劲酒是目前公认的保健酒领头羊，2007年销售额达17亿元，其现阶段的营销更多体现了细分餐饮渠道白酒的战略，不仅较少强调药效或保健功能，而且产品的药味较弱，酒色为淡淡的琥珀色，销售主渠道在餐饮市场。劲酒正是通过保健这个差异成功抢夺了部分餐饮渠道中低档白酒的市场，可以说劲酒同样是在细分白酒市场。

调查显示，劲酒的主流消费者并非传统保健酒的目标人群——老年人，而是30多岁的青年男性，其饮用场合也并非保健酒传统的家中自饮而是以餐饮渠道朋友聚会为主。虽然劲酒后来推出了礼品装，但劲酒70%的销售源自125毫升的小方瓶装，即其市场并不在礼品市场，因此与黄金酒并不构成直接竞争，也未占据“送给长辈保健的白酒”的定位。

椰岛鹿龟酒将目标市场精准地定义在礼品市场，而且同样是“送长辈”，在高峰期曾达到6亿元的销售额。但是椰岛鹿龟酒更加强调“保健功效”，广告中诉求的内容主要是“腿脚利索多了，晚上不起夜，冬天不怕冷，就是不感冒，睡觉睡得香，气色有多好”，而且大量采用报纸软文宣传功效和产品配方龟鹿二仙膏——真鹿茸、真龟板的中药材信息。而产品更是体现了“药酒”特色，酒色偏酱色，药味浓郁，完全忽视了产品中酒的属性。

更为可惜的是，椰岛鹿龟酒的推广尚未进行很好的追击，海南椰岛集团就匆匆走上了多元化发展的道路，如今，椰岛鹿龟酒已缩小为一个区域性品牌。显然，购买椰岛鹿龟酒的消费者将之当成“药酒”，送椰岛鹿龟酒更多是在送健康，椰岛鹿龟酒同样未与黄金酒构成直接竞争，也未占据“送给长辈保健的白酒”的定位。

竞争对手并未占据“送给长辈保健的白酒”的定位，而黄金酒集合了五粮液集团和巨人投资两大行业巨头的优势，产品也很好地平衡了酒的享受和滋补保健功能，因此，成美形成研究结论：黄金酒的品牌定位是“在礼品市场，送给长辈保健的白酒”。

定位下的营销整合

“在礼品市场，送给长辈保健的白酒”的定位，要求黄金酒将普通礼品白酒作为直接竞争对手，因此黄金酒必须在除了保健功能这个独特价值外，尽量贴近礼品白酒，包含产品、价格、渠道和促销四个方面。

在产品方面，成美建议黄金酒的包装以白酒包装为参考，并体现高档礼品的属性，通过在包装背面体现中药材和突出五粮液集团保健酒有限责任公司的企业名来体现滋补功能。

在价格方面，同样参考送亲近长辈白酒的主流价格，由于是五粮液集团出品并添加了地道中药材，成美建议黄金酒价格覆盖尽可能大的市场，零售价可以略高于送长辈的白酒主流价，但不应高得太多而形成明显的价格壁垒。

在渠道方面，由于黄金酒细分的是礼品白酒市场，自然铺货应该主要在白酒货架上。

在促销方面，黄金酒需要突出其是送长辈的礼品酒，同时体现出酒的享受，还要能清晰地让消费者理解这是一个不同于普通白酒的保健酒，其保健功能体现在具有滋补作用。显然，在一条广告片中要诉求的信息相对较多，因此巨人投资根据其经验决定拍摄两条广告片，一条告知定位，一条强调送礼。

在定位传达广告片中，对保健功能的诉求特别需要把握尺度。如前所述，黄金酒需要区隔的是普通白酒，而且国家对于保健食品的广告推广有明确的规范，因此只要告知消费者黄金酒具有滋补功能因此更健康即可。成美建议黄金酒通过所含六味中药材来体现其具备滋补功能。

同时，五粮液集团的强大品牌力能够给予黄金酒事半功倍的帮助，自然在宣传上应该体现这一事实，从而给消费者以信心。

资料来源：百度文库，http：//wenku.baidu.com/view/2bcf983683c4bb4cf7ecd162.html。

工业品市场细分的因素

很多用于细分消费者市场的变量，同样适用于工业品市场，如追求的利益、使用者情况、使用数量、忠诚度和态度等。工业品的市场细分需要考虑以下因素：

一、地理因素

地理因素主要包括地理区域、资源、城市规模、交通条件、城乡区域、生产力布局等。产业用户的地理分布往往受一个国家的资源分布、地形、气候和经济布局的影响和制约。例如，我国钢铁业主要集中在东北钢铁工业区、上海钢铁工业区等；轻工业主要分布在东部和东南沿海地区，如长江三角洲、珠江三角洲等。这些不同的产业地区对不同的生产资料具有相对集中的需求。

二、行业因素

行业因素主要涉及冶金、煤炭、军工、机械、服装、食品、纺织、电子、化工、医疗等行业。在工业品市场上，不同的最终用户所追求的利益不同，所看重的属性也不同。例如，购买轮胎时，飞机制造商对该产品的安全性要求比农用拖拉机制造商高得多；而汽车制造商在生产比赛用车和标准车时，对轮胎的质量等级也有不同的要求。最终用户的每一种要求可以作为企业的一个细分市场。企业为满足最终用户的不同需求，应相应地运用不同的营销策略组合，为最终用户提供其真正追求的利益。

三、规模因素

企业按其规模可分为大型企业、中型企业和小型企业。而客户规模则是以客户对企业的产品需求量的大小来判断的，这是工业品市场细分的又一个重要变量。许多企业为规模不同的客户分别建立了专门的服务系统，以便更好地适应各种规模的客户的特点。例如，办公家具制造商将其客户分成两类，像银行这样的大客户，由全国性客户经理与地区经理一起管理，其他较小的客户则由地区推销人员负责联系。

四、行为因素

行为因素主要包括追求的利益、使用状况、使用频率、购买频率、忠诚度、价格敏感度等。

资料来源：http：//www. 4oa. com/office/753/971/2195/200904/256632. html.

模块6 团队项目实战训练

团队项目STP分析与策划

一、训练内容

市场细分、目标市场选择、市场定位与策划。

二、训练目的

各团队成员通过充分的交流合作、合理分工、互相讨论和互相启发，探索完成本团队所承担的具体项目的营销战略STP分析与策划，从而深入理解营销战略STP分析与策划的内容和重点，初步掌握针对具体项目的营销战略STP分析与策划的基本流程、方法和技巧。

三、训练的具体任务

（1）完成本团队项目的市场分析和细分。

（2）完成本团队项目的目标市场的选择和确定。

（3）完成本团队项目的市场定位，并选择和确定初步的营销策略。

四、训练的步骤及要求

（1）明确分工。

（2）理解营销战略 STP 分析与策划的基本流程、方法和技巧。

（3）了解所选择项目的市场、行业背景等情况。

（4）讨论、分析项目。

（5）归纳总结。

（6）确定思路、步骤。

（7）形成框架内容。

（8）选择重点。

（9）各团队代表向全班同学介绍本团队项目的营销战略 STP 分析与策划思路（每组 4～5 分钟）。

（10）将本团队项目的营销战略 STP 分析与策划的内容写成书面报告（800 字以上），并提交一份给教师。

五、评价与总结

（1）团队自评。

（2）团队成果展示介绍（包括团队成员的工作态度、团队合作程度、工作流程和对成果质量的评价）。

（3）团队间互评。

（4）教师总评。

（5）个人子项目任务教师评价（打分）。

教师根据各团队成果的优缺点，有针对性地点评，启发学生的创新思维；对各团队普遍存在的问题进行重点分析；针对各团队具体项目的策划提出要重点注意的问题。

项目四
战略性营销策划

教学目标

通过本项目的学习与训练，要求学生了解战略性营销策划的重要性，深入理解战略性营销策划的重点和难点，初步掌握具体项目战略性营销策划的基本流程和战略性营销策划书的格式与内容。根据市场调研的结果，探索完成本团队项目的战略性营销策划，并撰写完整的战略性营销策划书。

教学要求

1. 掌握企业外部环境分析的内容
2. 掌握选择营销战略模式和确定营销战略目标的方法与技巧
3. 掌握营销 4P 策略的内容
4. 掌握战略性营销策划书的格式和内容

技能目标

1. 初步具有制定营销战略模式和目标的能力
2. 具有确定目标市场战略的能力
3. 具有制定市场营销策略组合的能力
4. 具有撰写完整的战略性营销策划书的能力
5. 能通过团队合作，运用相关资料解决相关问题
6. 具有团队合作精神和协调团队内部人际关系的能力

名茶如何进行营销？

具体内容请看项目三“大家来讨论”的案例“名茶如何进行市场定位?”。

随着国内消费者观念的变化和原生态消费市场的发展，孟连娜允红珍茶叶有限公司打算重点开发国内市场。所以，确定整个国内市场营销战略的思路成了当务之急。

讨论：请你为孟连娜允红珍茶叶有限公司出谋划策，提出大概的营销策划思路。

模块 2 基本知识

一、企业战略

（一）企业战略的含义

企业战略是企业为实现各种特定目标、寻求自身发展而设计的行动纲领或方案。它涉及企业发展中带有全局性、长远性和根本性的问题，是企业根据当前和未来市场环境所提供的市场机会和出现的限制因素，为更有效地利用自身现有的以及潜在的资源去满足目标市场的需求、实现企业的发展目标而制定的。

（二）企业战略的主要内容

1. 企业使命

企业使命表达的是有关企业存在价值和意义等的一些基本的、根本性的问题。

2. 企业目标

企业使命必须转化成管理层和各个部门的具体目标。最常见的目标有盈利、销售额增长、市场份额扩大、风险分散以及创新等。企业目标应具备层次化、数量化、现实性和协调性等特点。

3. 企业业务组合战略

企业战略必须明确应建立、扩大、维持、收缩和淘汰哪些业务。

4. 企业成长战略

一个企业不仅要管理好现有的业务，还要考虑通过发展新业务，实现企业的成长。有三种成长战略可供企业选择：

一是密集型成长战略，即在企业现有业务领域中寻找发展机会，包括市场渗透战略

（设法在现有市场上增加现有产品的市场份额）、市场开发战略（为现有产品寻找新市场）和产品开发战略（开发新产品）。

二是一体化成长战略，即建立或并购与目前业务有关的业务，包括纵向一体化战略和横向一体化战略。其中，纵向一体化战略又可分为前向一体化战略和后向一体化战略。前向一体化战略是通过兼并或收购一个或若干个处于生产经营环节下游的企业，实现企业的扩张和成长，如制造企业收购批发商和零售商。后向一体化战略则是通过兼并或收购一个或若干个供应商以增加盈利或加强控制，如汽车企业对零部件制造商的兼并与收购。横向一体化就是对竞争者的兼并与收购。

三是多角化成长战略，即寻找与企业目前业务范围无关的、富有吸引力的新业务。多角化成长战略包括同心多角化战略（开发与企业现有产品线的技术或营销有协同关系的新产品）、水平多角化战略（开发能满足现有消费者需要的新产品）和集团多角化战略（开发与企业现有技术、产品和市场都毫无关系的新业务）。

二、企业营销战略

（一）企业营销战略的含义

企业营销战略是指企业从营销的全局出发，为获得较高的市场份额，根据企业所处的内外部环境和可获得资源的情况，对企业营销目标以及实现目标的途径和方法所作的总体性筹划。它是企业战略下的一个重要职能战略，是企业战略的重要组成部分。

（二）企业营销战略的内容

企业营销战略主要有以下三方面内容：

（1）目标市场战略。

（2）营销策略组合（营销4P策略）。

（3）营销经费预算。

（三）企业营销战略的特征

营销战略不是各种营销策略的简单叠加，而是企业根据系统论原理，将能够采用的个别营销策略全部运用起来，使之有机组合而成为一个完整的总体性战略。它除了具有一般营销策略的共同特征之外，还具有区别于一般营销策略的特殊性。营销战略的基本特征如下：

（1）全程性。营销战略是包括阶段性营销策略在内的全程性战略。营销战略的全程性要求将产品销售的阶段性营销策略组合成一条环环相扣的“链条”，避免阶段性营销策略的凌乱、无序和前后矛盾，保持阶段性营销策略的连续、衔接、高效和低成本。

（2）全局性。营销战略是包括局部性营销策略在内的全局性战略。它要求将产品销售的局部性营销策略组合成一个突出重点、兼顾整体、区域上遥相呼应、时间上热点不断、效应上累积倍加的全局性营销战略。

（3）综合性。营销战略是包括所有与营销直接和间接相关的策略在内的综合性战略。它纵向延伸到供、产、销及售后服务的全过程，横向扩展到人、物、财、信息等要素管理的全领域。因此，营销战略事实上是企业为应对市场变化而组织运行的综合性经营管理大战略。

（4）进攻性。营销战略是旨在取得市场竞争主动权的进攻性战略。营销战略的进攻性要求企业在市场竞争中保持积极进攻的态势，全力争夺市场竞争的主动权。

（四）企业战略营销的过程

企业战略营销包括三个阶段（见图4—1）：营销战略策划、营销计划制订和营销控制管理。

营销战略策划是指企业为了实现一定的营销目标，在对企业的内外部环境和营销现状予以准确分析，并有效运用企业资源的基础上，对一定时期内的企业营销活动的目标、方针、战略、策略及具体实施方案进行的预先设计和谋划。

营销计划制订是指将营销战略策划转化成具体可执行的营销计划，对营销预算、营销组合和营销资源分配作出基本决策。

营销控制管理是指具体组织、执行、控制、评估营销计划，并通过市场信息的反馈，不断地对营销战略和营销计划作出调整，以便更有效地参与竞争的过程。

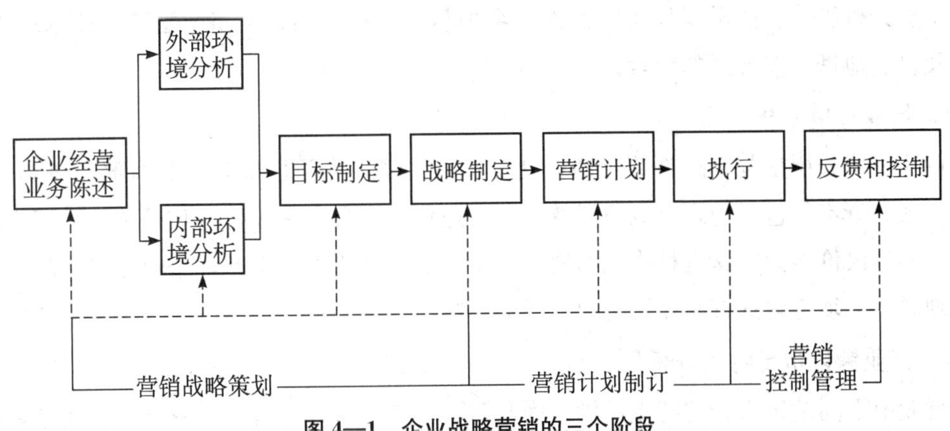

图4—1 企业战略营销的三个阶段

企业的所有营销努力都应该是目标和市场导向的。营销战略保证企业做正确的事情，决定企业营销的方向和大局，是一切营销工作的基础和前提。

模块 3 操作指导

一、战略性营销策划方案设计的基本流程

战略性营销策划方案主要解决这样几个问题：一是如何完成企业目标，二是如何打败竞争者，三是如何获得持续的竞争优势，四是如何巩固和提高市场地位。战略性营销策划方案的设计过程即营销战略制定的过程，其基本流程如下：

（一）明确经营定位

企业的经营定位决定其业务范围和发展方向，战略性营销策划方案设计始于明确企业的经营定位。明确企业的经营定位首先要考虑企业战略的具体要求，而后在此基础上确定企业的业务范围和发展方向。

（二）分析外部环境

企业的生存和发展与现实的外部环境及其变化有着密切的联系。能否把握外部环境的现状及未来的发展趋势，发现并抓住机会，避开威胁，迎接挑战，是企业能否完成其战略任务的首要问题。

构成外部环境的因素很多，从时间、成本和必要性的角度来说，不可能也没有必要对所有的外部环境因素进行分析。营销策划人员可以根据企业业务的性质和要求，确定特定的外部环境，然后集中人力、物力和财力，对影响较大的因素进行调研和分析。

1. 宏观环境分析

主要分析影响企业微观环境的巨大社会力量，包括政治、经济、法律、技术、文化、人口及自然地理等多方面的因素。

2. 行业环境分析

行业环境分析是制定战略性营销策划方案的关键，主要是指对行业内部竞争的分析。行业内部竞争不仅包括与现有竞争者的竞争，还包括进入者威胁、替代品威胁、买方议价能力、卖方议价能力。这五种作用力决定了企业的盈利能力。因此，企业在进行战略性营销策划时，必须考虑这五种作用力对行业的影响。

3. 行业销售市场特点分析

行业中不同销售市场的特点不同，因此对其要进行深入分析。主要分析行业销售市场的发展状况、销售总量、主要销售区域、市场需求特点、消费者的购买力和购买习惯、销售的主要渠道、行业销售市场的交易习惯和交易规则，还要分析产品供给状况、国内或地区市场主要供给量情况、供给来源构成等。有时，甚至要具体分析销售市场中普遍遵循的

付款条件、付款时间、产品和运输包装标准等。

4. 行业市场潜力及发展前景分析

行业市场潜力及发展前景分析也是制定战略性营销策划方案的主要依据之一。一个有巨大潜力及发展前景的市场会给企业带来巨大的发展机遇，而夕阳产业则会使企业陷入困境。

5. 竞争者分析

竞争者分析属于微观环境分析。几乎每一个企业都会感受到来自竞争者的压力。在对竞争者进行深入分析时，需认真研究以下问题：在这个市场中，企业与谁瓜分市场、与谁展开竞争及采取怎样的步骤？竞争者战略行为的意义是什么，企业该如何对待它？此外，还要考虑四个要素，即竞争者的未来目标、假设、现行战略和能力。

6. 消费者分析

影响消费者的因素主要有文化、社会、个人和心理四个方面，营销策划人员尤其要具体分析消费者对产品的需求、兴趣，其自身的社会地位和收入水平等，因为这些因素会直接影响其购买行为。消费者分析的目的在于，了解消费者的购买动机和对产品的具体要求，勾勒出典型的消费者形象，从而为有针对性地开展营销策划活动提供决策参考。

（三）分析内部环境

企业内部环境分析是指企业为找出具有未来竞争优势的资源，对所拥有的资源进行识别和评价的过程。分析内部环境的目的是确定企业目前拥有的资源量及有可能获得的资源量。通过分析企业内部环境，营销策划人员可以确定企业的优势和劣势，从而综合评估企业的战略能力。企业内部环境分析包括以下三个方面的内容：

（1）企业各要素资源的分析。要素资源分析包括对实物资源、人力资源、财务资源、市场资源、无形资产等的分析。对这些资源的辨识、确认是企业战略能力分析的基础。营销策划人员尤其要重视对无形资产（如信誉、品牌等）的分析和评估，因为企业的竞争力在很大程度上来源于这种资源。

（2）企业资源的均衡分析。主要分析资源配置是否合理，以准确地确定差距和发掘潜力。

（3）企业资源的区域分析。企业往往对供应商、分销商和消费者等外部区域性资源有很强的控制。这些外部区域性资源往往会形成企业的资源优势，是不可模仿的核心竞争力。

（四）选择营销战略模式

根据企业的经营定位，在对企业外部和内部环境系统分析的基础上，营销策划人员可以对企业外部机会与威胁及内部优势与劣势加以综合权衡，把握机会，避开威胁，利用优势，减少劣势。这个过程就是营销战略模式的选择过程。有五种营销战略模式（见表4—1）可供企业选择。

表4—1　　营销战略模式

模式名称	基本条件	基本要求
总成本领先战略	1. 持续的资金投入和良好的融资能力 2. 高超的工艺 3. 对工人严格监督 4. 所设计的产品易于制造 5. 低成本的分销系统	1. 结构分明的组织和明晰的责任 2. 有效的激励机制 3. 严格的成本控制 4. 经常、详细的控制报告
差异化战略	1. 强大的生产和营销能力 2. 强大的产品加工能力 3. 强大的基础研发能力 4. 质量和技术领先的声誉 5. 营销渠道的高度合作	1. 产品开发部门和市场营销部门密切合作 2. 重视主观评价和激励 3. 能吸引高科技人员
集中化战略	针对具体的战略目标，由上述各项组合	针对具体的战略目标，由上述各项组合
基于总成本领先的集中化战略	针对具体的战略目标，由上述各项组合	针对具体的战略目标，由上述各项组合
基于差异化的集中化战略	针对具体的战略目标，由上述各项组合	针对具体的战略目标，由上述各项组合

这五种营销战略模式的适用条件不同，对企业的要求也不同，企业可根据自身条件选择适合的营销战略模式。

（五）确定营销战略目标

基于企业的经营定位和内外部环境的分析，战略任务应该转化为特定的战略目标。战略性营销策划方案的制定和实施，都要以特定的战略目标为依据。

1. 建立营销战略目标体系

企业在经营活动中，可能同时追求几个目标。例如，资金利润率、销售利润率和资金周转率等收益性目标，销售增长率、市场占有率、利润增长率等成长性目标，自有资金比率、回避风险、盈亏平衡等安全性目标，以及创新、商誉、形象等目标。在战略性营销策划的过程中，为了保持思路清晰而不至于混乱或遗漏某些目标，营销策划人员要首先建立起企业的营销战略目标体系。

2. 确定具体的营销战略目标

一般来说，目标要先进、合理。目标不能只是定性，还要定量。例如，给提高投资收益率这一目标加上数量、时间限制，就会使其更加明确。目标要依据内外部环境而定，并参照其他标准。国外企业经常结合社会平均值、国内同行业优秀企业和国际上相似的优秀企业的标准来考虑。

企业的营销战略目标一般可分为企业目标和营销目标。

（1）企业目标。企业目标一般为企业三到五年内的目标。它必须是定时的、量化的和可实现的，是可以衡量并转化为具体计划加以实施、控制和评估的。

（2）营销目标。严格意义上讲，营销目标是功能层次的目标，它是对企业目标的进一步分解和具化。也就是说，企业目标要转化成营销目标。例如，企业目标设定为次年实现净利润200万元，目标利润率为10%，那么它在销售收入上的目标必须是2 000万元；如果企业产品的平均售价是20元，那么它必须售出100万单位的产品；如果企业对整个行业的销售预计是2 000万单位，那么它必须占有5%的市场份额。这样，该企业的营销目标即为：销售产品100万单位，市场份额5%。

3. 确定营销战略目标时的注意事项

（1）目标必须按轻重缓急，有层次地安排。例如，一个关键的目标是在这一阶段提高投资回报率，从而衍生出提高利润水平或减少投资额的目标，提高利润水平又包括增加收入和减少支出，其中增加收入又转化为提高市场份额或价格。通过这种方法，可将抽象的目标变为企业各部门和个人能够执行的具体目标。

（2）目标应尽可能量化。例如，“提高投资回报率”就不如“提高投资回报率至15%”明确。

（3）目标必须切实可行。目标必须在分析企业的机会与威胁、优势与劣势的基础上形成，而不能是营销策划人员主观臆断的产物，这样才有可行性。

（4）各项目标应协调一致。例如，销售最大化和利润最大化是不可能同时达到的，所以不应将它们同时作为企业的营销战略目标。

（六）确定阶段性营销战略要点

市场是动态的，为适应当前市场状况和未来发展趋势，营销战略必须针对不同的发展时期制定相应的策略。企业的营销战略一般分为三种，即短期战略、中期战略和长期战略。如果企业能根据已确定的营销战略目标，结合自身优势，如品牌优势、成本优势、营销渠道网络优势、技术优势和形象优势等，确定阶段性营销战略要点，将更有利于自身发挥优势、打造特色。

例如，某企业短期战略要点是：保持传统市场的占有率，同时进一步开拓新市场。中期战略要点是：提高新市场潜入能力，开辟未来市场，开发新产品，克服竞争威胁。长期战略要点是：调整企业的产品结构，改变市场构成，发现潜在的竞争者。

（七）确定目标市场战略

确定企业目标市场战略的过程就是营销战略STP分析与策划的过程。目标市场战略的确定过程如下：

（1）市场细分。将各种不同类型的市场进一步划分为若干个消费者群或细分市场。

（2）目标市场选择。在这些细分市场中，选择几个细分市场作为企业的目标市场。

（3）市场定位。市场定位通常利用对产品品牌、价格与包装的优化，来巩固和提高产品在消费者心目中的地位。在进行市场定位时，通常要考虑如下几个方面：

1）产品在目标市场上的地位。

2）产品的销售利润。

3）产品在竞争中的优势。

（八）制定营销策略组合

营销策略组合即产品（Product）策略、价格（Price）策略、渠道（Place）策略和促销（Promotion）策略，简称营销4P策略。

1. 产品策略

产品策略，是指企业使自己的产品及其构成顺应市场需求动态变化的营销策略。这里的产品，是指所有能满足消费者需求和欲望的有形或无形的组合体，包括包装、颜色、品牌、价格、制造商和经销商的声誉及服务等。产品策略主要包括：改良旧产品、剔除旧产品、开发旧产品的新用途、开发新产品等。

2. 价格策略

价格策略，是指企业在一定的竞争环境下，为了实现营销目标，配合其他营销组合和策略而进行的定价目标确定与定价方法、定价策略选择的过程。价格策略在营销策略组合中占有重要的地位，因为它是影响销售收入的重要因素。大量企业营销实践表明，企业市场占有率的高低、市场接受新产品的快慢、企业及其产品在市场上的形象的好坏，都与价格有着密切的关系。在激烈的行业竞争环境中，价格策略不能只考虑传统定价方法即成本导向法、顾客导向法和竞争导向法中的一种，而要将这三种定价方法协调配合，以保本价格或边际成本为下限，以需求价格为上限，以市场竞争状况为参照系，制定产品的合理价格。

3. 渠道策略

渠道策略，是指为用最高的效率和最低的费用把产品送到消费者手中所采用的营销策略。渠道的选择通常要考虑如下两方面的因素：

（1）产品因素。渠道要与产品定位和目标市场的购买形态相一致。比如，名牌产品质量好、信誉好，应选择与产品形象相符的大型商场、购物中心作为渠道。

（2）市场因素。市场因素包括市场范围的大小、消费者集中与分散的程度，以及竞争者的产品销售渠道等。

4. 促销策略

促销策略，是指营销策划人员运用各种方式和手段，向消费者传递产品与企业的信息，实现双向沟通，使消费者对企业及其产品产生兴趣、好感与信任，进而作出购买决策的营销策略。促销手段通常包括广告、人员推销、营业推广和公共关系等。企业在制定促销策略时，通常需要根据行业特点，采用混合策略，利用优势互补，达到相得益彰的效果。

（九）制定营销预算

营销预算是战略性营销策划的重要组成部分。营销活动是需要资金投入的，所以必须有预算。营销预算是在营销策略组合的基础之上进行的，包括对直接销售成本、间接销售成本、广告费用、促销费用、公关费用等的预算（见表4—2）。营销预算必须反映企业的实际情况。没有资金投入的营销活动犹如无米之炊，半途而废的营销活动也会使企业的利润受损。因此，一定要保证有足够的资金来完成企业的营销活动。

表4—2　　营销预算项目表

项目	金额	备注
1. 直接销售成本		
销售薪金		
销售佣金		
差旅费		
招待费		
2. 间接销售成本		
培训费		
市场调研费		
销售统计费		
应缴费用		
3. 广告费用		
4. 促销费用		
5. 公关费用		
6. 运输与配送费用		
7. 坏账处理费用		
8. 销售管理费用		
合计		

（十）实施营销控制

营销控制包括营销过程控制和营销评估。

1. 营销过程控制

营销过程控制通常包括年度控制、盈利能力控制、效率控制和策略控制四个方面。

（1）年度控制通常是对销售情况、市场占有率、销售收入与费用支出之比、财务情况、消费者态度跟踪等方面进行的分析与控制。

（2）盈利能力控制通常是对产品、地区、消费者、营销渠道、订货规模等方面进行的分析与控制。

（3）效率控制通常是对销售人员、广告、促销、配销等方面和提高经费利用效率及效果进行的分析与控制。

（4）策略控制通常是对企业在市场开拓、产品开发、最佳渠道选择等方面的营销效果进行的分析与控制。

2. 营销评估

在营销策略实施的过程中，需对其进行评估，重点关注预期目标是否能完成，营销策略或行动计划是否有修改的必要等。营销评估常采用两种模式：

（1）营销效果评估。营销效果评估通常包括消费者宗旨评估、整体营销组织评估、营销信息评估、策略导向评估和营销效率评估。

（2）营销审计。营销审计是对一个企业的营销环境、目标、策略和活动进行全面、系统、独立、定期的检查，目的在于发现问题和机会，提出行动计划，提高企业的营销绩效。

二、战略性营销策划书的格式和内容

策划书的格式和内容不是一成不变的，产品或营销策划活动的要求不同，策划书的格式和内容也不同。但是，从战略性营销策划的一般规律来看，其中一些要素是共同的。因此，我们可以探讨一下战略性营销策划书的基本格式和内容。

（一）封面

战略性营销策划书的封面应提供以下信息：

（1）策划书的名称。

（2）委托策划的客户。

（3）策划机构或策划人的名称。

（4）策划完成的日期及适用的时间段。战略性营销策划具有一定的时效性，不同时间段的市场状况不同，营销策划实施的效果也不一样。

（二）正文

1. 前言

前言的作用是明确战略性营销策划的目标和宗旨，目标和宗旨是营销策划执行的动力或意义之所在。这要求营销策划人员统一思想、协调行动、共同努力，保证战略性营销策划高质量地完成。

2. 营销环境分析

营销策划人员对同类产品的市场状况、竞争状况等宏观环境要有一个清醒的认识，为制定相应的营销策略、采取正确的营销手段提供依据。

营销环境分析主要包括如下几个方面：

（1）宏观环境分析。主要是对影响市场的不可控因素进行分析，如政治环境、居民经济条件、消费结构、消费心理等。对一些受技术发展影响较大的产品，如计算机、家用电器等，其战略性营销策划还需要考虑技术发展趋势的影响。

（2）当前市场状况及市场前景分析。主要包括以下几个方面：

1）当前市场及潜在市场状况分析。

2）市场成长状况分析。包括：产品目前处于生命周期的哪一阶段；对处于生命周期不同阶段的产品，战略性营销策划的侧重点是什么，相应的营销策略效果如何；需求变化对产品市场的影响如何。营销策划人员应凭借已掌握的资料对产品市场的发展前景进行分析。

3）消费者的接受性分析。

（3）行业竞争状况分析。

（4）消费者分析。

3. SWOT 分析

可以借助 SWOT 分析工具，对市场的机会与威胁、企业和产品的优势与劣势进行分析，这也是战略性营销策划的关键。

4. 营销目标

营销目标是企业要实现的具体目标，一般应包括定性目标和定量目标两个方面。比如，战略性营销策划方案执行期间，在经济效益方面要达到：总销售量××件，预计毛利××元，市场占有率××%等。

5. 营销战略

（1）营销战略思想提炼。将整个战略性营销策划的思路及蓝图，用高度概括的语句简明扼要地描绘出来，使人们清楚地看到营销策划实施的整个蓝图，这既是关键也是要求。比如，某公司将毛泽东的战略思想——“农村包围城市，最后夺取全国胜利”作为其营销战略要点，不仅易记、易理解，而且非常贴切。

制定、提炼企业的营销战略思想，一般要注意以下几点：

1）以强有力的广告宣传拓展市场，对产品进行准确定位，突出产品的特色，采取差异化营销策略。

2）以产品的主要消费群体为营销重点。

3）建立起点广面宽的营销渠道网络，不断拓宽销售区域。

（2）市场细分及目标市场选择。主要包括以下几个方面：

1）确定细分市场的层次、模式和程序，以及细分消费者市场的基础、细分业务市场的基础和有效细分市场的要求。

2）选定目标市场，并对其进行评估。

（3）市场定位。主要包括以下几个方面：

1）产品定位。

2）企业自身定位。

3）竞争者定位。

4）目标消费者定位。

6. 营销策略组合

（1）产品策略。提出合理的产品策略建议，以达到最佳的效果。

1）产品定位。产品定位的关键是为产品在消费者心目中找到一个位置。

2）产品质量。质量是产品的市场生命，企业应有完善的产品质量保障体系。

3）产品品牌。要使产品形成一定的知名度和美誉度，在消费者心目中树立起知名品牌的形象，营销策划人员必须有强烈的品牌意识。

4）产品包装。包装是产品给消费者的第一印象，所以要采取迎合消费者的包装策略。

5）产品服务。要注意服务方式、服务质量的改善和提高。

（2）价格策略。这里只强调几个普遍性原则：

1）拉大批零差价，调动批发商、中间商的积极性。

2）给予适当的折扣，鼓励多购。

3）以成本为基础，以同类产品的价格为参考，使产品价格更具竞争力。若企业以产品价格为营销优势，则更应注重价格策略的制定。

（3）渠道策略。了解产品目前的营销渠道状况，制订营销渠道拓展计划，采取一些实惠政策或制定适当的奖励政策调动中间商、代理商的销售积极性。

（4）促销策略。重点是广告计划，包括广告目标确定、广告预算决策、广告信息选择、媒体决策、广告效果评价等，并辅之以人员推销、营业推广和公共关系等手段。

7. 具体行动方案

根据策划期内各时间段的特点，制定出各项具体行动方案。行动方案要细致、周密、操作性强而又不失灵活性，还要考虑费用支出，尽量以较低的费用取得较好的效果。尤其应该注意季节性产品在淡季、旺季的营销侧重点，抓住旺季营销优势。

8. 经费预算

这一部分是战略性营销策划方案实施过程中预计投入的费用，包括总费用、阶段费用、项目费用等，其原则是以最少的投入获得最佳的效果。

9. 方案调整

这一部分是战略性营销策划书的补充部分。在方案执行中可能出现与现实情况不相适应的地方，因此必须根据市场的反馈，及时对方案进行调整。

战略性营销策划书一般由以上几项内容构成。企业的产品不同，营销目标不同，各项内容在编制上也可有详略取舍。

五谷杂粮网购市场营销战略策划方案

一、前言

杂粮市场前景非常看好。杂粮含有多种营养成分，符合人体摄入的合理比例，具有极高的利用价值；同时，杂粮所含的物质具有防病、抗病、增强免疫力、延缓衰老的作用。国际卫生组织和老年人协会曾对长寿老人的饮食习惯作过调查，发现他们中有50%以上常吃各种杂粮、喝杂豆饮品，不少老人更是将杂粮当作养身的秘方。而随着媒体对五谷杂粮的重视和频繁的报道，大家意识到了调整饮食结构的必要性，自然、绿色、平衡成为新的饮食潮流，五谷养生文化也受到了社会的追捧。中国人口众多，有相当大一部分人已经认可了网购，并已有1亿多人热衷于网购。

随着网购越来越盛行，商家也越来越注重诚信，逐渐有人开始从网上购买一些五谷杂粮。尤其是自“豆你玩”、“蒜你狠”这些情况出现后，网购五谷杂粮的人增加了三成以上，而且这个市场会越来越大。鉴于此，我们决心开拓这块市场，根据市场调研的结果，制定相应的网络市场营销战略方案。

二、市场营销环境分析

（一）宏观环境分析

1. 经济环境

中国经济深受全球经济形势的影响，对全球经济形势的判断直接关系到中国经济的走势和对策。当前，世界金融危机事关中国的宏观经济调控与长期经济政策的目标定位。几十年前的世界经济体系，是以国别和双边关系为主；而现在则以全球一体化为主，双边和国别关系为辅。几十年来，世界经济发生了质变：第一是互联网的出现导致信息一体化和金融一体化，并已完全渗透到人类生活之中；第二是“冷战”结束后全球实现了市场一体化，跨国公司遍布全球，世界经济主体已发生巨变；第三是以中国为代表的发展中国家融入全球经济体系，导致世界经济结构发生重大变化。因此，观察预测中国宏观经济形势必须有全球整体性分析，切实改变以往“中国是个相对独立经济体”的思维习惯和分析方式。

2. 电子商务的发展

随着电子商务应用与发展的深化，企业电子商务开始成为中国电子商务的主体。中国电子商务发展迅猛，2007年全国电子商务交易总额达2.17万亿元；中国网络购物发展迅速，2008年底，网络购物用户人数达到9 800万户。这一变化是深刻的，然而也引发了对中国电子商务形势的一些不正确看法。通过观察中国经济发展和电子商务发展的特点和趋势，我们发现，网络购物日益受到重视，买家的数量不断增加，给我们提供了更多的交易空间和市场。

3. 互联网交易的政治、法律背景

为了加强管理，保障国际计算机信息交流的健康发展，一系列与之有关的法律规章相继发布，主要有《中国互联网络域名注册实施细则》、《中国公用计算机互联网国际联网管理办法》等。目前，为了确保网络交易的安全、顺利进行及良好发展，相关部门着手通过对电子交易立法的研究和制定来规范网络交易。这些协议为网络交易的实际应用提供了规范与标准。

（二）国内网购情况及发展趋势分析

网络购物，就是通过互联网检索商品信息，并通过电子订购单发出购物请求，然后填上私人支票账号或信用卡号码，卖家通过邮寄的方式发货，或者通过快递公司送货上门。国内的网络购物，一般付款方式是款到发货（银行转账、在线汇款）、担保交易（淘宝支付宝、百度百付宝、腾讯财付通等）和货到付款。

中国网购发展让世界为之一震，在家里“逛商店”已成为人们生活中时髦的事和新的潮流。随着人们对网络购物接受度的提高，互联网技术支持、安全、物流及支付等配套服务更加完善，网络购物渗透率也随之有了较大提升，淘宝网、京东商城等各类网购平台如雨后春笋般蓬勃发展，网络销售成为目前国内所有消费领域中发展最为迅猛的领域。根据中国电子商务研究中心数据，2011 年中国网购规模超过 8 000 亿元，占社会零售总额的比重为 4.20%，2001—2011 年中国网购销售额复合增速达 105.4%。

从国际比较视野看，2011 年中国网络购物占社会零售总额的比重低于韩国和英国，与美国、法国、德国等国相近。如果剔除汽车和石油制品在社会消费品零售总额中的占比，2011 年中国网购占零售总额的比重可能已经达到 7.64%（2010 年、2011 年限额以上汽车和石油制品占限额商品零售总额分别为 47%和 45%）。从图 4—2 可见，美国网购渗透率从 1.3%上升至 4.3%用了 10 年时间，而中国网购渗透率从 1.2%上升至 4.2%只用了 4 年时间，足见中国网购发展速度之快。

CNNIC 发布的《中国互联网络热点调查报告》显示：在我国，有 17.9%的网民在半年内有过网络购物经历，在浏览过购物网站的网民中，有 29.6%的人在半年内有过网络购物经历，有过网络购物经历的被访者中有超过 90%的人表示今后会继续进行网络购物，有 63.7%没有网络购物经历的网民表示今后会尝试网络购物。这些数据都表明我国网上购物市场的巨大潜力。根据商务部《电子商务“十二五”发展规划》，到“十二五”期末（2015 年），中国网络购物规模有望达到 3 万亿元，占社会零售总额比重接近 10%。未来中国网购市场增速将继续领跑国际同行。

（三）行业环境分析

《黄帝内经》认为五谷即粳米、小豆、麦、大豆、黄黍，《孟子·滕文公上》称五谷为稻、黍、稷、麦、菽，在佛教祭祀时又称五谷为大麦、小麦、稻、小豆、胡麻，之后便是

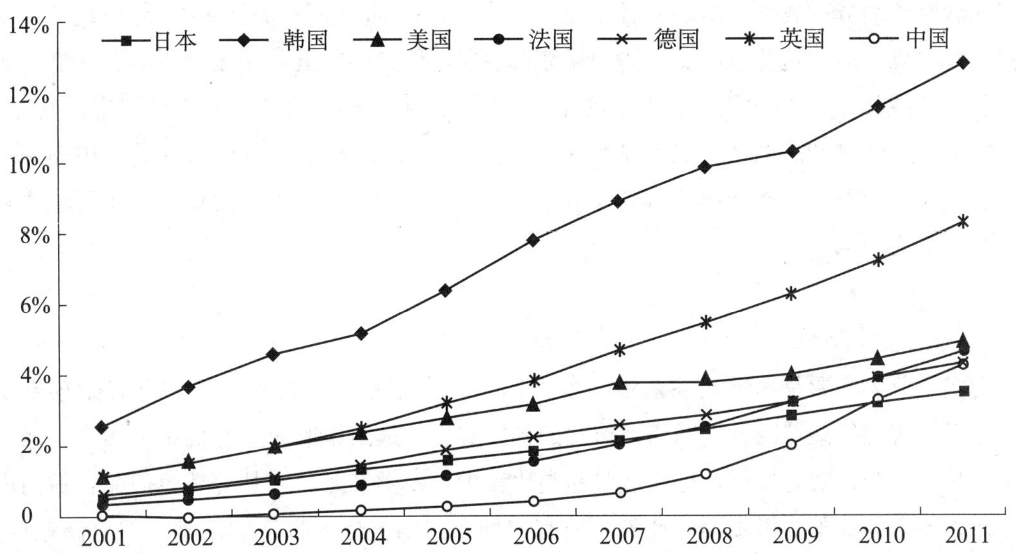

说明：中国网购渗透率过去较低，但在近年快速提升；主要发达国家中，韩国（2011年为12.8%）和英国（2011年为8.3%）保持领先。

图 4—2　中国与主要发达国家网络购物占社会零售总额比重（%）（2001—2011）

李时珍在《本草纲目》中记载谷类有 33 种，豆类有 14 种，总共 47 种之多。现在通常说的五谷，是指稻谷、麦子、高粱、大豆、玉米，而习惯地将米和面粉以外的粮食称作杂粮，所以五谷杂粮也泛指粮食作物。

随着我国经济的不断发展，人民生活水平和质量不断提高，膳食结构发生变化，大米和面粉等大宗消费品种已不能满足人们的消费需求，人们对绿色食品、保健食品、稀有精品越来越青睐。粗杂粮以其特有的营养、保健、绿色的特性，将会被越来越多的人所认可，这对于粗杂粮发展有着重要的意义。尤其是近几年，媒体对五谷杂粮类食品的广泛宣传，带动了五谷杂粮产业的发展。

（四）市场状况分析

我国绿色食品市场的规模很大，城镇居民年消费额超过 7 500 亿元，尤其是东部沿海地区，绿色食品消费量更大，需求层次较高，且资源相对短缺，绿色食品总量不足，对外依存度大。据统计，目前江、浙、沪、闽、粤 5 个省市和港、澳两个特区，每年从外调进绿色食品总额约 1 200 亿元，且年增长幅度在 5%以上。绿色食品消费已呈现多样化、优质化、绿色化趋势，在农产品消费中的比重逐年提高，具有极为广阔的发展前景。2000 年，全国绿色食品的销售额已达 2 823 亿元，且这个数字仍在不断增长。

有业内人士认为，绿色食品市场的成熟度还是比较高的，这从市场集中度和购买人群上都可以看出来。例如在淘宝网（含天猫），据不完全统计，目前绿色食品市场上共有 1 200多家网络店，其中 40 多家信誉度较高，都在皇冠之上，有 440 家左右在钻石级别，有 680 余家已入驻天猫商城。在购买绿色食品的消费者中，有 80%是年龄为 25～55 岁的中青年人，而他们购买的绿色食品档次比较集中，一般为 30～350 元。

随着电子商务的发展，网购五谷杂粮的人也逐渐增加，尤其是自2010年出现的“蒜你狠”和“豆你玩”这些农产品价格的猛涨的现象，使得网购五谷杂粮变得异常火热，销量增长了三成以上。与此同时，为了配合各类杂粮的销售，不少卖家还在“宝贝详情”中，详细叙述了该产品的各类食用方法和养生功效，更有卖家介绍起了各类杂粮美容秘籍。总地来说，网购五谷杂粮的市场环境还是一片风平浪静的状态，要掀起一番风浪来还是要费一番力气的。

（五）竞争分析

1. 现实竞争者分析

现实竞争者主要是出售五谷杂粮的各类网店、大型超市、农贸市场和五谷杂粮专卖店。专门出售五谷杂粮的各类网店，像谷的福旗舰店、远山旗舰店，它们中大多数都品种繁多、品类齐全、实力雄厚；也有一些品类比较少，专卖红枣、木耳等特色产品，像河南红枣专卖、东北宣羊村黑木耳；此外，还有一种专门销售地方特产的店铺，像鲁南粮店、易门山。这些网店都比较有特色，但是没有一家专卖一种颜色的五谷杂粮。我们可以剑走偏锋，出奇制胜，在网购五谷杂粮这个市场中，选取单一颜色的五谷作为一个小的切入点，将其作为本店的特色与其他店铺竞争。大型超市一般设有五谷杂粮类的专柜，对于顾客而言，可以在逛超市时，将自己需要的产品一起选购，方便、快捷。农贸市场一般都设在社区附近，对于顾客来说，方便、快捷，而且能接触到实物，是网购五谷杂粮的潜在竞争者。五谷杂粮专卖店有着自己的特色，相对而言，品类上要更丰富，能够让消费者更加直观地挑选，而且对这些五谷类的产品进行专门的搭配，便于顾客烹饪，给网购五谷杂粮造成了一定的威胁。但是五谷杂粮专卖店所面对的只能是它自己区域内的那些消费者，并不能像网店一样，面对全国热衷于网购的消费者，而且作为一家实体店，要更多地考虑哪些产品是最适销对路的，因此有很多种类的五谷杂粮是不可能放在实体店中销售的。综上所述，网店具备消费者多和品类多的优势。

2. 潜在竞争者分析

了解潜在竞争者的存在对于我们五谷杂粮网店能否很好地定位，充分发挥自己的特色，并且迅速占领市场是不容忽视的一环。保健品、甜品、蔬菜、肉类等都是五谷杂粮的潜在竞争者。我们的五谷杂粮主打的是养生保健、营养安全，在这一方面，保健品就是我们最大的竞争者。甜品店在浙江一带是比较少的，而在两广和台湾地区非常流行，甜品发展到营养、保健的地步早已不是什么稀奇的事。不过甜品店的做法十分值得我们学习，我们可以把五谷杂粮的配方、做法一起卖给顾客，这也是我们超越潜在竞争者的一种方法。

3. 替代产品对现有产品的影响

五谷杂粮的替代产品主要有保健品、甜品、蔬菜、肉类。如果我们的五谷杂粮没有特色，其将像日常食用的食物一样，养生保健价值被保健品、甜品替代，营养安全价值被蔬菜、肉类替代。很多人现在还没有意识到五谷杂粮的养生保健价值和营养安全价值，所以在养生保健价值上他们更倾向于购买保健品，而在日常的营养安全上选择蔬菜和肉类。五谷杂粮就像是一颗金子，而保健品、甜品、蔬菜、肉类就像是把金子埋没住的沙子，只要我们伸出手来让金子绽放光芒，定能引来众人的抢夺。

（六）消费者分析

1. 网购人群分析

艾瑞咨询统计显示，2009 年我国电子商务整体市场交易额已经高达 3.6 万亿元，B2B、B2C 等网络交易呈现持续增长态势，搜索引擎也给电子商务带来了良好的发展机遇。专业人士表示，国内现今已有高达 57.5％的网购用户在获取品牌、产品信息时依赖搜索，企业、个人的网络消费需求对搜索获得信息满足的依赖度越来越高。

中国“80 后”、“90 后”消费主力军的消费习惯更倾向于网购。根据艾瑞咨询的调查，2011 年中国 18～30 岁网购用户占比达 60.8％，其中 25～30 岁的网购用户比 2010 年增长了 8.5 个百分点（见图 4—3）。伴随着网络和信息化革命成长起来的“80 后”、“90 后”已成为中国目前的消费主力军，他们对网购的偏好更强，而中国目前大部分网商免物流运费的服务也能吸引更多的客流。

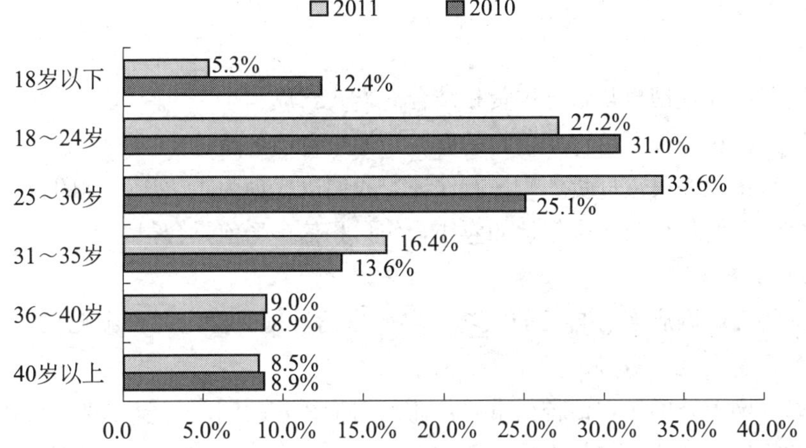

说明：2011年，60.8%的中国网购用户为18～30岁，其中25～30岁人群比2010年增长了8.5个百分点。

图 4—3　中国网购用户年龄分布（2010 年和 2011 年）

2. 消费者行为分析

调查显示，消费者在农贸市场购买五谷杂粮的比例最大，其次是超市，而网上订购的只占 3％。从中可以看出，人们的消费习惯还是比较传统的，网上订购五谷杂粮并没有那么流行。消费者对网购五谷杂粮的质量、服务等风险性还是存在一定的担忧。但从另一方面可以看出，网上订购五谷杂粮是一个潜在的趋势。随着网络市场越来越成熟，网络资源日益丰富，商品种类日益繁多，搜索功能日益强大，商品的质量、服务也有了一定的保证。网上订购也能让人体会到购物的快乐与便捷，消费者足不出户就能轻松查到想要的商品。而现在人们的生活节奏加快，网购更能节省时间，同时可以货比多家，买到最划算的商品。因此，网上订购五谷杂粮是一个趋势。

3. 消费者心理分析

图4—4是一张杭州中高档社区人群网购理想五谷杂粮的意愿统计图。

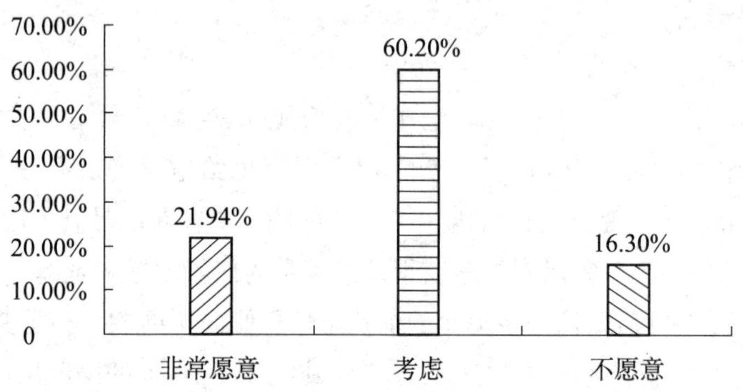

图4—4 杭州中高档社区人群网购理想五谷杂粮意愿统计图

调查数据显示，有21.94%的人非常愿意在网上购买搭配好的五谷杂粮，有60.20%的人考虑购买，还有16.30%的人不愿意购买。

三、SWOT分析

（一）优势分析

（1）我们采取代理销售与自己进货相结合的方式，成本小、风险低。

（2）我们只销售一种颜色（紫色）的五谷，做出自己的特色。

（3）我们从正规的渠道进货，质量有保证。我们以代理为主，所代理的企业都是正规的企业。此外，我们打算与云南等地的农庄合作，相信市场前景会很好。

（二）劣势分析

（1）成熟的商城网店多有自己的农场，自产自销，货源稳定，资金充足，与之相比，我们在货源和资金上处于劣势。

（2）在淘宝网上开网店，信誉很重要，而我们是新开的网店，信誉要从头开始做，与已有皇冠、钻石店铺相比，信誉上也处于劣势。

（3）国内快递行业不规范，效率低并且混乱，快递延误甚至快递丢失等问题都会给店铺造成损失。

（4）网络安全也是一大问题。

（三）机会分析

（1）网购市场在飞速发展，我国热衷于网购的人数已增至1亿多，但是相较于欧美50%～60%的网购比例，我国的网购仍处于发展期。

（2）随着淘宝网、京东商城等平台对诚信的关注和重视，网店里产品的质量也越来越有保障，更多的人愿意在网上购买五谷杂粮，这一市场还将不断爆发性增长。

（3）线下市场中五谷杂粮价格的不稳定性，导致很多人选择到网上购买，这进一步扩大了网购五谷杂粮的市场。

（四）威胁分析

（1）淘宝网上的五谷杂粮商城、店铺还是很多的，货品齐全、种类繁多，可以一站式购齐，竞争压力较大。

(2) 因为我们的切入点为紫色的五谷，品种上相对而言比较少，无法兼顾顾客对营养、口味等的全面需求。

(3) 大多数人还是习惯于在农贸市场、超市、专卖店购买五谷杂粮。

四、营销战略目标

（一）加大宣传力度

加大宣传力度，通过对淘宝店铺装饰、店铺产品介绍、高品质的产品以及正规的包装，让顾客认可我们的产品。通过全面而周到的服务，树立我们店铺专注品质，为顾客提供绿色、健康、养生产品的良好形象。

（二）增加销售额，赚取信誉

通过博客、微博、论坛以及 QQ 等渠道进行信息推广，为网店吸引足够的人气，销售出我们的产品，争取在一年内达到双钻的信誉。与此同时，增加产品销售收入，降低单位成本，提高单位利润。

五、市场营销战略

（一）战略思想

营销宗旨：色彩养生，七彩五谷，走绿色、健康、养生的品质路线。

（二）目标人群

目标人群：30～50 岁的白领阶层。

白领用户在网络购物时更加关注产品质量和服务，价格敏感度低。服务已经逐渐取代价格成为网购者的第一诉求。我们要专注于品质，以绿色、健康、养生等思想进行宣传，开拓这部分市场，通过提供更好的服务来使这部分人获得更好的网购体验。

（三）市场细分

(1) 根据消费者的心理分析，网购作为一种新兴的商业模式，与传统的购物模式有很大差别。网络商店中的商品种类多，体现了网络无地域的优势。它可以 24 小时向客户开放，客户在需要的时候登录网站就可以挑选商品。这给工作繁忙、生活节奏加快的人们带来了更多的便利。

(2) 现在消费者越来越注重保健，适合个人的特色营养搭配正是消费者所追求的，而真正能提供这种服务的店铺却很少。

(3) 五谷杂粮产品繁多，而主打一种产品的市场并不多，紫色杂粮的保健作用越来越受到消费者的肯定。

（四）市场定位

产品定位：主要是高品质的农产品，通过代理其他公司产品和自己进货相结合的形式进行销售。与产品的原产地取得联系，确保产品的品质好、质地正宗，符合绿色、健康、养生的理念。

市场定位：主要是 30～50 岁的白领阶层，这个层次的人更注重产品的品质，对价格敏感度低，并且注重养生。

网上商铺定位：只做紫色五谷杂粮，并且选取高品质的五谷杂粮，以紫色的特殊养生效果作为切入点，树立特色、专业的形象。

六、营销组合策略

（一）产品策略

以无污染、高品质、紫色的五谷杂粮为主打，做出我们的特色，主要从云南、贵州等地的农庄购进绿色、健康、养生的五谷类产品，让顾客相信我们产品的质量，并打响我们的名气。考虑到资金比较紧张，我们采取代理的方式，尽可能降低风险。

1. 产品延伸策略

现在我们主要经营的是紫色的五谷，店铺名为“紫房子”，在紫色五谷被大众认可之后，我们完全可以再推出“红房子”、“绿房子”……可以拓展为“七彩坊”，以不同颜色分类打造出特色店铺。在推出“七彩坊”之后，我们还可以从专业的营养角度出发，将不同颜色的五谷搭配起来，方便顾客使用，并且营养搭配上更为科学、合理，将健康、养生的服务做得更周到。

2. 产品包装策略

产品的包装能给消费者留下良好的第一印象，包装的设计要能体现“紫房子”的特色。

3. 产品销售服务策略

服务是无形的，带给消费者的却是一种承诺。在日益激烈的服务市场上，为消费者提供满意的服务是一种赢得市场的有效手段。好的网店售后服务会给买家非常好的购买体验，这些买家能成为你的忠实用户，因此必须树立正确的售后服务观念，建立售后服务团队，定期培训，服务人员履行各自的职责，做到“真诚为客户服务”。网店的营业时间为早上8点到晚上12点，在非营业时间可以给顾客留一个留言平台，在第二天及时回复。拍下的产品可以7天内无条件退货。应重视和充分把握与买家交流的每一次机会，而不是草率地回应。因为每一次的交流都是一次增加信任的机会，买家也会把他们认为好的产品推荐给更多的朋友。产品成交后应主动和买家联系，可以通过发短信、发邮件、打电话的方式，避免由于没有及时联系而使成交的买家流失。建立买家资料库，及时记录每个成交的买家的各种联系方式，在交易过程中了解买家的职业或者其他背景信息，总结不同的人群所适合的产品。发展潜在的忠实买家，忠实的买家所产生的销售额通常能够达到较大比例。对于忠实的买家还要做好后续的维护工作，定期向买家发送有针对性的消息，有新产品第一时间通知他们。可以设定他们为VIP，制定相应的优惠政策。定期回访，得到更多的意见和建议。

（二）价格策略

因为我们针对的人群主要是30～50岁的白领阶层，这部分人对价格的敏感度比较低，更加在意产品的品质与服务的质量，因此总体而言，我们的定价会比市场价略高，而不盲目地打价格战。但是我们会选取真正好品质的产品进行销售，树立店铺优质的品牌形象。

价格的确定以科学研究为依据，以实践经验判断为手段，在维护生产者和消费者双方经济利益的前提下，以消费者能接受的水平为基准，根据市场变化灵活调整。

要考虑的因素：

(1) 竞争者。现在，网上卖的五谷杂粮的价格基本上在5～500元。这个价位是比较宽泛的。我们在定价时会综合考虑这些竞争者的价格优势和劣势。

(2) 消费者心理。消费者选购食物时总是慎之又慎。我们卖的是健康原生态的紫色杂粮，这让消费者在安全方面很放心。价格是消费者在选购产品时一个很重要的考虑因素，如果定价太高，会让一部分人怀疑产品华而不实；如果定价太低，又会让人产生“便宜没好货”的想法。

(3) 经济周期。目前，市场上原生态的五谷杂粮价格比较高，并且有逐渐升高的可能，因为现在很多人经济条件比较好但是身体处于亚健康状态，他们很希望通过食补恢复健康。

(4) 产品成本。我们是集全国各地的紫色粮食于一身，所以产品定价比同类略高。

(三) 渠道策略

渠道策略是整个营销系统的重要组成部分，它对降低企业成本和提高企业竞争力具有重要意义，是规划的重中之重。随着市场发展进入新阶段，企业的营销渠道不断发生新的变革，旧的渠道模式已不能适应形势的变化。渠道的拓展方向、分销网络的建设和管理、区域市场的管理、渠道的自控力和辐射力都对渠道策略提出了新要求。

第一，网上销售渠道最大的特点就是不受时间和空间的限制，可以扩大销售范围，我们的主要目标群体是中高收入人群，对生活品质要求较高。借助目前最大的网络销售平台——淘宝网进行销售。

第二，在网店成功运营的基础上，将实体店小面积推广。比如向老师，他们对现在杂粮保健了解较深，又对网上购粮的新潮比较能接受。所以我们先将下沙的一些老师和工作人员作为重点推广对象，然后慢慢推广到各中高档小区和其他地方。

第三，采取直销渠道分销策略，协助当地的经销商设立自己的专卖店，或者进入商场专柜。这种分销模式成本较高，可适当设立。

第四，采取特许加盟连锁经营的方式。连锁超市具有统一采购、核算、管理等方面的优势，特许有实力的商家使用本企业名称开设专卖店，销售绿色产品。也可选取一定数量的超市作为中间商销售，在超市设立店中店，建立绿色食品连锁超市。

第五，开展绿色食品配送业务，在各地区建立起由社区连锁专卖、大型超市、批发市场、单位配送、出口外销组成的绿色营销网络，多层渗透，有效拓展国内外市场。以现代科技特别是网络信息技术为手段，将产品的研发、生产、加工、流通连为一体。在大中型小区内设立固定或流动的绿色食品销售网点；在大型酒店、宾馆和企事业单位食堂开展绿色食品粮油配送业务。

（四）促销策略

1. 广告

我们产品的目标定位很明确，是30～50岁的白领阶层，因此我们可以采用集中市场策略，降低市场细分的成本，根据这些顾客的网购习惯，进行相应的集中式广告宣传，主要通过博客、微博、微信、互动网站、论坛、百科等渠道。

2. 人员推销

采用人员推销策略可以进一步弥补广告与促销信息之间的信息沟通不足的弊病，提高产品在通路中的竞争力，促成消费者完成购买行为。我们专门对客服人员进行培训，让其掌握五谷的养生知识，具备一定的推销技巧，通过与顾客的沟通和交流，让更多的人了解紫色五谷杂粮，了解如何健康地食用五谷杂粮。

3. 营业推广

我们将采取多种方式，通过多种渠道推广我们的网店。

（1）传统推广模式：

1）将网址印于宣传册或画报上；

2）在公交车站放置我们网店的海报广告；

3）制作名片宣传我们的网站和最新消息。

（2）网上推广模式：

1）电子邮件推广。电子邮件是最有效的网络许可营销方法之一，分为广告邮件和电子杂志两种。前者通过广泛发布邮件信息获得第一注意力；后者通过用户许可，获得定期、定向宣传效果，起到事半功倍的效果。

2）电子书推广：整理相关的文档，制作网站相关主题的电子书，在电子书中合理插入推广广告，然后把电子书放到成千上万的下载网站供广大精准受众免费下载。同时宣传我们的网站。

3）搜索引擎加注。统计表明，50%以上的自发访问量来自搜索引擎；有效加注搜索引擎是注意力推广的必备手段之一；加注搜索引擎既要注意措词和选好引擎，也要注意定期跟踪加注效果，并进行合理的修正或补充。

4）网络联盟策略。首先，实现同类网站互通有无，建立同盟；其次，建立同行业、同类型（互动社区）的网站联盟，做到互相宣传、互相推广。

5）数据库策略。注重用户资料、访问统计等数据的收集和整理，并进行客观分析，既对客户行为进行引导，又对网站建设提供现实且权威的意见。

6）雁过留声法。大量访问同类网站或者人气旺的网络平台，发布留言和论坛信息（可通过技术手段实现），内容主要有：本网站介绍或者本网站部分精品内容发布，吸引爱好者访问。

7）加入友情链接联盟。加入友情链接联盟最大的好处就是不仅可以提高网站在互联网上的曝光率，提高网站的反向链接数量和pr值，而且因为注册友情链接联盟留下了网站的信息，为自己生成了一个自助化的友情链接系统，这样别人就可以在不通知你的情况下添加你的友情链接，使添加友情链接变得更加轻松。

8）软文推广。分别站在用户、行业、媒体的角度，有计划地撰写和发布软文，使每篇软文都能够被转载，以达到最好的效果。软文要写得让用户看了以后有收获，标题要写得吸引网站编辑，这样才能达到最好的宣传效果。

9）论坛推广。整理50个人气最旺的相关主题网站，有计划地发帖子。只有做好细节，才能有好效果。

10）通过博客进行网络推广。博客是名人聚集地，具备传播性好、互动性强、影响力大等特点，可通过发布博客对网站进行宣传。

11）小区推广。与小区物业和当地居委会联系，在小区内开展养生类的知识讲座，聘请专门的营养师，为到场的业主讲解养生的方法和保健知识，根据业主不同的特点，给予相应的养生建议。在讲座现场提供用绿色食品做成的中餐，让业主们品尝我们的产品，对我们的产品有更加直接的体会，借此为我们的网店树立良好的品牌形象。

12）招聘“紫房子”五谷杂粮销售代理，提供一件代发服务。

13）在杭州中高档社区开一家五谷杂粮的实体店作为试点，在不同的时间段，可以采用不同的促销手段。

4. 公共关系

良好的公共关系是企业的无形财富。紫色五谷杂粮网店的成长离不开公共关系策划。此外，做网店很重要的一点就是要获得顾客的好评，因此，我们在每售出一件商品时都相应地赠送一些小礼品。

七、行动方案

（一）主题活动：七彩五谷，养生之术

活动时间：1月9日—1月12日

在淘宝店铺中开展“七彩五谷，养生之术”的各类节日主题活动，以简单多样的促销活动为主，营造热烈的购物氛围，并考虑节日特点，选择多种传播媒介配合开幕活动造势，通过这次活动增加店铺人流量、信誉度以及销售额。

（二）主题活动：淘宝论坛，论五谷

活动时间：1月12日—1月19日

淘宝论坛是买家、卖家集中的社区，很多人会在那里做广告。我们可以从两个方面进行操作：第一，发布宣传图，宣传店铺活动，重点突出店铺名称和促销信息；第二，开展店铺品牌形象宣传，用于宣传本店的品牌故事而非广告语，这块需要选好频道发帖。

（三）主题活动：江湖帮派，寻五谷

活动时间：1月20日—2月20日

帮派建立伊始，需要做好帮派一系列大小事务，比如活动时的公告等。在帮派关注度高起来之时，可以进行帮派促销活动。

八、费用预算

（1）淘宝开店费用：9 500元（购买虚拟充值软件500元＋流动资金9 000元）。

（2）宣传单费用：0.1元/张×8 000张＝800元。

（3）海报费用：5元/张×500张＝2 500元。

（4）小礼品费用：3 000元。

资料来源：浙江金融职业学院市场营销10（2）班POWER团队，指导老师方志坚。

制定成功战略的13条戒律

第一条，对于那些能够提高企业长远竞争地位的战略行动，要优先制定和执行。不断巩固的竞争地位每一年都可以为企业带来丰厚的回报，并保证其季度和年度业绩目标的实现。如果企业的管理者为了短期的财务目标而将那些能够提高企业长远竞争地位的战略行动排斥在外，那么他不大可能很好地服务于企业。保持企业长远盈利能力的最好办法就是加强企业的长远竞争力。

第二条，如果能够很好地制定和实施清晰一致的战略，就可以为企业带来良好的声誉和被认可的行业地位。那种为了抓住暂时的机会而经常变动的战略所带来的利益是昙花一现的。从长远来看，如果企业的竞争战略是经过精心策划的一致战略，那么它的目标必将是不断提高企业的竞争地位。对于一个发展中的企业来说，应该从长远的角度来看待市场竞争。

第三条，避免中庸之道式的战略。那种在低成本和高差异化之间寻求折中、在广泛市场定位和集中市场定位之间寻求折中的中庸之道式的战略，几乎不可能使企业产生持久的竞争优势和建立稳固的市场地位，其结果往往是使得企业成本一般、特色一般、质量一般、吸引力一般、形象和声誉一般，很难进入行业的前列。

第四条，建立持久的竞争优势。要想获得平均水平之上的盈利，这是最可靠的因素。

第五条，积极地进攻以建立竞争优势，积极地防御以保护所建立起来的竞争优势。

第六条，避免只能在乐观环境下取胜的战略。要做好竞争者会采取对抗措施的心理准备，以及应付不利的市场环境的心理准备。

第七条，避免僵硬或者不灵活的战略，因为这种战略从长远来看会将企业“锁”起来，从而使企业采取应变策略的余地不大。

第八条，不要低估竞争者的反应和承诺。当竞争者负隅顽抗或利益受到威胁时，它们是最危险的。

第九条，避免在没有强大竞争优势和充足财力的情况下对实力雄厚、资源丰富的竞争者发起进攻。

第十条，攻击竞争强势和攻击竞争弱势相比，前者所获得的利益更多一些，所冒的风险更小一些。

第十一条，在没有既定成本优势的情况下降价要谨慎。只有低成本厂商才能通过降价的手段赢得长期的利益。

第十二条，为从竞争者那里攫取市场份额而采取的进攻性行动常常会激起竞争者的激烈报复，诸如价格战，这对各方的利益都会造成损害。如果一个市场的存货很多、生产能力过剩，竞争将尤为惨烈。

第十三条，在追求差异化的同时，要竭尽全力在质量、性能、特色、服务上同竞争者拉开距离。与竞争者所生产的产品之间的细微差异对于消费者来说，可能不够明显，也不够重要。

资料来源：http：//www.51bdl.com/jingying/display.asp?id=74.

团队项目战略性营销策划

一、训练内容

战略性营销策划。

二、训练目的

各团队成员根据市场调研的结果及团队项目任务的进度，进行充分的交流合作、合理分工、互相讨论和互相启发，探索完成有关本团队项目战略性营销策划方面的营销环境分析（宏观环境分析、当前市场状况及市场前景分析、行业竞争状况分析、消费者分析）和SWOT 分析，制定营销战略目标，提炼营销战略思想，进行市场细分、目标市场选择、市场定位、营销策略的组合与创意应用、具体行动方案的制定、经费预算和分配等具体环节任务，并撰写完整的战略性营销策划书，从而了解战略性营销策划的重要性，深入理解战略性营销策划的重点和难点，初步掌握具体项目战略性营销策划的基本流程和方法，能够按规定格式撰写战略性营销策划书。

三、训练的具体任务

（1）讨论、描绘战略性营销策划方案的蓝图和框架。

（2）在全面分析营销环境（市场、行业、企业、竞争者和消费者）的基础上，进行SWOT 分析。

（3）确定营销战略目标和战略要点。

（4）进行营销战略 STP 分析与策划。

（5）根据营销战略目标和战略要点，进行营销 4P 策略的组合与创意策划，并制定具体的行动方案和经费预算。

（6）撰写战略性营销策划书。

四、训练的步骤及要求

（1）明确分工。

（2）了解、熟悉战略性营销策划的内容、基本流程和方法，并掌握战略性营销策划书的撰写格式及内容。

（3）充分了解并分析所选择项目的市场、行业背景等情况。

（4）进行 SWOT 分析。

（5）讨论、分析项目的战略目标、战略思想、目标市场及市场定位。

（6）策划、整合有关营销的思路、步骤。

（7）进行营销 4P 策略的组合及创意策划。

（8）制定行动方案和经费预算。

（9）归纳总结。

（10）形成框架内容，并撰写战略性营销策划书。

（11）各团队选 1～2 名代表向全班同学陈述本团队项目战略性营销策划的思路、内容及感受（每组 6～8 分钟）。

（12）各团队提交一份战略性营销策划书（4 000 字以上）。

五、评价与总结

（1）团队自评。

（2）团队成果展示介绍（包括团队成员的工作态度、团队合作程度、工作流程和对成果质量的评价）。

（3）团队间互评。

（4）教师总评。

（5）个人子项目任务教师评价（打分）。

教师根据各团队成果的优缺点，有针对性地点评，启发学生的创新思维；对各团队普遍存在的问题进行重点分析；针对各团队具体项目的策划提出要重点注意的问题。

项目五 企业形象策划

教学目标

通过本项目的学习与训练，要求学生深入理解企业形象识别系统(CIS)策划的重点和难点，初步掌握CIS的基础知识、CIS策划的基本流程和CIS导入方案的撰写要求，提高学生的实际操作和运用能力。

教学要求

1. 掌握CIS的构成和CIS导入的基本流程及基本原则
2. 掌握理念识别系统（MIS)、行为识别系统（BIS)、视觉识别系统（VIS）的含义和基本内容
3. 掌握CIS策划的基本流程

技能目标

1. 初步具有MIS定位和运用能力
2. 初步具有BIS的运用能力和VIS的设计能力
3. 初步具有策划CIS导入方案的能力
4. 具有团队合作精神和协调团队内部人际关系的能力

模块1 大家来讨论

肯德基的企业形象

肯德基全球总部设在美国肯塔基州的路易斯维尔市，是世界上最大的鸡肉餐饮连锁店，1952年由哈兰·山德士（Harland Sanders）创建，现隶属全球最大的餐饮集团——百胜餐饮集团。

肯德基于1987年在北京前门开出中国第一家餐厅。20多年来，肯德基已在中国的950多个城市和乡镇开设了4 600余家连锁餐厅，几乎遍及中国所有省、市、自治区，是在中国规模最大、发展最快的快餐连锁企业之一。营销专家认为，肯德基在全球市场包括在中国市场的快速成功扩张，得益于企业本身强大的企业形象系统的支持。

讨论：肯德基在企业形象建设方面有哪些独到之处？

模块2 基本知识

一、CIS的构成

企业形象策划是一种企业形象战略，即依据企业的理念、个性和行为规范，整合企业的各种形象资源，对企业的一切可视事物进行统筹设计、规划、控制和传播，使企业的形象识别要素具有个性化和统一化的特点，使公众与企业员工形成一致的认同感与价值观，并最终使公众和目标消费者对企业形象有一个标准化、差异化、美观化的印象和认识，以便更好地识别企业形象，提升企业的经济效益和社会效益。

企业形象策划一般通过企业形象识别系统来实现。企业形象识别系统（Corporate Identity System，CIS）由理念识别系统（Mind Identity System，MIS）、行为识别系统（Behaviour Identity System，BIS）和视觉识别系统（Visual Identity System，VIS）三个有机整合运作的子系统构成。它通过确立符合企业实际且富有个性化的经营理念，策划、设计企业的综合形象。

形象一点来说，CIS就是一支军队，MIS是军心，是军队投入战争的指导思想，是最不可动摇的一部分；VIS是军旗，是军队所到之处的形象标志；而BIS是军纪，是军队取得战争胜利的重要保证。

（一）MIS

1. MIS的含义

MIS是指得到社会普遍认同的体现企业个性特征的、促使并保持企业正常运作及长足发展的、反映企业明确经营意识的价值体系。

2. MIS 的基本内容

MIS 通常包括企业使命、经营哲学、行为准则和活动领域四项基本内容。

（1）企业使命是指企业在特定社会环境中所要完成的特定任务或要实现的特定目标。有关企业使命的五个基本问题如下：其一，企业的业务是什么？其二，企业的客户是谁？其三，企业能为客户提供什么？其四，企业未来的业务是什么？其五，企业的业务应该是什么？

（2）经营哲学是指企业的经营思想或经营方针。主要包括企业的经营方向、经营理念、营销战略的特征等。

（3）行为准则是指企业员工的行为标准与规范。具体包括服务公约、劳动纪律、工作守则、行为规范、操作要求、考勤制度、管理条例等。

（4）活动领域是指企业应在何种技术范围内或者在何种业务领域中开展活动。活动领域确定的原则有三：预见性、差异性、明确性。

（二）BIS

1. BIS 的含义

BIS 是指用以规范企业内部行为，传达企业的管理特色，并达到对外行为统一化（活动统一化）的一系列行为规范和准则。它是在 MIS 的基础上形成的，是企业理念的行为化。

2. BIS 的基本内容

企业理念的传播主要通过两种渠道：一是静态的 VIS；二是动态的 BIS。行为识别是非视觉的、动态的识别形式。BIS 对内负责组织管理，包括管理人员教育、普通员工培训、质量管理等，对外负责开展各种活动，包括市场调研、促销活动、公关活动、产品开发、流通对策、金融对策、公益性活动、文化性活动等。

（三）VIS

1. VIS 的含义

VIS 是指通过企业或品牌的统一化、标准化、美观化的对内对外展示，传递企业或品牌的个性（独特的品牌文化），树立统一的企业形象的静态传播系统。理解 VIS 应明确以下几个问题：

（1）VIS 应以 MIS 为基础。

（2）VIS 的设计不是单纯的美术设计。

（3）VIS 并非简单的视觉表现手段。

VIS 的关键和基础性工作是：首先，对企业信息进行概括、提炼和抽象，并将其转化为企业视觉设计符号；其次，VIS 必须具有鲜明的个性特征；再次，成功的 VIS 还在于选择合适的设计题材和造型要素，形成有生命力的设计系统，制定严格的管理措施和科学的媒体策略，并进行有效、长期的传播。

2. VIS 的基本内容

VIS 包括基础要素和应用要素两个方面。

(1) 基础要素包括企业名称、品牌名称、标志、标准字、标准色、辅助色、辅助图形、辅助色带、装饰图案、标志组合、标语组合等。

(2) 应用要素包括办公用品、公关用品、环境展示、招牌标志、制服饰物、交通工具、广告展示等。

在 CIS 中，VIS 是最外在、最直接、最具有传播力和感染力的。VIS 设计是透过视觉符号的设计来传达企业精神与经营理念，是有效地扩大企业及其产品的知名度的重要途径之一。因此，CIS 以 VIS 为基础，将企业的基本精神充分地体现出来，从而使企业产品品牌化，它对推动产品进入市场起着直接的作用。

二、导入 CIS 的基本流程和基本原则

（一）导入 CIS 的基本流程

企业导入 CIS 大致可分为以下五个步骤：

(1) 企业实态调研。把握企业的现状、外界认知和形象设计，确定企业实际的形象认知状况。

(2) 形象概念确立。以调研结果为基础，分析企业内部认知、外界认知、市场环境及各种设计系统的问题，并拟定企业的定位与应有形象的基本概念，作为 CIS 策划与实施的原则和依据。

(3) 设计作业展开。将企业的基本形象概念转变成具体可见的信息符号，并通过精致作业与测试调查，确定并完善符合企业实际的 CIS。

(4) 完成与导入。重点在于排定导入实施项目的优先顺序、策划企业的广告活动以及筹建 CIS 执行小组和管理系统，并将策划完成的 CIS 制成标准化、规范化的手册或文件。

(5) 监督与评估。CIS 策划仅是前置性的计划，要落实和建立企业形象，必须时常对 CIS 进行监督与评估，以确保其符合原先设定的企业形象概念。如发现原有的 CIS 策划有缺陷，应及时修正。

（二）导入 CIS 的基本原则

1. 战略性原则

CIS 策划是创造企业优势、产品优势和竞争优势，以便全方位塑造企业形象的战略，是一项科学调控各种有效资源的系统工程。因此。CIS 策划绝不仅仅是设计上的变更或者

企业名称的更改，而应该把它提高到企业存亡、经济兴衰的高度上来看待。

2. 民族化原则

CIS 策划既是一种经济产物，又是一种文化成果。文化都是植根于不同民族的土壤之中的，如果我们要策划、设计出民族化的 CIS 战略，必须对不同民族文化有一个比较深入的了解和分析。

3. 个性化原则

日本著名 CIS 设计专家申西元男说："CIS 的要点就是要创造企业个性。"CIS 策划就是企业个性的定位。定位就是在消费者的心中寻找空隙和位置，其目的是在此位置上建立有个性的优秀企业形象。定位是 CIS 策划的出发点，是塑造企业形象的第一步。

4. 系统化原则

CIS 策划是一个系统工程，它是包括 MIS、BIS 和 VIS 的整体企业形象识别系统策划。三者内聚外化、有机结合、相互作用，共同塑造富有个性的企业形象。也就是说，CIS 将企业的经营理念与企业文化，透过具体可感的视觉符号，传达到企业外部的各种社会公益活动中，塑造出个性鲜明的优秀企业形象，对内产生凝聚力和激励力，对外提高企业的知名度和美誉度。

5. 创新性原则

CIS 策划必须具有新意和独特性。美国设计界有这样一条原则：不允许模仿他人的设计，要不断地创新。有生命力的 CIS 策划往往和"新"字分不开，只有意境新、形式新、构思新的 CIS 策划才能打动人、吸引人，使人过目不忘，留下深刻的印象。

6. 可操作性原则

企业理念是一种意识，一种经营战略，也即企业的经营宗旨、经营方针和价值观。它是企业的灵魂，是企业运行的依据，具有导向力、凝聚力、激励力和辐射力。它不是一般的抽象思维的哲学，也不是一种宏观的世界观和方法论，它必须契合 CIS 策划的实践并便于操作。

模块 3 操作指导

本模块介绍 CIS 策划的基本流程。

一、CIS 调研分析

（一）企业现状调研

1. 企业内部调研

企业内部调研包括对企业的经营理念、营运方针、产品开发策略、组织结构、员工情况、现有企业形象等的研究和分析，营销策划人员据此确定企业经营的理想定位。

企业内部调研的重点，主要在于与高层主管人员的沟通，应以相互信赖和共同发掘问题为基础，对企业经营的现状、内部的组织、营运的方向等问题进行深入检讨，将开发设计导入正确的方向。内部员工的认知，也是调研的重点之一，因为员工的忠诚度、归属感、向心力等意志足以影响企业经营的成败。员工对于内部作业环境、作业流程、福利待遇、管理体制等问题的看法，也是CIS策划的最佳参考资料。

2. 企业外部调研

有关消费市场与特定对象的分析与研究，尤其是竞争者情报的收集与分析，是CIS策划前期调研工作的重要方面。

营销策划人员必须首先了解消费者对于企业现有的产品与服务的印象，其次根据市场需求与未来走向设定相应的战略，并兼顾竞争者的经营战略和形象定位，分析、研究相关经营问题，采取相应的措施，创造有利的经营环境。

（二）企业形象调研

塑造良好的企业形象，是CIS策划的主要任务之一。但在进行CIS策划前，营销策划人员必须了解，对企业而言，什么样的企业形象才是良好的，形成好感和信赖感的具体因素又是什么。

我们可以将构成企业形象的因素归纳为下列七种：

（1）市场形象。表现为认真考虑消费者提出的问题，为消费者提供周到的服务，善于宣传推广，营销网络相当完善，竞争力强。

（2）外观形象。表现为信赖感强，稳定性高，有优良传统，企业规模大。

（3）技术形象。表现为研发能力强，技术优良，对新产品的开发很热心。

（4）未来形象。表现为合乎时代潮流。

（5）经营者形象。表现为经营者很优秀、有魅力。

（6）风气形象。表现为具有现代感，风气良好，员工有礼貌。

（7）综合形象。表现为企业员工希望子女在本企业供职，以及想购买本企业的股票。

（三）企业形象定位

企业应首先确认自身在社会分工中所扮演的角色，其次将角色内容广泛地让公众了解。透过企业的信息传递活动，公众获得“某企业是属于某一种行业的企业”的形象认知后，就会自然地以此种企业形象来设定自己的行动。

如何进行企业形象定位呢？一般的经营者可能会用演绎法来解决这一问题。其实，直接观察竞争市场而作出归纳性的决定，也是一种很合理的方法。原因有二：其一，大多数企业并未建立起明确的形象；其二，根据归纳法得出企业形象战略的方向，使企业更加明确要将技术、外观或规模等形象作为日后加强的目标。

二、策划 CIS 导入方案

（一）CIS 导入方案的构成

CIS 导入方案由三大部分构成：

（1）企业实态的调研和分析。

（2）企业形象策划。

（3）CIS 导入方案的实施管理。

企业经营者在推行 CIS 时，只有按照上述的三大部分，循序渐进，落实执行，才能真正发挥 CIS 策划的作用。

（二）CIS 导入方案的重点

在提出 CIS 导入方案的构想之前，营销策划人员应先思考一个问题：导入 CIS 的真正目的是什么？是不是认为企业本身存在某些必须加以改善的问题？因此，CIS 导入方案的内容应该包括“问题”和“解决办法”两大重点，并且对具体的步骤、方法和预期成果加以说明。如果营销策划人员能列出企业目前的问题，并能就解决办法进行精彩详细的说明，那么一定更能打动企业经营者。从这个意义上讲，一个完整的 CIS 导入方案，必须包括下列项目：

（1）标题。

（2）目标。

（3）原因和背景。

（4）思路和计划。

（5）策略和方针。

（6）实施细则。

（7）推动者、组织者、协助者。

（8）经费预算和日程安排。

在这八个项目中，有两大重点：目标以及原因和背景。尤其是导入 CIS 的原因，一定要说清楚，因为它可能决定 CIS 策划的运作方向。

需要注意的是，CIS 策划不能只是针对企业目前的问题，还要针对时代发展趋势、业界现况提出解决问题的方法，并以长远的眼光来审视问题。

（三）CIS 导入方案的撰写要求

1. 主题明确

CIS 导入方案必须有明确的主题，以拟定出企业具有代表性的问题。

2. 拟定具体实施的办法

经研讨分析，有必要导入CIS时，营销策划人员需对主题、着眼点、背景等予以评估。在导入作业实施的各个阶段，每项工作都环环相扣，因此在对全盘作业大纲进行分类后，须根据需要拟定具体的实施办法。

3. 编制日程安排表

CIS导入不是短期的作业，营销策划人员必须充分掌握项目的日程安排，这样才能确保其顺利进行。

4. 明确组织功能

采取什么方式推选适合的人员来执行导入作业，是不容忽视的事。组织功能必须明确，例如，在内部设置CIS策划委员会，由该委员会负责工作任务的有效分配与执行等。

另外，对CIS导入作业的规划，不妨聘请外界专家参与，毕竟塑造企业形象的目的在于使企业获得社会公众的认同与喜爱，如果全部由内部来推动的话，恐怕会受限于企业本身的主观偏好，而导致闭门造车的情况。

5. 编列经费预算

在策划阶段，控制经费通常是比较困难的，但如果对成本没有一些具体的评估，其可行性就微乎其微了，因此营销策划人员需要先进行经费预算。总体来说，CIS策划的经费大致可分为四种：

（1）企业实态调研及策划费用。

（2）设计开发费用。

（3）实施管理费用。

（4）其他费用，如推行计划的费用、企业内部信息传递的费用等。

三、MIS的定位与应用

（一）MIS的定位模式

CIS策划追求企业形象差异化的效果，即独特的企业形象的塑造。而企业形象差异化主要来自企业理念的个性化，不同的企业理念决定了不同的企业形象定位。MIS模式主要有如下几类：

1. 目标导向型

用简洁、精练、概括的语言提纲挈领地反映企业追求的精神境界和战略目标。例如，宝山钢铁（集团）公司：创造新的文明。美国劳斯公司：为人类创造最佳环境。

2. 团结创新型

用简洁、精练、概括的语言反映企业团结奋斗的优良传统以及开拓创新的团体精神和群体意识。其面对的主要对象是企业的内部公众。例如，上海大众汽车有限公司：十年创业，十年树人，十年奉献。日本住友银行：保持传统，更有创新。

3. 产品质量、技术开发型

用简洁、精练、概括的语言突出企业名牌产品的质量或强调尖端技术的开发意识，以此来弘扬企业精神、展示企业形象，有效地传达企业对社会的贡献。例如，上海英雄股份有限公司：至尊“英雄”，卓越风范，赶超一流。日本卡西欧计算机株式会社：开发就是经营。

4. 市场营销型

其主要对象是企业的外部公众，强调市场的覆盖和开拓，争创最佳的经济效益。例如，麦当劳公司：顾客永远是最重要的，服务是无价的，公司是大家的。百事可乐公司：胜利是最重要的。

5. 优质服务型

其主要对象也是企业的外部公众，着重强调的是“顾客是上帝”。例如，美国 IBM 公司：IBM 就是服务。中国海尔公司：海尔，真诚到永远。

（二）MIS 的应用形式

1. 标语和口号

标语用于横幅、墙壁、标牌上，陈列于各处或四下张贴，因随处可见而形成一种舆论氛围和精神氛围。口号往往是一些生动有力、简洁明了的句子，呼之于口，便能激动人心，一呼百应。标语和口号的表达方式主要包括比喻式、故事式、品名式和人名式等。以下列举几家知名企业有代表性的标语和口号：

HTC 公司：谦和之中见卓越。

美的电器：原来生活可以更美的。

北京西单购物中心：热心、耐心、诚心、爱心。

广州白云山制药厂：爱厂、兴利、求实、进取。

2. 广告语

企业理念一般比较稳定，而广告语可以根据不同时期、不同地域、不同环境加以灵活改变。例如，摩托罗拉“飞跃无限”，孔府家酒“叫人想家”，雀巢咖啡“味道好极了”。

3. 企业歌曲

优秀的企业歌曲能够激发团结、奋进、向上的激情，聪明的企业家用音乐这一艺术形式向员工进行巧妙的灌输，向社会各界广泛宣传。例如，中国步步高公司的广告中常有企业歌曲《步步高》，日本声宝公司员工每天早晨齐唱《声宝企业颂》，北京同仁堂集团、北京长城饭店也有自己的企业歌曲。

四、BIS的传播与推广

（一）BIS的内部传播与交流

贯彻CIS理念，建立BIS，关键的一环是CIS意识的传播，即BIS在企业内部的传播与交流。无论企业规模如何，其内部通讯、公告栏、板报、标语，以及广播、简报、企业报，都是正规的传播媒介。除此之外，员工之间的非正规的小道消息传播也是不可忽略的。从某种意义上说，这种小道消息传播比正规形式的宣传对员工意识的影响更大。如何对其进行控制、引导，也是BIS建设的一个重要内容。

在企业向外传播CIS策划之前，先要对企业内部的员工作一次完整的说明，使他们了解企业导入CIS的主旨。企业只有先做好内部传播，才能充分调动广大员工的积极性和创造性，使他们支持并参与CIS策划的行动，共同为塑造企业形象而努力。

内部传播与交流的主要方式有：CIS说明书、幻灯片、企业汇报、CIS消息、员工手册、海报、讲习会等。

（二）BIS的外部推广与途径

外部推广的途径与方法主要有：

（1）“新闻事件”策划。企业在CIS导入与实施过程中，结合CIS的总体计划，主动联系媒体机构，策划一次以宣传企业形象为目的的有轰动效应的“新闻事件”。这往往是一种理想的宣传推广手段。

（2）广告策划。以塑造企业形象为直接目的的广告称为企业形象广告，旨在向社会宣传企业特征，表明企业的社会责任。如企业理念广告重在传播企业的经营哲学、价值观念、传统风格和企业精神，以使企业形象连同它的观念和口号深入人心，对内产生凝聚力，对外产生感召力；企业社会责任广告重在显示企业对社会公共事务和公益事业的热情和关心，或以广告形式响应社会生活中某个重大热点问题，表示企业对社会生活的参与，或以企业名义率先发起某运动或提供某种有益的观念，这类广告使企业形象充满人情味和亲和力；企业礼仪广告在企业开张、周年纪念或其他重大节日之机，向公众和合作者表示感谢和祝贺，旨在联络和沟通感情，往往能收到良好的效果。

（3）社区交往策划。根据企业形象由近及远的传播规律，企业先要与当地居民搞好关系。如何优化企业在其所在社区的形象呢？一般做法有：优先录用当地居民，积极参加防止公害、保护当地自然景观等文化活动，欢迎各种社团参观和了解企业的一般作业状况，积极参与当地重大经济决策或建设项目，关心社区老人、儿童等。

（4）大型活动策划。一些企业通过策划大型活动来传达企业理念、宣传企业实力。在策划大型活动时，企业首先应注意确定企业的市场目标，针对目标消费者的需求定位开展相关活动。

五、VIS的设计

（一）VIS的基本要素系统设计

VIS的基本要素系统严格规定了图形标志、中英文字体、标准色彩、企业象征图案及其组合形式，从根本上规范了企业的基本视觉要素。基本要素系统是企业形象的核心部分，主要包括企业名称、企业标志、标准字体、标准色彩、象征图案、组合应用和标语口号等。

1. 企业名称

企业名称与企业形象紧密相关。企业名称的确定是CIS策划的前提条件。企业名称必须反映企业的经营思想，体现企业理念；要有独特性，发音响亮并易识易读，要注意谐音的含义，以避免引起不佳的联想。企业名称的文字要简洁明了，同时还要注意国际性，适应外国人的发音，以避免外语中的错误联想。在表现企业形象及产品的企业名称时，应与商标尤其是与其代表的品牌相一致，也可将在市场上较有知名度的产品名称作为企业名称。企业名称的确定不仅要考虑传统性，还要具有时代特色。

2. 企业标志

企业标志是特定企业的象征与识别符号，是CIS策划的核心和基础。企业标志通过简练的造型、生动的形象来传达企业的理念，包含产品特性等信息。企业标志不仅要具有强烈的视觉冲击力，而且要表达出独特的个性和时代感，必须广泛地适应各种媒体、各种材料及各种用品的制作，其表现形式如下：

（1）图形表现（包括再现图形、象征图形、几何图形）。

（2）文字表现（包括中外文字和阿拉伯数字的组合）。

（3）综合表现（包括图形与文字的结合应用）。

企业标志要以固定不变的标准原型在CIS设计形态中应用，其必须以标准的比例图来绘制，包括标志的轮廓、线条、距离等的精确数值。其制图可采用方格标示法、比例标示法、多圆弧角度标示法，以便其在被放大或缩小时能被精确地描绘和准确地复制。

3. 标准字体

企业的标准字体包括中文、英文或其他字体。标准字体是根据企业名称、企业品牌和企业地址等来进行设计的。标准字体要具有明确的说明性，直接传达企业、品牌的名称，并强化企业形象和品牌诉求力。可根据用途的不同，采用企业的全称或简称，要求字形正确、富有美感并易于识读，在字体的线条粗细处理和笔画结构上要尽量清晰、简化和富有装饰感。在设计时，要考虑字体与标志在组合上的协调统一，对字距和造型要作周密的规划，注意字体的系统性和延展性，以适应各种媒体和不同的材质，适应各种物品的尺寸等。

4. 标准色彩

企业的标准色彩是用来象征企业并应用在VIS设计中所有媒体上的指定色彩。色彩具有的知觉，可表现企业的经营理念和产品特质，体现企业属性和情感。标准色彩在视觉识别符号中具有强烈的识别效应。企业标准色彩要根据企业的行业属性来确定，突出企业与同行业其他企业的差别，并创造出与众不同的色彩效果。标准色彩的选用是以国际标准色彩为标准的，不宜过多，通常不超过三种颜色。

5. 象征图案

企业的象征图案是为了配合基本要素在各种媒体上的广泛应用而设计的，在内涵上要体现企业精神，发挥衬托和强化企业形象的作用。利用象征图案的丰富造型来补充企业标志代表的企业形象，使其意义更完整、更易识别、更具表现的广度与深度。在表现形式上，象征图案可采用简单抽象并与企业标志既有对比又保持协调关系的设计，也可根据企业标志或组成企业标志的造型内涵来进行设计。在与基本要素组合使用时，要有强弱变化的律动感和明确的主次关系，并根据不同媒体的需求作各种规划组合设计，以保证 VIS 的统一性和规范性，强化整个系统的视觉冲击力，产生视觉的诱导效果。

6. 组合应用

组合应用即将企业标志、标准字体、标准色彩等基本要素组合起来运用。为建立统一的适用于各种媒体和场合的 VIS，营销策划人员应设计出一套规范化、系统化、统一化并综合各种基本要素的组合模式，包括各种要素组合时的位置、距离、方向、大小等的组合规范。当组合模式的编排确定之后，为方便制作和使用，确保 VIS 的统一性和系统化，营销策划人员要绘制出组合模式的结构图。

7. 标语口号

企业的标语口号是企业理念的概括，是企业根据自身的营销活动或理念而研究出来的一种文字宣传标语。企业标语口号力求文字简洁、朗朗上口。准确而响亮的企业标语口号对内能激发员工为企业目标而努力工作，对外则能传达企业发展的目标和方向，增强企业在公众心目中的印象。其主要作用是对企业形象和产品形象进行补充，使社会公众在瞬间的视听中了解企业的思想，并形成对企业或产品难以忘却的印象。

（二）VIS 的应用要素系统设计

应用要素系统设计即对基本要素系统在各种媒体上的应用所作出的具体而明确的规定。当 VIS 的基本要素如企业标志、标准字体、标准色彩等确定之后，就要对这些基本要素进行精细化作业，开发各种应用项目。VIS 的应用要素系统大致包括如下内容：

1. 办公用品

办公用品的设计与制作应充分体现强烈的统一性和规范化，表现企业的精神。主要包括：信封、信纸、便笺、名片、徽章、工作证、请柬、文件夹、介绍信、备忘录、资料袋、公文表格等。

2. 企业外部建筑环境

企业外部建筑环境设计是企业形象在公共场合的视觉再现，是一种公开化、有特色的群体设计。在设计上，可以借助周围的环境，突出和强调企业标志，并融入周围环境，充分体现企业形象的标准化、正规化和坚定性，以便在令人眼花缭乱的视觉中获得公众的好感。主要包括：建筑造型、旗帜、门面、招牌、公共标志牌、路标指示牌、广告塔等。

3. 企业内部建筑环境

企业内部建筑环境是指企业的办公室、会议室、休息室、厂房内部环境等。设计时，要把企业标志融入企业内部建筑环境之中，从根本上塑造、渲染、传播企业形象，并充分体现企业形象的统一性。主要包括：企业内部各部门标志、企业形象牌、吊旗、吊牌、POP、货架标牌等。

4. 交通工具

交通工具是一种流动性、公开化的企业形象传播工具。设计时，应具体考虑其快速移动的特点，运用标准字体和标准色彩来统一各种交通工具的外观设计。企业标志和标准字体应醒目，标准色彩要强烈，这样才能引起公众的注意，并最大限度地发挥其作为流动广告的作用。主要包括：轿车、中巴、大巴、货车、工具车等。

5. 服饰

整洁、高雅的服饰可以增强企业员工对企业的归属感、荣誉感和主人翁意识，改变其精神面貌，提高其工作效率，使其纪律严明、富有责任心。设计时，应严格区分工作范围、性质和特点，设计出符合不同岗位的服饰。主要包括：经理制服、管理人员制服、员工制服、礼仪制服、领带、工作帽、胸卡等。

6. 广告媒体

企业选择各种不同的广告媒体进行对外宣传，是一种长远的、整体性的、宣传性极强的宣传策略，是现代企业传达信息的主要手段。通过广告，可在短期内以最快的速度、在最大的范围内将企业信息传达出去。主要包括：电视广告、报纸广告、杂志广告、路牌广告、招贴广告等。

7. 产品包装

产品包装起着传播企业形象和产品形象的作用。成功的包装是最好、最便利的宣传和树立良好企业形象的途径。主要包括：纸盒包装、纸袋包装、木箱包装、玻璃包装、塑料包装、金属包装、陶瓷包装、包装纸包装等。

8. 企业礼品

企业礼品主要是为了使企业形象或企业精神更形象化和富有人情味而用来联系感情、沟通交流、协调关系的，是以企业标志为导向，以传播企业形象为目的，将企业形象组合表现在日常生活用品上的一种企业形象传播方式，同时也是一种行之有效的广告形式。主要包括：T恤衫、领带、领带夹、打火机、钥匙扣、雨伞、纪念章、礼品袋等。

9. 陈列展示

陈列展示是为了在企业营销活动中突出企业形象，运用广告媒体对企业产品或销售方式进行宣传的一种形式。在设计时，要突出陈列展示的整体感、顺序感和新颖感，以表现企业的精神风貌。主要包括：橱窗展示、展览展示、货架商品展示等。

10. 印刷出版物

企业的印刷出版物代表着企业的形象，直接与社会公众见面。在设计时，为取得良好的视觉效果，应充分体现强烈的统一性和规范性，以彰显企业的精神，且在编排上要采用固定印刷字体和排版格式，营造一种特定的版式风格，形成一种统一的视觉形象，以强化公众的印象。主要包括：企业简介、产品简介、使用说明书、企业简报等。

模块4 案例学习

湖南麦香缘食品有限公司CIS战略策划书

前　言

本策划书针对湖南麦香缘食品有限公司进行了一系列调研活动，重新评估了其企业理念，构造了新的经营策略和CIS总方针，并作为未来策划的总方向。

湖南省麦香缘食品有限公司成立于1999年12月30日，是一家以咖啡、糕点、面包、中西式简餐为主的餐厅，以五星级的主厨与特别指定的高级烘焙原料为主要特色而成立的新形态创意店，凭借高雅、明亮的店装搭配简洁的品牌形象，让消费者在明亮的开放式空间里享受美味点心所带来的美感与诱惑。这是一个感动消费者视觉、味觉、嗅觉的新型餐饮创意店。为了将麦香缘品牌美好的服务文化、美味营养的产品传播给每一位朋友，我们对湖南麦香缘食品有限公司进行了全面改造，树立了长期发展目标，并导入了CI系统。我们对该企业的外部环境、营运状况、形象识别系统进行了系统的调研，调研对象包括企业的内部员工、外界相关单位以及同行业竞争者。在此基础上，我们进行了对资料的整理及分析工作。

我们对湖南麦香缘食品有限公司的策划完全站在客观的立场上，从客观角度看待公司所存在的问题。CIS系统在麦香缘现有条件下推广有一定难度，因此，对于企业的理念系统和行为规范系统的导入，必须建立在公司上下统一认识、提高管理素质与管理水平的基础上。

第一部分　CIS调研

一、企业外部调研

［企业特点］

湖南麦香缘食品有限公司成立于1999年12月30日，是一家集咖啡、糕点、面包、中西式简餐为一体的多元化发展的省内连锁店，公司总部所在地为湖南常德。

[经营方式]

现场加工生产，并由直营连锁店为顾客提供服务和销售产品。

[经营特色]

公司的食品以烘焙为主。

[公司荣誉]

在董事会的领导下，公司诚信经营、勇于进取，取得了良好的经济效益，也为社会作出了贡献，多次获得湖南省“中国优质产品称号”。

[主营产品]

咖啡、糕点、面包、中西式简餐，主营产品是休闲食品。

[所处行业]

宾馆饭店/餐饮旅游类。

[主要竞争对手分析]

1. 圣特丽蛋糕实业有限公司

圣特丽蛋糕实业有限公司创立于 1996 年，旗下有两大知名品牌——圣丽莎蛋糕和圣特丽蛋糕。圣特丽蛋糕实业有限公司自创立以来始终坚持卓越品质、服务尽善的经营理念，为消费者提供便捷、健康、美味的产品。凭借高雅的款式、精湛的工艺、健康的品质，其所制作的生日、婚宴、寿宴、庆典蛋糕，一直深受顾客的喜爱。

2. 湖南万利隆食品有限公司

湖南万利隆食品有限公司是一家专业生产中秋月饼、中西式点心、中西式快餐的食品企业，创立于 1988 年。多年来，公司以注重品质和服务得到了广大消费者的认同。目前公司已在长沙、湘潭、湘乡、邵阳、常德、澧县、怀化、吉首、冷水江等地设有连锁店 45 家，员工达 800 余人。

3. 长沙罗莎食品有限公司

长沙罗莎食品有限公司（普罗集团）是台商独资从事开发、生产、销售的食品企业，经省外事办引进，于 1993 年 3 月创立于长沙。公司各项事业发展迅速，市场已经覆盖湖南、湖北、四川、江西等省，现已组成集团公司，总部设在长沙。公司有罗莎蛋糕、罗莎台北豆浆、罗莎牛排三个系列产品，下设 11 家公司、200 多个连锁专卖店，有员工 1 000 多名，是国内糕点行业最大的企业之一。

4. 马里奥饼店

马里奥饼店是以长沙为主、其他城市为辅的连锁饼店。饼店以中秋月饼、中西式点心为主。现有店面较多，分布较广，在省内颇具盛名。

从目前的竞争市场来看，无论是原材料供应，还是销售，基本处于越来越激烈的竞争状态。对麦香缘公司而言，必须认清这一点。如何争夺消费者，进而争夺市场份额，是我们为企业导入 CIS 的战略性考虑因素。实现品牌意识这样的目标，要求企业实现产能规模化，市场运作精准化，组织运作体系化、简洁化，并在统一的商标和品牌下整合企业资源，形成整体优势和统一形象对外传播。但在经营过程中，我们发现公司的二级商标使用较为混乱，为此，公司应从自身的优势出发，在竞争中寻找缺陷加以改正，利用各种渠道宣传公司的形象，大胆创新，一切从消费者心理出发，做好麦香缘的品牌，并得到消费者认可。

[企业形象]

麦香缘成立之初便是希望以五星级的产品、平民化的价格，遍及中国各角落，用高级的原料与技术，提供精致、美味的产品，让人人都能享受五星级的待遇。

发展中的麦香缘，力图以专业烘焙精神，将麦香缘品牌美好的服务文化、美味营养的产品传播给每一位朋友！

二、企业内部调研

[企业发展背景]

湖南麦香缘食品有限公司是一家集咖啡、糕点、面包、中西式简餐为一体的省内连锁店，公司总部所在地为湖南常德，公司的经营方式是现场加工生产，并由公司的直营连锁店为顾客提供服务和销售产品。

现在，湖南麦香缘食品有限公司管理层经过反思与总结，引进外资企业高级管理人员，对公司进行全面的改造，确认实施CIS战略和品牌战略，对公司原有组织结构、产品包装、市场设计以及销售人力资源进行全面调整。

[企业远景目标]

湖南麦香缘食品有限公司经过十几年的发展，已经具备了坚实的企业发展基础，展望未来，公司充满信心和希望。公司将营造重特色、重创新、重文化、重质量、重品牌的特点，树立龙头企业，力争成为湖南省内具有最高品牌知名度的专业食品品牌。公司将不断塑造和充实综合实力、管理能力、项目开发、营销发展、人力资源等企业原动力，以期在较短的时间跨上新的台阶。

三、CIS现状诊断

[公司状况]

麦香缘旗下现拥有7家大型烘焙主题餐厅、10家专业烘焙名店、2家专业烘焙中央工厂，分布于湖南省常德市、益阳市、邵阳市。公司拥有500多位具有丰富工作经验的员工，拥有多位具有专业管理经验的成员，是湖南省内具有较高品牌知名度的专业食品品牌机构。

[公司荣誉]

麦香缘品牌不断荣获国家、省、市卫生、质检部门以及行业管理部门的嘉奖。2002—2006年，麦香缘产品连续5年获得“湖南名饼”称号。2007—2009年，麦香缘面包、月饼获得“中国优质产品”荣誉称号。

[员工培训]

公司励精图治，不断提升技术水平及管理经验，先后派大批技术人员及管理人员远赴我国上海市、香港特区、台湾省，以及韩国、日本等烘焙发达地区培训学习。

［营销发展］

企业是现代社会的经济细胞，企业的生存和发展由市场来决定，如何做出适销对路的产品，如何确保产品质量，如何在竞争中立于不败之地，关键是看企业如何去适应社会、适应市场、不断提高顾客满意度，从而赢得顾客的信赖和忠诚。麦香缘食品有限公司将在市场调研、产品开发、产品质量监控（口味测试、消费者满意度测试）、营销策划、消费者服务、经销商维护与配合、销售人员素质提升和业务管理等方面引入现代化的营销操作和管理方法，并将这些先进的方法消化、吸收，将其转化为企业发展的原动力之一，推动企业不断进步。

［项目开发］

现代社会的快速发展，消费者的追新求异，促使以消费者为中心的快速消费品企业要不断推陈出新，以迎合市场发展的需要。麦香缘公司深刻认识到这一点，将不断加强研发和策划的力量，立足于本业，在相关行业不断开发新的产品、发展新的项目，在新产品开发、科技力量投入、市场调研、项目策划等方面引入现代国际企业的项目开发与管理的方法，以保障企业不断扩充产品线、提高营业额，促使企业发展、壮大。

［企业管理］

现代企业的发展需要不断输入新的管理活力，麦香缘将借鉴国内外先进的管理方法，按照本企业的实际，本着谦和、尽责、团结、创新的理念，提升企业的管理方法。公司先后通过了 ISO9000 认证，通过了国家 QS 食品安全卫生管理检查，并不断引进定置管理、目标管理等方法，进行企业内部培训，练好企业内功，巩固企业发展的根基。未来，麦香缘将沿着现代企业发展的轨迹，不断进步。

［目前问题］

在调研资料的基础上，我们小组成员进行了资料整理及分析工作。麦香缘现在状况基本正常，形象建设已有初步成效，已经有自己的标志、独有的特色等，但也存在一些问题：

知名度较低：产品特色不足，大家对麦香缘没有认同感，缺少必要的宣传。

视觉识别混乱：麦香缘虽然有自己的标志，但是店面的标准字体不统一，对视觉宣传有负面影响。

形象定位不清：在环境布置方面强度不够，没有重点，对外界没有独特的吸引力。

我们对麦香缘的问题进行了细致深入的调查和分析，并提出两点建议：

1. 进行湖南麦香缘食品有限公司形象建设

店面形象是核心，直接关系到湖南麦香缘食品有限公司的生存。综合消费者意见和广告调查小组实地考察的情况，应做如下改善：首先，从麦香缘店铺内部环境的整体摆设来看，应该优化物品摆放，注重内部形象，统一店面形象，员工的服装也应统一。其次，内部卫生问题要重视，公司虽然制定了工作人员守则，但并没有严格执行，应采用 5S 管理方法，进行内部管理。

2. 举行广告活动

（1）请专业广告公司设计具有较高水平的广告牌。选择人员较多的地方张贴广告，如广场、大型商场等，并选择较为引人注目的方位，以达到最佳可视效果。

（2）举办文娱活动，如歌舞晚会等，请专业人士策划，让麦香缘在消费者心中潜移默化地形成良好形象。

（3）与当地电视台或广播电台合作，提供赞助或举办健康饮食栏目，树立麦香缘的良好社会形象。

（4）请专业人士策划，制作电视广告，提高知名度。

第二部分　CIS设计

一、CIS规划

我们对麦香缘的CIS规划如下：

［MIS规划］

我们将在麦香缘人艰苦创业的精神特质上进行深入挖掘，并借鉴国内外优秀企业管理理念，使其形成积极向上、开拓奋进的企业核心价值观，成为麦香缘的精神信仰和无形资产。

［BIS规划］

涉及企业的组织制度及各方面的管理制度，企划部将依据公司实情逐一规范，边导入边实施，先易后难，通过一系列的培训和市场锻炼，逐步使员工走上正轨。

［VIS规划］

核心系统包括企业标志、标准字体、标准色、标志组合；应用系统包括公司形象、广告形象、办公用品、产品展示、橱窗、员工制服、产品形象、包装、展会形象。

二、MIS（理念识别系统）

［企业精神］

您满意的微笑，就是我们的追求。

［企业价值观］

奉献、尊重、沟通、团结。

［企业使命］

将麦香缘品牌美好的服务文化、美味营养的产品传播给每一位朋友！

［发展愿景］

湖南省内具有最高品牌知名度的专业食品品牌机构。

三、BIS（行为识别系统）

［领导者行为］

（1）注意上下级关系。

（2）目标管理的计划。

（3）你的权力来自哪里。

（4）强化团队意识。

（5）企业文化的深入。

［员工信条］

服务社会，贡献价值，为人们带来美味又营养的食物。

［人才机制］

人才是企业发展资源中最根本的资源，“人才资源大于天”。麦香缘公司将本着“以人为本”的观念，广纳人才，识人、用人、培养人、发展人，形成人才团队。麦香缘公司将和各方英才携手共进，共创美好未来！

［渠道策略］

一要从经营业务、销售对象、经营战略诸方面恰当定位，突出特色。

二要方便顾客，如：设置刷卡机；常食用的商品摆在显眼的位置；在每个商品区放置相应的指示牌，方便顾客进出；在门店的角落增加茶座、文化角和淘气堡等娱乐设施，给消费者带来活跃的选购气氛。

三要充分展示商品特性，使商品的特性充分作用于顾客的视觉、嗅觉、听觉，增强吸引和刺激。注重长期促销策略的实施，树立物美价廉的形象。通过少数商品的大量销售增加销售额，获取更优惠的采购条件，引进新商品，增加有潜力新品的曝光率，同时消除过季商品，减少损失。此外，与新闻媒体保持良好的关系，争取传媒长期有力的支持，传播自身的营销理念和企业文化。

［推广策略］

（1）以辐射状在湖南各市开花，再以市为大本营向各地区辐射，影响湖南大地，再以湖南为核心辐射中国大地。

（2）以地级市、省会城市为主要目标城市，重点推广。

（3）选拔辐射范围负责人，负责本地区推广。

（4）实行经销商奖励政策，调动各地区经销商的销售热情，与供货商组成商业联盟。

（5）持续推广 CIS 战略，运用差异化战略思想。

（6）在连锁地区开展试吃等活动，让消费者全面认识麦香缘。

四、VIS（视觉识别系统）

［标志设计］

图 5—1　标志设计

［设计理念］

麦香缘的标志以黄色为主，配以适量的红色，使人充满食欲。黄色让人联想到低价，而且在任何气象状况下，黄色的视觉识别度都很高。标准字设计得简明易读，图形的设计体现出麦香缘公司的食品以烘焙为主，主营产品为休闲食品。

［宣传标准字］

图5—2　宣传标准字

［产品包装］

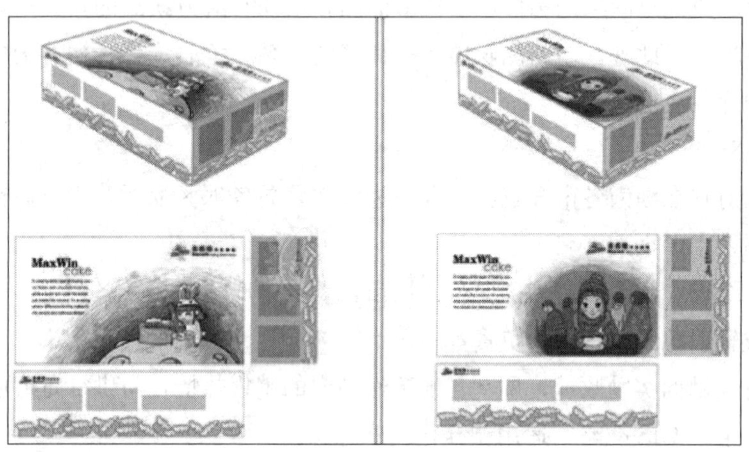

图5—3　产品包装设计

第三部分　CIS实施

一、CIS内部深耕

［内部讲座］

（1）全员总动员讲座。

（2）每个月的食品知识学习会议。

（3）每晚的15分钟短讨论（5分钟本土见闻+5分钟网上见闻+5分钟头脑风暴讨论）。

（4）不定期上交工作日志。

［会议流程优化］

（1）公司全体会议两周一次，时间根据具体情况决定。

（2）会议须依照预定时间准时召开，若无特殊情况，会议时间不得超过两小时。

（3）与会人员不得无故缺席或迟到，应提前5分钟到场。会议过程中，与会人员应勤于思考、踊跃发言，做好个人的会议记录，以便为工作提供参考。与会人员须自觉关闭通信工具，以免干扰会议进程，未经允许不得擅自离开会场。

（4）会议记录员应负责做好会议记录并存档。

二、CIS外部传播：媒体投放策略

［目　标］

树立麦香缘食品有限公司“服务社会，创造新印象、新品牌”的企业新形象，同时在宣传中刺激消费者的购买欲。

［推广期］

2010年4月，在重点推广的同时，适当拓宽广告覆盖面，增加曝光度。选择集中的平台，做品牌维护和提升。

［媒体策略］

以公交车载电视广告和报纸广告为主，并配合宣传单广告和销售终端店面广告。

［媒体接触习惯］

各大商场人流量大的地方，消费者和购买者能注意到的地方。

［媒体环境］

调整栏目广告的位置和内容，安排有致，间隔适度，资源整合更加科学，广告环境更加优良，广告锁定占有比率高。

［媒体选择原因］

（1）报纸广告适合理性诉求，保存时间长，区域性强，覆盖面广。

（2）报纸广告有利于提高品牌知名度。

（3）公交车载电视广告，相比报纸，其千人成本更低。

（4）宣传单广告和销售终端店面广告，全面击中目标人群。

（5）各种资讯集散点广告，有利于规模效益的发挥。

［推广效果评估］

以上媒体发布覆盖了目标消费者及各个层面的潜在消费者，有效到达率高。通过媒体的精心组合，可获得较高的广告曝光率和较低的千人成本，并树立品牌形象，提高知名度和美誉度，带来经济效益。

结束语

通过调查我们发现，湖南麦香缘食品有限公司的形象识别系统存在一些问题。我们以提高湖南麦香缘食品有限公司的知名度、美誉度为目的，经过分析，完善了公司的形象识别系统，并提出了一些解决措施。我们所做的策划有利于宣传和展现湖南麦香缘食品有限公司统一的形象。

资料来源：百度文库，http：//wenku.baidu.com/。

连锁识别系统

一、连锁识别的重要性

连锁经营是全世界的发展趋势。通过连锁经营或特许经营，企业不但可以快速占领市场，而且会因量化而达到降低成本与强化竞争力的目的。中国在改革开放并且导入市场经济之后，立即成为全世界最大、最有潜力发展连锁事业的地区。

连锁经营是必然的发展趋势，在中国有着广大的市场。根据国外数十年的经验可以发现，连锁经营管理与一般的企业经营管理有非常大的差别。传统的凭着经验累积慢慢开店的方式，已不符合当今竞争高度激烈的商业环境，百年老店的观念不但不能对连锁经营有所助益，有时还会阻碍其发展。连锁经营的设计与规划将影响其未来的发展速度，甚至会决定其成败。

连锁识别是将连锁经营导入现代化、规范化运作的重要技术，也是成功塑造品牌形象的方法。连锁经营若没有这些规范化的管理技术，不但形象无法统一，品质无法一致，而且门店越多越无法控制，管理人数及成本也都会不成比例地增加。

二、连锁识别的内容

CI 是 Corporate Identity 的缩写，指的是企业识别。连锁识别即 SI（Store Identity），与 CI 有相当大的不同，它包括以下四个部分：

1. 理念识别

理念识别（Mind Identity），是指通过调查、研讨、评估等作业方法，建立符合连锁需求的经营理念、定位、远景与策略，是整个 SI 的指导方针。

2. 视觉识别

视觉识别（Visual Identity），对连锁业而言又称品牌识别（Brand Identity）或零售点识别（Retail Identity），即将品牌理念转化成具体的设计。视觉识别系统在内容上可分为基本要素系统（企业标志、标准字体、标准色彩、吉祥物等）和应用要素系统（办公用品、交通工具、服饰、产品包装等）。

3. 行为识别

行为识别（Behaviour Identity），也就是管理上的制度规划，包括开店策略与管理、开店投资评估、布点计划、人力资源管理、培训办法、员工奖励办法、员工创业入股办法、总部运作管理、行政管理、会议系统与管理、报表分析与管理、广宣与促销活动管理、消费者管理与组织、商圈调查与开发、选店与租店要领、商圈精耕与行销、卖场作业管理、主管手册、职员手册、门店绩效评估、加盟店管理规章、加盟店契约书、加盟店招揽管理办法、加盟手册及表格、总部财会管理、单店会计制度、盘点管理、采购管理等。

4. 空间识别

空间识别（Space Identity），也就是系统性、规格化的门店装潢设计，它能够统一形象、塑造个性、节省费用、缩短工时、利于快速开店、方便管理并容易推动加盟。连锁店空间识别系统设计内容包括：运作系统、平面系统、天花板系统、地平系统、照明系统、配电系统、配水系统、空调系统、材料规格、连锁店施工招标发包管理及 SI 标准手册制作（活页式标准管理手册）。

SI 所包含的内容相当多，按性质分，可将之分成两个部分：第一部分属于视觉与环境的视觉识别和空间识别，第二部分属于理念定位与管理制度的理念识别和行为识别。由于这两个部分的专业领域不同，所以，在规划时各部分必须密切配合，才不会失去一致性的方向。

三、连锁识别的应用

对于消费者而言，与连锁店接触最直接的印象，除了广告就是店面。不论是招牌、外观、装潢，还是服务标准化、规范化，都会给人以有组织、高质量的印象。适当的系统性的连锁店空间识别规划（简称 SI 规划）将会产生下列令人惊讶的效果。

1. 统一形象

连锁店的店面大小各不相同，通过 SI 规划能够统一形象，规范化的空间设计不会因位置、面积的不同而给人留下差异化的印象。

2. 塑造个性

专业的 SI 规划有助于塑造店面独特的风格，在竞争市场上造成区隔，也比较不易为他人所模仿。

3. 节约费用

专业的 SI 规划有助于节约费用，具体包括：

（1）设计费可从加盟金中摊提回来。例如，每家店加盟金摊提 5 000 元，200 家店就有 100 万元，500 家店就有 250 万元。

（2）施工费量化发包平均可节约 30%的工程费。例如，每家店工程费 20 万元，200 家店就可节约 1 200 万元，500 家店就可节约 3 000 万元，这是相当可观的。

4. 缩短工时

通过 SI 规划，平均可缩减 30%～50%的施工时间，这也就相对减轻了房租的负担及增加了营业的天数。例如，预估为 20 天的工程期，现减为 10 天，200 家店就可减少 2 000 天的租金支出，若以月租 3 万元计算，则省了 200 万元，此外还增加了 2 000 天的营业额，若以月营业额 20 万元计算，则可增加 1 300 多万元额外的营业收入；发展到 500 家店的规模时，这一收入就更可观了。

5. 利于快速开店

完成规范化、系统化的规划之后，就可以快速开店了。每间店面无须重复设计，施工单位在 SI 手册上就可以找到几乎所有的施工条件，可以立刻动工装修。店员在完善的培训制度下早已准备就绪，等待店面完工后随时可以进驻营业。因为设施及制度都是完备的，所以只要对加盟者进行短期的培训就可以放手经营。

6. 方便管理

管理制度及SI规划完成之后，不但可以快速开店，还能提高管理的品质。所有的作业流程、行为准则、投诉处理甚至销售方法都有规范，不会出现因人而治的混乱现象，更可避免人情及外力的干扰。

7. 容易推动加盟

有兴趣加盟开店的人，在选择加盟对象时，首要考虑的除了知名度以外，就是该连锁店有无良好的规划。事实上，连锁业者在推动特许加盟业务时，所贩卖的并不是产品本身，而是经营的know-how（技术），所以，SI规划越是完善的连锁品牌，越容易推动加盟。反之，没有详细规划的连锁店除了不容易使人产生信任感外，真正经营起来也会因为没有标准而面临较高的经营风险。

资料来源：http：//i. linkmall. cn/baihuoshangchang/maichangyingyun/2010/0218/21595. html.

模块6 团队项目实战训练

团队项目企业形象策划

一、训练内容

企业MIS、企业标志（Logo）及CIS策划。

二、训练目的

各团队成员通过充分的交流合作、合理分工、互相讨论和互相启发，探索完成企业导入CIS过程中对MIS、BIS、VIS的提炼、设计和策划，并撰写一份CIS导入方案，从而深入理解CIS策划的重要性以及本项目的重点和难点，初步掌握CIS策划的内容、基本流程、方法和撰写CIS导入方案的技巧，提高实际操作和运用能力。

三、训练的具体任务

（1）各团队进行××有限公司MIS的策划，并列出VIS策划的应用要素。

（2）各团队设计一个Logo和一个网络域名（包括中英文）。

（3）各团队撰写一份完整的CIS导入方案。

四、训练的步骤及要求

（1）明确分工。

（2）了解、熟悉CIS策划的基本原则、内容、流程和方法，并掌握CIS导入方案的撰写要求。

（3）充分了解MIS、BIS、VIS策划的内容。

（4）在讨论分析的基础上整合思路、开展CIS策划。

（5）归纳总结。

（6）形成框架内容，并撰写 CIS 导入方案。

（7）各团队选 1 名代表向全班同学陈述本团队 CIS 策划的思路、内容及感受（每组 5～8 分钟）。

（8）各团队提交一份 CIS 导入方案（3 000 字以上）。

五、评价与总结

（1）团队自评。

（2）团队成果展示介绍（包括团队成员的工作态度、团队合作程度、工作流程和对成果质量的评价）。

（3）团队间互评。

（4）教师总评。

（5）个人子项目任务教师评价（打分）。

教师根据各团队成果的优缺点，有针对性地点评，启发学生的创新思维；对各团队普遍存在的问题进行重点分析；针对各团队具体项目的策划提出要重点注意的问题。

项目六
产品策划

教学目标

通过本项目的学习与训练，深入理解产品及产品市场推广策划的内容和重点，了解产品策划的一般思路，掌握新产品开发策划、新产品品牌命名策划、新产品市场推广策划的基本流程，掌握新产品市场推广策划方案的格式和内容。通过充分的交流合作、合理分工、互相讨论和互相启发，探索完成本团队所承担的具体项目的新产品开发策划、新产品品牌命名策划和新产品市场推广策划。

教学要求

1. 掌握产品策划的内容和思路
2. 掌握新产品开发策略及新产品品牌命名的方式和原则
3. 掌握产品策划及新产品市场推广策划的基本流程
4. 掌握新产品市场推广策划方案的内容和格式

技能目标

1. 初步具有产品策划的能力
2. 初步具有新产品品牌命名的能力
3. 能进行新产品市场推广策划并撰写新产品市场推广策划方案
4. 能通过团队合作，运用相关资料解决相关问题
5. 具有团队合作精神和协调团队内部人际关系的能力

模块1 大家来讨论

神奇的双胞胎水如何开发上市？

中国云南墨江县有一口具有1 800多年历史的神奇古井，这口古井离墨江城区3千米，坐落在青山绿水间的河西村旁，恰在北回归线上。离井最近的河西村里有600多对双胞胎，传说是因为村民常喝这井水，所以生双胞胎的概率特别高，这口井也因此被称为双胞胎井。墨江每年5月都会举办国际双胞胎节，上千对来自世界各地的双胞胎一起走上墨江街头庆祝属于自己的节日。

双胞胎井的井水一年四季清澈甘洌、不增不减。因为双胞胎井里的水十分好喝，再加上喝了双胞胎井里的水会生双胞胎的说法，附近村落的居民，甚至居住在城区的男女老少，每天清晨和傍晚都会络绎不绝地到这里背水回去喝。随着国际双胞胎节的举办，墨江有趣的双胞胎特色吸引了许多省内外、国内外的游客，他们也想尝一尝双胞胎井的井水，希望也能生可爱的双胞胎。

方先生已关注双胞胎井多年，一直想开发具有双胞胎特色的饮品，之前因墨江双胞胎井的知名度不高，所以没有具体考虑。如今，墨江的双胞胎特色旅游使得双胞胎井在省内外、国内外的知名度大增，开发关于双胞胎井水系列饮品的商机已经成熟，于是方先生决定与当地政府协商有关水产品开发的事宜。当地政府最后批准方先生的企业在保护好古井的前提下开发、销售双胞胎井水系列饮品。方先生了解到，目前市场上还没有以双胞胎为卖点的饮品，但"双胞胎矿泉水"的商标3年前就已被北京的一家桶装水企业注册了。

讨论：1. 方先生开发的产品应如何命名？

2. 方先生开发的产品应如何进行市场定位？如何进行市场推广？

模块2 基本知识

一、产品策划概述

（一）产品策划的含义与类型

产品策划，是指从营销的角度设计企业的产品与产品构成方案，以顺应消费者与动态市场需求的市场开发活动。想要使消费者满意，最重要的是向消费者提供其所需要的产品，这一思想始终是营销策划的基础，伴随整个营销策划过程。产品策划不是产品设计，而是从营销的角度来勾勒企业的产品与产品构成方案，使得产品容易为消费者接受，实际上是营销部门代表消费者向设计部门提出的产品要求方案。

一般来说，产品策划分为两类：一类是产品研发策划，主要是针对市场需求，以细分市场为基础，形成一个产品开发的整体思路，以期拓展新的增长点；另一类是产品营销策划，即谋划通畅的销售渠道、持续的销售态势和维持产品设计的理想化售价，通俗讲，就是如何能更好地将产品卖掉，并在销售过程中，塑造新的品牌形象。我们在后文即将讲的新产品开发策划和新产品品牌命名策划属于第一类，新产品市场推广策划属于第二类。

（二）产品策划的作用与意义

产品策划既可以作为独立的策划服务于企业，也可以作为企业战略性营销策划的一部分。产品策划的作用与意义体现在以下几个方面：

（1）发现和创造新技术，并将其与消费者满意度相结合，降低新产品开发的商业失败率。

（2）挖掘消费者的隐性需求，避免产品的同质性竞争和价格战。

（3）创造高质量的消费者需求。

（4）使企业独占某一细分市场，以有限的资金获得合法的垄断利润。

（5）用产品策划实现对细分市场的垄断，比用密集资金实现垄断或高占有率所付出的代价要小得多。

（三）产品策划的思路

产品策划要围绕企业的营销战略目标来进行，而企业营销战略的最终目标往往是满足消费者需求，这就告诉我们产品策划要围绕消费者需求来进行。产品策划实际上就是寻找目标消费者需求和企业资源的交集，凸显消费者隐性需求和个性的过程。

产品策划的思路如下：

1. 明确产品策划的前置条件

（1）明确企业战略，明确企业的营销战略目标。例如：其目标是为了提高市场占有率，为了增加利润，为了战胜竞争者，还是这些目标兼而有之？目标是否可以有阶段性变换？

（2）明确企业环境和企业资源。企业环境和企业资源是产品策划的基础和前提，脱离企业环境和企业资源的营销策划方案是不可行的。要在充分分析企业环境和企业资源的基础上，发现消费者需求和市场机会。

2. 选择目标市场——确定产品的最终目标消费者

明确了产品策划的前置条件后，营销策划人员要研究市场特性，寻找其同质性标准，并据此进行市场细分，根据企业资源状况和选择目标市场的规则确定目标市场。选择目标市场的规则是：

（1）市场空间够大。

（2）产品利润空间够大。

(3) 竞争不激烈，或者竞争者的竞争力较弱。

找到理想的目标市场的方法很简单，就是用与别人不同的标准去进行市场细分。看问题的角度、方法不同，对事物的认识就不同，就容易发现别人未曾注意的市场机会，找到与众不同的目标市场，赢得市场先机。

3. 进行市场定位——准确把握目标消费者的真实需求

消费者需求是指他们最希望产品具备的属性——这是他们的理想点。理想点和产品的独特性必须融入产品策划。市场定位强调的是企业在满足消费者需求方面与竞争者相比，应当处于什么位置，应当使消费者产生何种印象和认识。

4. 塑造产品概念——确定产品特征

有了对消费者需求的全面了解和掌握，下一阶段是要考虑向市场投放什么产品。在这个阶段，企业应赋予产品某种特征，树立其良好的形象，通过设计产品和营销策略组合，满足消费者的特殊需求和偏好。塑造产品概念的过程，其实就是企业根据消费者需求以及竞争情况、环境变化等对产品进行描述的过程。

二、新产品开发策划

新产品是指通过对产品整体概念中的某部分进行变革或创新，而给消费者带来新的利益和满足的产品。新产品开发策划是指使企业开发的新产品与消费者需求相适应的市场开发过程。

(一) 新产品的种类

1. 按产品研发过程划分

(1) 全新产品。全新产品是指新发明的产品，即采用新原理、新技术、新材料、新结构生产出来的具有全新功能的产品。电话、复印机、电视机、计算机、空调等第一次进入市场时都是全新产品。

(2) 换代产品。换代产品是指在原有产品的基础上，部分采用新材料、新结构制造出的适应新用途、满足新需求的产品。

(3) 改进产品。改进产品是指通过改进技术、增加功能、美化外观生产出来的产品，就是对现有产品的性能、质量、构造、样式或包装做一定改变而生产出来的产品。如多功能的录音机、更耐用的手表、新样式的家具、含有药物功效的牙膏等。

(4) 仿制产品。仿制产品也称新牌子产品，是指企业仿照市场中的已有产品而生产出来的产品。仿制产品在企业市场营销和产品竞争中有时是不可缺少的，它可以使企业利用现有技术抓住市场机会。这类产品占新产品的比重约为 20%。

(5) 降低成本型产品。企业运用新技术，削减原产品的成本，保持其原有功能，这样开发出的新产品称为降低成本型产品。这类产品占新产品的11%左右。

（6）重新定位型产品。企业已有产品进入新的市场，被称为重新定位型产品。这类产品占新产品的7%左右。

2. 按地区、范围划分

（1）世界性新产品。指世界上第一次试制成功，并在全球生产和销售的产品。

（2）全国性新产品。指在国内第一次试制、生产并投入市场的产品。

（3）地区性新产品。指在其他地区已投入生产，但本企业所在地区是首次试制成功并投入市场的产品。

（4）企业新产品。指企业采用引进或仿制的方法首次生产和销售的产品。

（二）新产品开发策略

1. 抢先策略

抢先策略即抢在其他企业之前，将新产品开发出来并投放市场，从而使企业处于领先地位。采用抢先策略的企业，要有较强的研发能力，要有一定的试制与生产能力，还要有足够的人力、物力、财力和勇于承担风险的决心。

2. 紧跟策略

紧跟策略即企业发现市场上的畅销产品后，就不失时机地进行仿制进而投放市场。采用紧跟策略的企业，必须及时对市场信息进行搜集和整理，而且要有较强的、高效率的研发能力。大多数中小型企业都可以采用这一策略。

3. 引进策略

引进策略即企业购买专利和技术，并组织力量消化、吸收和创新，使其变成自己的技术，并迅速转变为生产力。它可分为三种情况：将小企业整个买下，购买现成的技术，引进掌握专利技术和关键技术的人才。

4. 产品线广度策略

产品线广度是指一个企业拥有的产品系列的数量。产品线广度策略按宽窄程度，分为宽产品系列策略和窄产品系列策略。宽产品系列策略是指企业生产多个产品系列，每个系列又有多个品种，这是一种多样化经营策略，受到许多大型跨国公司和企业集团青睐。窄产品系列策略是指企业只生产一两个产品系列，每个产品系列也只有一两种产品，市场补缺者往往采用这种策略。

三、新产品品牌命名策划

品牌是产品整体概念的一个重要组成部分。一个好的品牌，有助于新产品尽快被消费者所接受，吸引消费者购买，扩大销售，提高产品价格。

（一）品牌的含义

品牌是一种名称、术语、标记、符号、图案，或是它们的组合，用以识别企业的产品或服务，并使之与竞争者的产品或服务相区别，有助于消费者理性和感性需求的满足。

（二）品牌的构成要素

（1）品牌名称，即品牌中可以读出来的部分——文字、字母、数字或词组等的组合。如海尔、雅戈尔、999、TCL、正泰等。

（2）品牌标志，即品牌中可以识别，但不能读出来的部分，包括符号、图案或明显的色彩或字体。如耐克的钩造型、小天鹅的天鹅造型、IBM 的字体和深蓝色的标准色等。

（3）商标，即受到法律保护的整个品牌或组成品牌的某一个或某几个部分。“商标”是一个静态、单一的概念，“品牌”是一个动态、多元的概念。前者强调的是法律保护，后者强调的是经营策略。商标使用时应注册，用“®”或“㊟”明示。注册商标才享有其专用权。

（三）品牌的命名方式

品牌的命名，既要能与其他品牌相区别，突出给消费者带来的实际利益，又要富含深厚的文化底蕴，能深入消费者的内心。品牌的命名一般采用以下几种方式：

（1）效用命名，即以产品的主要性能和效用命名。这种方式可使消费者迅速理解产品的用途和功效，便于其联想与记忆。如青春宝、立白、脑轻松、美加净等。

（2）人物命名，即以某一传奇人物、历史人物、产品发明者或制造者以及对产品有特殊偏好的名人姓名命名。如张小泉剪刀、李宁运动服、方太厨具等。

（3）产地命名，即以产品产地名称命名，意在反映产品的历史渊源和天时地利之禀赋，使消费者由此产生美好的联想。如西湖龙井、青岛啤酒、古越龙山、北京烤鸭等。

（4）吉利命名，即以良好的祝愿、吉利的词语命名，既衬托出产品的优良品质，又迎合消费者的美好愿望，激发其愉悦的感情。如福寿酒、乐口福、金利来等。

（5）制法命名，即以产品的独特制造工艺或艰苦研制过程命名，以此提高产品的品位，赢得消费者的信赖。如兰州拉面、北京二锅头、奉化千层饼等。

（6）形象命名，即以动植物之形象或含有某种寓意的图案给产品命名，烘托其优良品质和对消费者的适应性，并引发其美好联想。如小白兔牙膏、春兰空调、乘风电扇、奔驰汽车等。

（7）企业命名，即以生产该产品的企业名称命名，借助于企业的美誉，迅速提高产品的声誉，主要适用于一些已在广大消费者心目中享有盛誉的著名企业。如海尔冰箱、松下电器、长虹彩电等。

（8）译音命名，即以原产国品牌名称的正确译音命名，以便顺利进入他国市场。译音命名要求顺口、有趣、易生联想。如宝马、百安居等。

（四）品牌的命名原则

（1）品牌名称要有特色。特色是对品牌名称最重要的要求，因为品牌名称的第一作用就是区分和识别产品。有特色的品牌才具有吸引力，才能引起消费者的兴趣并使其记住品牌名，所以特殊的设计和具有强烈刺激力的图示是许多新品牌的共同追求。

（2）品牌名称要与营销策略组合相适应。品牌名称要与产品及其所强调和拟建立的形象相适应，要与产品拟进入的市场和拟服务的消费者相适应。

（3）品牌名称和商标应对产品有提示作用，通过唤起消费者的兴趣，使其产生进一步了解产品的质量、效益、特色的欲望。

（4）品牌名称应简短、易读和易记。简短有助于朗读和记忆，易读即不使消费者感到难念，易记是品牌和产品迅速扩散的重要条件。

（5）品牌名称应与广告媒介相适应。主要通过广播传达产品信息的品牌，其品牌名称读起来要清晰有力。主要通过报刊等传达产品信息的品牌，其品牌名称的字形要优美。

（6）企业产品组合中，各品牌名称要相互协调和对应。品牌名称的协调和对应有利于企业产品线的扩展。比如，“声宝”这一名称适用于家用音响设备、电视机等与声音关系密切的产品，但不适合洗衣机和电冰箱之类的产品。

在进行新产品品牌命名策划时，应针对具体情况，灵活地运用上述要点，营造统一、协调的营销效果和艺术效果。

四、新产品市场推广策划

根据推广的目标，市场推广可以表现为不同的推广形式，如产品推广、品牌推广等。推广重心不同，策划的内容会有所差异，但是基本思路是一致的，这里将对其中的新产品市场推广进行详细的介绍。

当新产品上市或已有产品准备占领新的市场时，仅仅依靠一时的促销和广告宣传是不够的，还要有在企业营销战略指导下由众多互相支持、互相联系的营销策略组成的战略性营销策划，即市场推广策划，只有这样才能够达到较好的营销效果。

新产品市场推广策划是指根据营销环境分析和企业自身优劣势分析，针对企业营销战略目标和目标市场需求，制订有效的市场推广计划，为产品上市销售做好准备。新产品市场推广策划包括市场推广主题策略、营销策略、市场推广工具设计、广告设计、媒体投放、公关活动策划等。

（一）新产品市场推广策划的思路和阶段

进行新产品市场推广策划时，首先要了解该产品的特性，了解企业为该产品设定的目标市场以及市场定位。也就是说，要充分了解产品的实质和消费者对产品的认知，这样才能有针对性地进行产品市场推广阶段的策划。其次，新产品市场推广策划往往是以产品的销售量为目标的，所以要在刺激消费欲望上下工夫。另外，要寻找能充分展现推广主题的最佳切入点，即别具一格或标新立异的推广主题。

一般来说，新产品市场推广策划要经历以下几个阶段：

1. 了解消费者的购买诱因——消费者需求

(1) 新产品与消费者要购买的产品类别的联系。

(2) 消费者的生活状态和心理状态。

(3) 消费者对这类产品的态度。

2. 明确新产品的实质

弄清楚企业提供的新产品对消费者意味着什么，运用 FAB 方法，在明确消费者需求的情况下详细分析产品利益。

3. 明确竞争者及其产品特性

明确企业的现实竞争者和潜在竞争者，并运用 FAB 方法，将企业的新产品与竞争者的产品逐一对比，熟悉竞争者的产品特性，找出自身产品的比较优势，从而决定采取何种营销策略。

4. 了解竞争者的推广手段和竞争资源

有效的新产品市场推广策划必须避开竞争者的锋芒，作出与其不同的策划，尽量避免形成针锋相对的局面。

5. 了解新产品市场推广策划需满足消费者哪些方面的需求，确定推广切入点

(1) 消费者为什么要购买你的产品，你的产品能否提高消费者的生活质量?

(2) 购买的方便性如何?

(3) 产品价格是否合适?

6. 明确推广的刺激点

在明确推广的刺激点的基础上，发展出与消费者的接触点，即选择适合消费者的营销策略（如广告、营业推广、人员推销、公共关系）以及营销策略组合。新产品市场推广策划的营销策略多种多样、各有千秋，关键是营销策划人员如何从中找出一个合适的组合，使新产品市场推广策划独具特色。

(二) 新产品市场推广策划的内容

1. 新产品价格策划

根据新产品在投放市场时的价格水平，可以有三种类型的定价策略：撇脂定价、满意定价与渗透定价。新产品价格要根据目标市场特点、渠道对象、消费者心理以及竞争者的价格进行精心策划。

2. 新产品渠道策划

从试销市场到整个目标市场，渠道强度对新产品市场的扩张起着决定性的作用。

（1）选择渠道模式。产品性质不同，选择的渠道模式也不同。新产品或那些需要高度认知学习的复杂产品，在投放市场初期应该采用短渠道与窄渠道。一般情况下，新产品适合采用独家代理或独家经销的方式，而产品进入成熟期后，可采用多家代理或多家经销的方式。

（2）激励中间商。在新产品投放市场初期，中间商常常比消费者还要慎重。在此阶段，企业可以举办培训班，向中间商介绍新产品的使用方法与销售技巧；同时，可以制定比较优厚和灵活的激励政策，鼓励中间商经销或代理企业的新产品。

3. 新产品促销策划

新产品促销策划主要应从以下两方面开展：

（1）设定促销目标与促销方式。消费者接受新产品的阶段不同，新产品的促销目标与促销方式也不同。在消费者认知阶段，广告应当作为促销组合的重点；在消费者兴趣阶段，主要选择广告、人员推销和公共关系；在消费者试用和评价阶段，人员推销是重点；在消费者使用阶段，主要选择营业推广和人员推销，辅之以广告和公共关系。

（2）确定促销总策略。根据促销合力形成的总体方向，促销总策略可分为推式促销与拉式促销两种。推式促销是指企业直接针对中间商开展促销活动。活动过程主要是运用人员推销、营业推广等方式，把新产品由制造商推向批发商，由批发商推向零售商，再由零售商最终推向消费者。拉式促销是指企业直接针对消费者施加影响，以扩大新产品或品牌的知名度，刺激消费者的消费欲望，使其产生消费行为。拉式促销一般以广告促销为主要手段，通过新创意、高投入和大规模的广告轰炸，直接诱发消费者的消费欲望，使得消费者向零售商、零售商向批发商、批发商向制造商求购，由下游至上游层层拉动以实现产品销售。

4. 新产品销售系统策划

建立新产品销售系统是形成新产品市场推广“执行力”的有力保障。对于新产品，企业建立的销售系统应该包括以下三部分内容：

（1）建立新产品营销队伍。针对新产品的促销特点，企业应设立专门的促销机构或组建一支由业务技能精湛、熟悉新产品和目标市场的得力的销售人员组成的营销队伍，全面负责新产品的促销工作。

（2）建立新产品销售服务队伍。只有建立一支反应迅速、解决问题及时、应变能力较强的销售服务队伍，消费者才能获得良好的使用保证，对服务的承诺才会感到放心。

（3）建立物流系统。只有建立一套完备的物流系统，才能保证产品的及时交付，以及新产品物流成本的下降。

(三) 新产品市场推广策划应考虑的问题

新产品开发与新产品推出是两个不同的问题。新产品开发更多地偏重于技术层面，而新产品推出则是与市场竞争格局高度相关的工作。通常，企业应当尽早完成新产品的开发，但新产品的推出则应当视市场情况而定。

1. 新产品上市时机

营销策划人员必须分析何时是新产品推出的最佳时机。假如企业即将完成其新产品开发工作，而此时又得知竞争者的新产品开发工作也即将完成，那么企业便面临三种选择，即首先进入、平行进入和后期进入。企业应权衡利弊，择一而为。

何时推出新产品并无定论，但是，在新产品推出时机的决策上，存在一些共性的问题，包括：

(1) 旧产品在产品生命周期中所处的阶段。

(2) 旧产品在市场上的竞争地位。

(3) 竞争者新产品开发的动向。

2. 新产品上市地点

除了对新产品的上市时机进行周密计划以外，营销策划人员还需要决定向哪里投放新产品，尤其是要决定新产品在哪个地区首先推出。

在市场拓展中，营销策划人员必须对不同市场的吸引力作出评价。其主要评价标准是：市场潜力、企业在当地的信誉、渠道建设的成本、该地区研究数据的质量、该地区对其他地区的影响和竞争渗透方式以及竞争者在该地区的实力等。只有对这些因素进行全面评估之后，才能最终确定上市地点。但要注意的是：无论选择哪个地区，都要确保企业在这个地区的资源是最有效的，最起码是可以保证新产品推广正常进行的，只有这样，新产品推广才可能获得成功。

3. 新产品目标市场

新产品的最佳促销对象应该是最有希望购买的一个消费群体，由这些创新使用者带来其他消费群体。新产品最理想的潜在消费者一般具有下列特征：喜欢创新、喜欢冒险、大量使用、对新产品颇有好感、是某个领域的意见领袖、有宣传影响力、对价格不敏感等，他们是市场细分中的先锋型消费者。

4. 新产品营销策略

新产品开发过程自始至终都要有营销活动的参与，营销策划人员必须制订出把新产品引入目标市场的实施计划，新产品的营销预算也要合理分配到各营销策略组合中，时机不同，地区不同，营销重点也不同。新产品营销策略应该服从企业已经制定的总体营销规划，除非新产品对企业的营销有决定性的意义，否则不宜改变原有的营销结构。而且，除非新产品的利润非常可观，否则应尽量避免对旧产品的销售造成过大的冲击。

（四）新产品市场推广策划的关键点

新产品开发出来后，营销策划人员应立即进行新产品市场推广策划。新产品市场推广策划要注意以下八个关键点：

1. 确定目标受众

在新产品推广过程中，消费者受其性格、收入、文化背景、受教育程度等因素的影响，对新产品的接受程度是有差异的。营销策划人员应对不同接受程度的消费者进行分析，从而确定新产品推广的目标受众。

2. 建立独特的产品形象

新产品推广能否成功的关键因素是该产品能否给消费者带来独特的利益和超值的享受。这就要求企业通过差异化营销策略给消费者一个购买该产品的理由。

3. 选择最佳的推广时机

推广时机的选择对新产品来说至关重要。1999年5月8日，中国驻南斯拉夫大使馆被炸，激起了中国人的爱国热情。饮料巨头娃哈哈集团抓住时机，在事发几天内迅速将其开发的新产品“非常可乐”在全国上市，并打出“非常可乐，中国人自己的可乐!”的广告语，利用热点事件进行市场推广，对消费者产生了极强的冲击，给人们留下了深刻的印象。

4. 进行大规模的产品宣传

新产品上市前，企业可以通过各种媒体进行产品宣传，为新产品营造一种神秘感，使消费者对该产品产生一种期待。例如，曲美减肥药上市前三个月就大力宣传，造成市场饥渴感，引起了轰动。对大多数新产品来说，在刚进入市场时，其知名度、品牌忠诚度和消费者认知度都很低，还处于生命周期的引入期，是成为明星产品还是迅速被淘汰，仍然充满变数，这就更需要企业大力进行产品宣传。

5. 运用有效的促销手段

当消费者已经习惯了某个品牌的产品时，要改变其消费习惯是很困难的。营销策划人员可以采取一些让利促销手段，先给消费者一些甜头，让他们去尝试新产品，然后借助节假日推出一系列的促销活动，加强与消费者的情感沟通。一波高过一波的促销活动的连续推出，可以不断地带动和提高消费者的购买热情。

6. 建立顺畅的分销渠道

产品分销渠道是指产品由生产企业到最终消费者这一流动过程中涉及的所有环节。分销渠道是否顺畅取决于两个方面：一是销售渠道是否通畅，二是终端理货是否科学。销售渠道的通畅主要涉及销售渠道的合理选择，而终端理货主要包括产品上架、布置焦点广告、营业人员培训、及时补货、帮助终端促销、及时退换不合格产品等。销售渠道和终端理货是否扎实、完善，对销售有很大的影响，特别是在广告打出之后。

7. 进行科学的计划和管理

新产品推广的整个过程一定要有周密的计划，包括销售计划、广告计划、经费预算、铺货量预算、回款计划、促销计划、公关计划、市场拓展计划和服务计划等。营销策划人员要根据目标管理的原则，对每一个计划的实施、监督、评估进行严格、科学的管理。

8. 采取科学的推广方式

新产品推广要求企业具备组织、策划、控制促销活动的能力与水平，尽量以最少的投入形成最好的宣传效果。另外，在超市或学校附近做促销，需要大量的人力、物力投入，而企业的人力、物力往往是有限的。因此，企业除自行做一些促销活动外，必须拉动消费者共同参与促销活动。促销活动与消费者的接触面越大、越广，终端的拉动效果也就越好。

模块3 操作指导

一、产品策划的基本流程和产品策划方案

(一) 产品策划的基本流程

策划思路清楚了，策划就简单了。在实践中，产品策划的表现形式多种多样，但是其基本流程是一致的。

1. 根据产品策划的前置条件进行营销环境分析

营销策划人员需要根据产品策划的前置条件对营销环境进行分析，在充分的营销环境分析的基础上，发现需求营销的战略机会。环境是客观的，也是不断变化的，要注意变化的环境中各种因素之间变化的相关性。具体分析内容为：

(1) 企业战略的方向与任务。

(2) 企业外部环境。

(3) 行业发展状况。

(4) 市场容量与相关产品状况。

2. 市场细分——找到与众不同的细分市场

注意观察市场角度的独特性、细分标准与其他企业的差异性，找出目标消费者与其他消费者的不同之处。市场细分有助于化解竞争者的竞争威胁。

3. 目标市场选择——界定目标消费者

要求准确、具体地对目标消费者的状况、所处环境和消费行为进行分析，全面、深入、透彻地了解目标消费者。

4. 市场定位——确定目标消费者需求

对目标消费者需求进行分析，找到目标消费者需求与企业目标和企业资源的交集。

5. 塑造产品概念

产品概念包括特色概念、功能概念、属性概念、类型概念、档次概念、时间概念、价格概念等。营销策划人员应根据市场定位列举新产品的功能和特点，对其核心产品、形式产品和附加产品进行描述。

6. 形成最初的产品策划方案

产品策划方案是对产品特性的完整描述。产品策划方案是设计人员的设计蓝本，要生动、具体，有明确的限定性。

7. 产品测试与产品策划方案调整

产品测试包括产品功能测试、消费者测试和市场测试。在这个阶段，将产品放入更为真实的市场环境中进行测试，主要是为了检验产品能否准确满足目标消费者的需求和其市场适应性。在产品大规模投入生产之前，市场测试可使营销策划人员提前了解营销时会出现的具体问题，以及时调整产品策划方案。

8. 形成最终的产品策划方案

通过产品测试，对最初的产品策划方案进行调整，形成最终的产品策划方案。

（二）产品策划方案

产品策划方案包括以下几个方面的内容：

1. 产品描述

（1）是什么样的产品？

（2）特色是什么？

（3）与市场上的产品有什么不同？

（4）生命周期如何延续？

2. 市场分析

（1）现有产品分析。

（2）目标消费者分析。

（3）潜在消费者分析。

（4）产品销售情况分析。

（5）用户操作习惯分析。

3. 产品定位

（1）功能定位。

（2）质量定位。

（3）品牌形象定位。

（4）包装定位。

（5）服务定位。

4. 市场推广

（1）阶段一：宣传预热。

（2）阶段二：造势提升。

（3）阶段三：跟进推进。

（4）阶段四：稳定拓展。

5. 效益估算

（1）产品资费。

（2）目标消费者数量。

（3）潜在消费者数量。

（4）月度收益。

6. 产品内容

（1）产品规则。

（2）产品体系。

（3）产品功能。

（4）用户属性。

（5）用户等级。

7. 开发进度

（1）提案。

（2）思路整合。

（3）再次提案。

（4）再次整合。

（5）开发流程编写。

（6）开发流程修改。

（7）开发流程提交。

（8）产品工单。

（9）技术开发。

（10）内部测试。

8. 开发人员及其职责

（1）产品经理（项目经理）及其职责。

（2）策划人员及其职责。

（3）编辑人员及其职责。

（4）技术人员及其职责。

（5）测试人员及其职责。

二、新产品开发策划的基本流程

新产品开发策划的基本流程涉及七个阶段：构思产生、构思筛选、概念发展与测试、商业分析、产品开发、市场测试和商品化。

1. 构思产生

新产品开发策划的第一个阶段是寻找产品构思，是指综合考虑市场需求状况、市场竞争态势、企业自身条件等因素，提出大量的可能开发的新产品设想，包括新产品构思的来源、新产品构思的传递以及新产品构思的反馈。新产品构思一般从消费者、竞争者、营销人员、中间商、科技人员中产生。营销策划人员要对收集到的具有可行性的设想进行梳理和完善，形成一个系统的构思。

2. 构思筛选

营销策划人员在广泛征询新产品构思的基础上，必须对各种新产品构思进行筛选，也就是根据企业资源和长期目标进行取舍。新产品构思筛选一般要考虑三个因素：一是新产品构思是否与企业的战略目标（利润目标、销售目标、销售增长目标、形象目标等）相适应；二是新产品构思是否符合目标消费者的需求；三是企业有无足够的能力（资金能力、技术能力、人力能力、销售能力等）开发这种新产品。

3. 概念发展与测试

产品构思是企业希望提供给市场的一些可能的产品设想，它只是为产品开发指明了方向，只有将其转化为产品概念，才能真正指导产品的开发。产品概念即将产品构思具体化，描述出产品的性能、具体用途、形状、优点、外形、价格、名称、给消费者带来的利益等。通过产品概念的发展与测试，消费者就可以一目了然地识别产品的特征了。

4. 商业分析

商业分析是根据所需投资、预期销售额、成本、价格、利润、预期投资收益等，对产品构思进行的更加详细的实质性的经济分析。除商业分析之外，营销策划人员还要察看同类产品的销售记录，调研市场将会出现的反应，估计最大销售额和最小销售额，从中得出风险范围。完成销售预测后，营销策划人员应对产品的期望成本和利润进行估算，其中成本包括营销成本、研发成本、制造成本、会计成本和财务成本，并在此基础上用销售和成本数据来分析新产品的吸引力。

5. 产品开发

产品开发是新产品开发策划中的一个非常重要的阶段，在这个阶段，研发部门或工程部门将把产品概念转化为实体产品。

6. 市场测试

在这个阶段，新产品和营销计划将同时进入更为真实的市场环境中接受测试。在新产品大规模投入生产之前，市场测试可使营销策划人员提前了解营销时可能会出现的具体问题，以重新检验新产品和营销计划，包括定位策略、广告策略、渠道策略、价格策略、包装策略和预算水平。当然，并不是任何新产品的开发，都必须经过市场测试。是否需要进行市场测试，一般取决于产品开发者对新产品是否有足够的信心。有相当把握的，可不必进行市场测试；不太有把握的，则应进行市场测试。

7. 商品化

商品化就是指新产品正式进入市场，向市场全面推出。商品化是新产品开发过程中耗资最大的环节，因此，应先向主要市场或有把握的地区推出，然后渐进扩展。如果经过市场测试，对新产品销量确实有把握，或者发现竞争者即将进入同一市场，企业也可以立刻全面铺开。在这一阶段，营销策划人员同样要重视对新产品上市时间、上市地点、目标市场和营销策略的整合运用。

三、新产品品牌命名策划的基本流程

通常来说，品牌视觉感知固然极为重要，然而品牌命名才是创立品牌的第一步。一个好的品牌名称，是一个企业、一种产品永久性的精神财富。严谨的科学命名流程将有助于提高品牌命名的成功概率，从而促进品牌的快速成长。品牌严谨的科学命名流程通常有以下六大步骤：

1. 确立目标

在品牌命名之前，营销策划人员应该先对目前的市场状况、未来国内市场及国际市场的发展趋势、品牌主体的战略思路、载体的构成成分与功效以及消费者使用后的感觉、竞争者的命名等情况进行摸底，明确需要什么类型的品牌名称、要在哪些国家和地区使用该品牌名称、新品牌名称与企业现有品牌名称是否相适配、新品牌名称与企业目前的命名文化是否相适配以及竞争者将会作出什么反应等一系列问题，以便确立品牌命名的目标，做到有的放矢。

2. 命名作业

确立目标之后，就可以进行命名作业了。营销策划人员可以网罗各路精英，发动头脑风暴，让所有可以参与的人畅所欲言、集思广益，甚至可以采用计算机软件辅助命名。任何有创意的名称都不要放过，要一一记下。

3. 评价和筛选

将命名作业得到的品牌名称，用品牌命名原则的标准一一评价和筛选，并列出相关结果。评价和筛选品牌名称的一个重要问题是由什么人来评价和筛选。组织一个评价小组是十分必要的。评价小组的成员最好包括语言学、心理学、美学、社会学、市场营销学等方面的专家。评价和筛选的原则除了前面已经阐述的品牌命名原则外，还应注意品牌未来的发展，尽量避免品牌名称含义过于狭窄，以便品牌能够有效延伸。

4. 受众测试

专家对品牌名称的评价和筛选的结果还需要通过受众测试。品牌是企业决策者与目标消费者思想共鸣的产物，因此要充分考虑目标消费者的感受。通常可采用问卷调研、电话访谈、网络聊天等形式了解目标消费者对品牌名称的反应。如果测试的结果表明目标消费者并不认同被测试的品牌名称，那么不管专家还是企业决策者多么偏爱这个名称，一般都不应采用，而应考虑重新命名。

5. 法律审查

通过受众测试的品牌名称，还要经过详细、充分的法律审查。这个过程既费钱又费时，但却至关重要。例如，一个品牌名称有时可能会遭遇许多明显的异议，在这种情况下，营销策划人员就应当分析为何有这些异议，通常还要与提出异议者取得联系，有时还必须与其签署必要的商业协定。又如，在某些特殊情况下，有必要独立实施周密的调查，以查证某一商标是否已被使用，如果是，是用在哪种产品上。必要时还可以诉诸法律，废止某个商标，以便自己可以注册。

6. 确定注册

通过法律审查的品牌名称可由企业决策者根据偏好作出选择并最终确定，接下来应尽快进入法律程序进行相关注册。在没有确保注册通过之前，最好能够保密，不要事先发布。Google 就曾犯了这个错误，其中文名“谷歌”被另一家公司抢先注册，引起了不必要的法律纠纷，而联想发布新的英文名称“Lenovo”时就明智许多。

四、新产品市场推广策划的基本流程和新产品市场推广策划方案

新产品市场推广的目的是促进消费者购买新产品，而新产品市场推广策划对企业的新产品能否顺利走向市场、取得良好的营销业绩具有重要的影响。所以，规范地进行新产品市场推广策划十分重要。

（一）新产品市场推广策划的基本流程

1. 界定问题，明确主题

针对不同的推广目标，应采取不同的市场推广方式。品牌推广应该集中在品牌的宣传及促销活动上，而新产品市场推广则应该集中在产品功能和差异性的宣传及促销活动上。一般来说，在新产品市场推广阶段，消费者对新产品的认知度较低，新产品市场推广策划的主要任务不是品牌宣传，而是介绍产品功能和特点，争取消费者对产品的认知。

2. 分析产品

分析产品主要包括两个方面：首先，分析产品实质。产品实质包括产品里面有什么，

产品能给消费者带来什么竞争性的利益点，产品的技术材料、性能、成本、价格以及产品在生产、销售中的历史等，这些都是策划的素材。其次，分析消费者对产品的认知状况。消费者对产品的认知状况不同，营销策划人员所考虑采取的市场推广方式也不同。

3. 选择目标市场

产品开发人员和营销策划人员在新产品投放市场之前，应合理地进行市场细分并选择目标市场，以达到合理有效投放的目的。选择目标市场的目的在于找到对企业有吸引力，有利于发挥企业现有的人力、物力、财力优势的市场。

4. 寻找独特的市场切入点，加快市场拓展

新产品进入市场初期，促销将成为实现铺货的最直接手段。以饮料市场产品促销和铺货的关系为例，可概括为以下三种情况：

（1）开发新市场时，注意广告宣传，实现品牌告知和产品出样。促销方式主要有召开新产品发布会、厂商联谊会等。

（2）扩大新市场的分销网络时，注意迅速、准确地抢占新市场的经销商资源，运用人力、物力、财力在渠道上实现推动。促销方式主要是以一定的政策优惠、返利，适当的促销品、宣传品和优质的服务来吸引新客户的加盟。

（3）扩大重点市场的分销网络时，注意有计划地开展阶段性促销活动，一方面稳固现有的分销网络成员，加强其经营的信心；另一方面提高分销能力，抢占竞争者的分销网点。有独特市场切入点的策划往往来自于营销策划人员自身的知识与经验积累和大量的资料与案例分析。

5. 消除消费者的顾虑，使其尝试新产品

如何让消费者尝试企业的新产品，是新产品市场推广策划必须考虑的重要因素。为达到降低成本、让消费者愿意尝试新产品的目的，企业必须从不同的角度更多地了解消费者对新产品的顾虑，并使新产品尽量完善，从而有的放矢地引导消费者消费。

要消除消费者对新产品的顾虑，必须解决与消费者的沟通问题，因为市场营销的有效性是建立在信息的有效沟通基础上的，其中行为动机和情感沟通尤为重要。倘若缺乏沟通，企业将会步入一个过分看重金钱给终端带来的刺激的死胡同。企业向消费者传达的新产品的信息一定是浓缩的、简单的、有一定感情诉求的，营销策划人员可以以此为依据设计营销策略组合。

6. 把握上市时机，安排市场推广策略实施的时间

把握好新产品上市时机，安排好市场推广策略实施的时间，是新产品市场推广策划成功的重要前提。常规的思路是，希望新产品上市后遇到销售旺季，以利于新产品的营销。但是，新产品在旺季上市，一旦不成功就会丧失退路、贻误时机。因此，饮料、冰淇淋、空调等夏季产品可以在冬季上市，虽然冬季购买此类产品的消费者较少，销量不大，但企业可趁机关注成本和服务，在淡季有限的市场抢夺有限的消费者，为旺季市场销售打下坚实的基础。

7. 完成新产品市场推广策划方案

一个完整、可行的新产品市场推广策划方案要有完整的策划内容、良好的效果预测及独特的策划创意等。它是指导市场推广活动的计划，其重要性不言而喻。

8. 新产品市场推广策划方案的实施与改进

策划的关键在于实施。在实施中，能否贯彻策划思想是考察新产品市场推广策划执行力强弱的关键。一个好的策划创意只有经过各部门的配合、与消费者的沟通、贯彻策划思想等多个方面的工作，才能贯彻下去。策划方案不可能十全十美，只有通过在市场推广过程中的不断改进，才能达到提高策划实施效果的目的。

9. 效果监测与反馈

新产品市场推广是企业的营销战略行为，是企业活动的中心议题，是一项必须不断努力的工作。对新产品市场推广的效果进行监测并及时反馈，不但有助于企业对新产品市场推广活动的控制，还能为新产品下一步的推广活动提供相关信息和经验。

（二）新产品市场推广策划方案

1. 前言（略）

2. 营销环境分析

（1）行业形势分析。

（2）市场情况分析。

（3）竞争者分析。

（4）企业及产品情况分析。

3. SWOT 分析

（1）优势分析。

（2）劣势分析。

（3）机会分析。

（4）威胁分析。

4. 市场推广目标（略）

5. 推广战略

（1）推广思路。

（2）目标市场。

（3）市场定位。

6. 推广策略组合

（1）产品策略。

（2）价格策略。

（3）渠道策略。

（4）促销策略：广告、营业推广、人员推销、公共关系。

7. 主题活动（略）

8. 进度计划表（略）

9. 经费预算（略）

10. 小结（略）

华帝空气能热水器温州市场推广方案

一、前言

目前，我国经济快速增长，但同时也付出了巨大的资源和环境代价。为应对全球气候变化和国际压力，迫切需要加强节能减排工作，控制污染物排放。

近年来，我国对能源的需求和消耗能力大为提升。严峻的“节能”形势，“减排”重任的完成不容乐观。从目前国家针对节能减排的政策也可看出国家对环境、资源发展战略的重视。

随着人们生活水平的不断提高，人们对于住所的居住舒适度以及使用舒适度的要求也随之升高，热水是人们生活中必不可少的。而随着舒适度要求越来越高，人们对热水的需求量也越来越大，热水市场已经不容忽视。然而随着热水器在市场上越来越普遍，它的节能情况也不容忽视。

华帝空气能热水器主要是给消费者提供热水，它具有节能、环保、安全等性能，既可以解决消费者对热水的需求，又能节省能源消耗。

温州人口基数大、消费能力高、工程项目繁多，为华帝空气能热水器的主要推广市场之一。然而在市场竞争激烈的背景下，如何在众多的品牌中脱颖而出，直接关系到经销商、公司的利益。这样看来，制定一套优秀的推广策划方案就显得尤为重要。

二、市场环境分析

（一）行业情势分析

据《中央空调市场》杂志调研显示，2008 年上半年，我国空气能热水器市场呈现持续快速增长，2007 年热泵热水器行业的总销售额约为 10 亿元，2008 年突破 15 亿元，2009 年为 24 亿元，2010 年为 35 亿元，2011 年为 55 亿元（见图 6—1）。

目前，全国城镇热水器拥有率在 73%以上，市场平均每年的最低需求量维持在 1 400 万台左右，社会保有量接近 1.6 亿台。

资料显示：“空气能热水器还处于起步状态，2010 年家用空气能热水器产品销量不到 10 万台，在我国整个家用热水器市场上所占份额不到 1%；而同期，在热泵热水器发展相

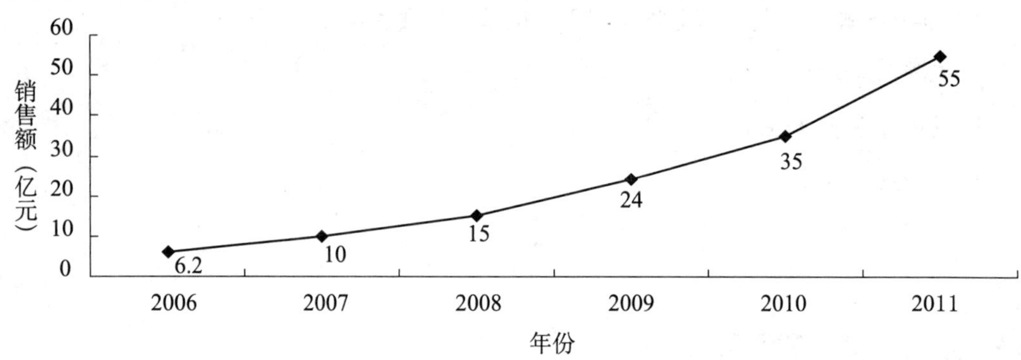

图6—1　空气能热水器市场2006—2011年销售额对比

对成熟的日本，年销量已超过100万台，占到整个电热水器族群份额的70%，这说明国内空气能热水器发展仍有较大潜力。未来几年，城市居民家庭对热水器的实际需求量在3 500万台左右，平均每年的最低需求量维持在1 000万台左右。随着新能源立法的加快、国家政策的倾斜以及整个社会节能降耗的外部大环境的影响，第四代热水器——空气能热水器产业迎来了新的发展机遇，预计以后每年还将以30%的速度增长。”①

对于喜欢洗澡又不喜欢烧热水的人来说，空气能热水器这种特有的节能、安全、舒适的洗浴无疑是他们最好的选择。

（二）市场情况分析

空气能热水器消费市场主要分布在长江以南的广东、广西、福建、江西、上海、浙江、安徽等省区。市场增长很快，并且逐步从长江以南向长江以北迅速扩展。随着空气能热水器的高调、快速发展，它已经成为生活水平提高以及节能环保的一个衡量标准，行业也呈现出城市消费多于农村消费的特点。农村市场目前还基本是空白，从这个意义上讲，空气能热水器的发展空间极为广阔。

温州经济发达，居民消费能力强劲，因此成为各类热水器厂商争相“开疆拓土”的重要地区。与当地电热水器、燃气热水器较高的使用率相比，温州空气能热水器市场一直处于不愠不火、赔本赚吆喝的状态，尽管十年来很多空气能生产企业和经销商做了大量的市场开拓工作，但多数是折羽而归。

温州市总人口为750万，市区人口为190万。假设空气能热水器在温州有20%的市场，那市区19万用户（假设每户有10人）中空气能热水器就有3.8万用户，折合到温州全市，就相当于有15万用户的市场。如果15万用户每户购置1台（单价5 000元），那么仅温州市场就有7.5亿元的市场份额。由此可见，温州的市场还是很大的。

未来，国内空气能热水器的竞争将会主要在传统的几家大企业之间展开，随着竞争利润率的不断降低，中小企业最终会逐步退出市场。总地来说，空气能热水器行业的发展将会有以下趋势：

---

① http：//www.powerworld.cc/html/kqnbk/415.html.

(1) 随着我国居民生活水平的提高，空气能热水器未来5年将会以高于30%的速度成长，并逐渐扩大在热水器市场的总体份额。

(2) 空气能热水器的主要战场还是在长江以南地区，由于工作原理的原因，目前主流技术压缩机的工作温度不能低于－10℃。而最高解决方案，采用二氧化碳作为导热剂的日本大金压缩机目前工作温度也不能低于－20℃，而且价格极高（3万元人民币左右），中国家庭较难承受。

(3) 随着竞争的升级和利润率的降低，竞争能力弱的企业最终会被市场淘汰。

2012年可谓是空气能产业挑战和危机并存的一年：一方面，国家财政补贴、“十二五”环保节能方针、经济持续发展，带动投资旺盛；另一方面，产品价格太高、产品技术及服务水平有待提高、安装位置预留不到位，导致需求疲软。

（三）竞争者情况

空气能热水器的竞争者众多，目前市场上有50多种品牌，其中A.O.史密斯、康泉在温州市场占据很大份额，可以视为华帝公司的竞争对手。

1. A.O.史密斯

美国A.O.史密斯公司是拥有138年历史的跨国公司，其产品覆盖家用电热水器、家用燃气热水器、家用净水设备、家用采暖系统以及太阳能热水器、热泵热水器等绿色环保节能产品。2012年，A.O.史密斯以高达16%的首选率位列热水器类供应商榜首。

2. 康泉

康泉是温州当地的一个品牌，其主营产品有电热水器、燃气热水器、空气能热水器，一心致力于经营热水器。在温州本地，康泉的销量一直保持领先，以其低端价格及当地消费者的认可度牢牢占据着温州市场。但在全国的市场中，康泉的地位还不稳定，销售额也不理想。

康泉、华帝、A.O.史密斯同类、同容积的产品参数对比如表6—1所示：

表6—1 康泉、华帝、A.O.史密斯同类、同容积的产品参数对比（以150L为例）

项目 类别	额定功率	额定制热量	能效比
康泉	960W	3 200	3.3
华帝	900W	3 535	3.9
A.O.史密斯	670W	2 340	3.5

通过比较可以发现，同容积的空气能热水器，华帝的能效比为3.9，A.O.史密斯为3.5，康泉则为3.3，华帝的能效比最高，说明华帝的节能比另外两款更有优势。

（四）消费者分析

2011年，温州市实现GDP3 350.87亿元，城镇居民人均可支配收入达31 749元（见图6—2），农村居民人均纯收入13 243元（见图6—3）；城镇居民人均消费性支出23 337元，农村居民人均生活费支出10 137元。

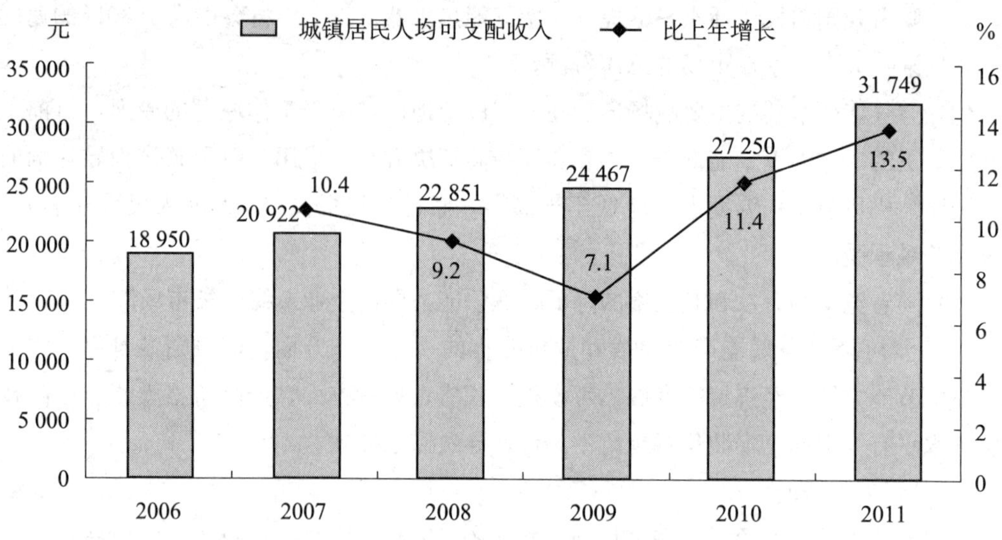

图6—2　2006—2011年温州城镇居民人均可支配收入及增长率

资料来源：http：//www.wenzhou.gov.cn/art/2012/4/18/art_3583_214701.html.

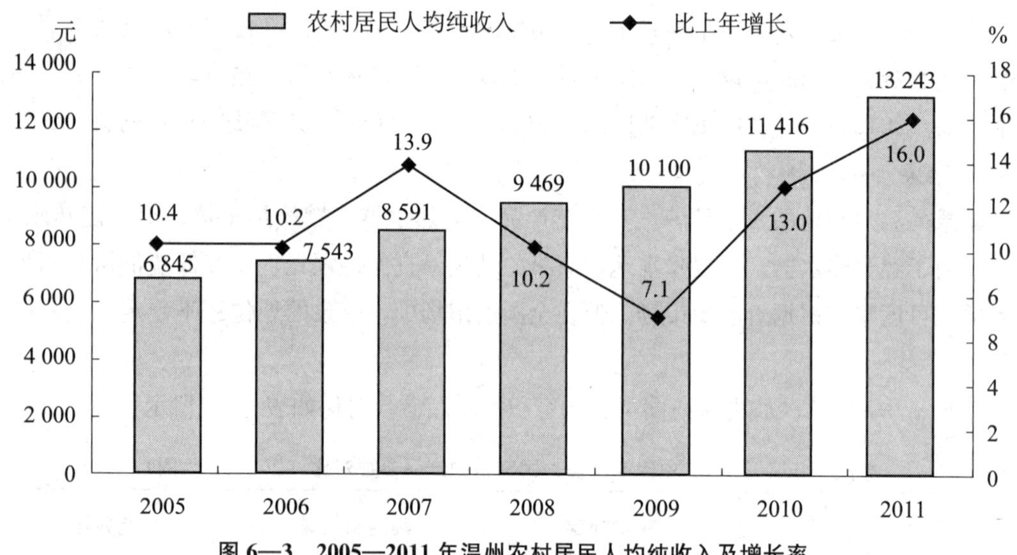

图6—3　2005—2011年温州农村居民人均纯收入及增长率

资料来源：http：//www.wenzhou.gov.cn/art/2012/4/18/art_3583_214701.html.

温州人爱讲排场、性喜奢侈的传统在市场经济的特定环境中得以迅猛发展，形成了现代温州人异化的消费观和以物质消费为中心的生活方式。这种“高物质消耗”的生活方式一定程度上推动了经济的发展。

温州的经济在不断发展，人们的生活水平在不断提高，如今人们对居住舒适度以及使用舒适度的要求也随之升高，热水是人们生活中必不可少的。而随着舒适度要求越来越高，对热水的需求量也越来越大，热水器的好坏直接关系到消费者对产品的选择。与一般的热水器相比，空气能热水器的高价格也使消费者对其有着更高的要求：

(1) 要舒适。不仅要提供热水，更重要的是热水器带来的舒适感。

(2) 要有安全保障。安全是基础，我们需要排除电热水器、燃气热水器给消费者带来的烦恼，切实解决消费者的后顾之忧。

(3) 要漂亮、时尚、上档次。消费者对热水器的追求不仅限于热水器的内在，他们也追求外在，对时尚、上档次的产品更加热衷。

因此，我们的目标客户群主要是中高收入家庭。

(五) 产品资源及特色分析

(1) 产品的质量：产品质量较高，消费者对产品质量比较满意，企业凭借先进的技术和设备能够继续保持现有的产品质量。

(2) 产品的价格：产品的价格在同类产品中居于比较高的档次，以高档为主，兼顾中档；产品的价格与产品的质量比较吻合，基本做到优质优价。

(3) 产品的品种：产品现有三个系列，在销量上居于同类产品的平均水平；与同类产品相比，拥有特有的品种——拉丝不锈钢空气能产品。

华帝与 A. O. 史密斯和康泉的比较如表 6—2 所示。

表 6—2　同类产品比较

品牌 区别	华帝	A. O. 史密斯	康泉
质量	高、中质量	高质量	低质量
价格	高、中价格	高价格	低价格
包装	简洁美观	复杂烦琐	一般
制热效果	很好	比较好	一般
洗浴舒畅	很好	一般	一般

三、SWOT 分析

华帝空气能热水器的 SWOT 分析如表 6—3 所示。

表 6—3　SWOT 分析

S（优势）	W（劣势）
• 外观漂亮、高雅 • 质量好、性价比高	• 品牌认同度不高 • 价格相对较高
O（机会）	**T（威胁）**
• 温州地区空气能热水器普及率不高，市场空白大，发展潜力巨大 • 新能源行业得到国家的大力支持 • 消费者对热水的依赖越来越强	• 市场分别被高端、低端两种产品占据 • 市场不规范

(一) 优势（Strength）

1. 外观漂亮、高雅

华帝新能源有限公司为华帝公司旗下子公司，一直秉承华帝公司的传统，在产品研发上除了注重质量，还注重美观程度，以拉丝不锈钢系列产品为主要产品。

2. 质量好、性价比高

华帝作为一家上市公司，同时也是2008年北京奥运会的供应商，其产品质量得到了国家的认可。华帝公司生产的空气能产品属于中高端产品，与目前市场上的产品相比，具有美观时尚、保温效果好、制热快、耗电量低等实实在在的优势。

（二）劣势（Weakness）

1. 品牌认同度不高

华帝空气能热水器在市场上投放的广告力度很小，消费者对华帝的热水器认识度不高，但普遍认识华帝的厨具。

2. 价格相对较高

目前市场上空气能热水器的价格普遍要比一般的热水器（燃气、电、太阳能热水器）高很多，故市场占有率及普及率不高，消费者对新兴产品还需要一个了解的过程。

（三）机会（Opportunity）

1. 市场空白大，发展潜力巨大

随着人们对热水的依赖越来越强，热水器的市场也越来越大。同时，空气能热水器是集节能、安全、舒适为一身的新兴热水器产品，市场需求量大，为温州空气能热水器的发展带来了机遇。

2. 国家的支持力度大

发展低碳节能经济不仅是有效利用资源、减轻环境污染的必然要求，而且是优化经济结构、转变经济发展方式的有效途径。国家大力扶持可再生能源发展的有利时机，着力加强技术创新，着力降低运营成本，为做大做强风电产业、改善我国能源结构发挥更大作用。

3. 消费者对热水的依赖越来越强

消费者对热水的需求，导致消费者对热水器的需求量急剧上升。随着“80后”、“90后”的兴起，他们对时尚及舒适的追求越来越强，对新产品的接受速度越来越快，市场也就越来越大。

（四）威胁（Threat）

1. 竞争者的威胁

根据当地经销商与市场调查，温州空气能热水器市场主要被A.O.史密斯、康泉这两个竞争者占据，A.O.史密斯占据着温州的高端市场，而康泉则占据着低端市场。中高端的市场消费者很少，这样也自然是一种威胁。

2. 市场的不规范

据调查分析，当今温州市场上充斥着各样的空气能产品，面对空气能产品的高额利润，越来越多的企业转向空气能热水器行业，进一步促使市场品牌杂乱，竞争也就愈加激烈。

（五）SWOT分析总结

在保持现有质量的前提下，产品的价格已经很难降低，因此应该着重解决产品不能为消费者所认同的问题。首先是对产品的品牌形象进行提升，使其与产品的质量、价位相符；其次是为产品进行合理的定位，找准目标消费者并且满足他们的需求；最后是在广告宣传、活动促销、推广策略中突出产品与同类产品相比的主要优势。

四、市场推广目标

（一）总体推广目标

（1）巩固并增加华帝品牌的市场份额；

（2）培养和增加顾客对华帝品牌的忠诚度；

（3）塑造公众的品牌意识；

（4）发展新的客户。

（二）具体推广目标

（1）树立华帝空气能热水器的品牌形象，提高其知名度，提高该品牌在推广中的曝光率。

（2）加深消费者对华帝空气能热水器的了解。

（3）突出华帝空气能热水器的品牌特色。

（4）发展和稳定顾客群，提高市场占有率。

（5）积极开拓新的市场，加强与温州各大经销商的合作关系。

（6）通过这次市场推广，使产品的市场占有率提高到20％以上，产品的知名度达到70％以上，消费者以“华帝”为第一品牌率达到20％以上，消费者以“华帝”为第二品牌率达到40％以上。

五、推广战略

（一）推广思路

目前，华帝品牌尚未在温州进行大规模的推广，故在温州市场上的知名度很低。因此，必须加大推广力度，整合产品、价格、渠道、促销等营销方式，使目标消费者更充分地了解华帝空气能热水器品牌的特色，并吸引消费者。可以举办一场知识竞赛活动，打响普及空气能知识的首炮；利用周末或者重大节日进行产品促销；在温州电视台黄金档播放产品广告；在温州每年的展销会上推出华帝空气能产品；等等。最终达到树立及提高华帝品牌形象的目的，从而提高市场占有率。

（二）目标人群

温州中高收入家庭、时尚年轻人士。随着温州空气能市场的逐渐发展，品牌数量越来越多，消费者购买决策已由过去的低介入向高介入转变。人们在选择空气能热水器时，首先看空气能热水器的美观程度与房屋的协调性如何，其次考虑能否舒适、方便、安全地使用到热水，华帝的空气能热水器恰好能满足消费者的这一需求。

（三）市场定位

1. 消费者定位

华帝空气能热水器加热速度快、安全、舒适、节能，插上电源之后，微电脑全自动控制机器运转，适合所有人群使用。尤其是对老人和小孩来说非常方便，避免了复杂的操作及可能出现的安全隐患。因此，华帝空气能热水器可以说是温州消费者购买家用热水器的首选。

2. 产品定位

华帝空气能热水器集时尚、高档、安全、舒适、节能于一身，时尚、高档是当下追求时尚的青年人的首选，安全、舒适、节能则是中年人的首选。因此，可以将华帝定位于“享受家庭生活”人的首选。

3. 品牌定位

华帝空气能热水器走中高端路线，所以定位于中高端用户及消费能力强的人群。

六、推广策略组合

（一）产品策略

华帝空气能热水器的主要功能是生产热水，有不同系列的产品供消费者选择，主要包括天源系列、天骄系列、天尊系列。不同系列的热水器的材料及颜色也有所不同，华帝改变了以往单一的产品策略，增加了产品的吸引力，能满足不同消费者的需求。

（二）价格策略

华帝、A. O. 史密斯、康泉与市场均价比较如表6—4所示。

表6—4　　华帝、A. O. 史密斯、康泉与市场均价比较

容量（L）	华帝（元）	A. O. 史密斯（元）	康泉（元）	市场均价（元）
150	>6 000	>10 000	≥4 000	5 000
200	>8 000	>12 000	≥5 500	7 000
300	>11 500	>20 000	≥9 000	10 000

调查发现，消费者较为接受的价格在5 000～10 000元，而华帝的定价比市场均价略高。为了开发顾客及回馈消费者，在节假日，华帝部分空气能热水器产品可进行一定的优惠促销。

（三）促销策略

1. 广告促销

广告是进行热水器品牌宣传和销量提升的关键。优秀的广告不但能吸引消费者的眼球，而且能成为消费者购买产品的直接动因。

（1）广播。在温州，温州交通之声的收听率是最高的，故可以选择该频道，使华帝空气能热水器进入温州大众的脑海。广播的千人成本相对较低，而且更能有效地针对目标市场。投放时，以整点、天气预报等时段为主，提高广告效率。

（2）电视。向消费者诉求华帝高贵、有气质的形象，以综合品质、生活方式、销售服务、品牌价值四条主线为主要诉求点，突出画面质量的唯美、热水器的舒适以及性能的独特。以“舒适高贵”为中心，突出舒适、节能的特点，投放时间在晚7:00至晚8:00的黄金时间段。

(3) 平面广告。以报纸、杂志、宣传单、横幅广告为重点，对消费者进行提醒性诉求，加强视觉冲击力，加深消费者对品牌的印象。报纸主要选择《温州都市报》、《温州商报》等在温州范围内发行量较大的报纸。

(4) 网络。在淘宝网设立专卖店，并把华帝的相关资料和优惠活动发布到目前很流行的微博上；除此之外，还可以选择在百度上投放广告，百度是最大的中文搜索引擎，在它上面做广告，也会起到很好的效果。

通过广告达到以下目的：

初期——打开产品知名度，激发顾客对产品的初始需求。

中期——增加产品介绍，激发顾客对产品的兴趣。

后期——加深顾客对企业的印象，提醒顾客，使其产生惯性需求。

2. 人员推销

周围人群的良好反应能带动更多的人对产品进行试用，而良好的效果将吸引一批稳定的忠实消费者。这样既可以降低宣传成本，又可以稳步扩大使用量，建立稳固的市场定位。

(1) 人员培训：对所有相关销售人员进行华帝空气能知识的专门培训工作，要求学习和掌握有关的知识与技能，保持良好的仪表风度。同时及时传达公司的理念和销售计划，进一步提高素质。

(2) 奖励机制：建立具有吸引力的销售人员奖励机制，激励销售人员积极努力，保证企业销售目标的顺利实现，也有利于建设高素质的销售团队。可以将销售活动配额与销售配额一齐使用并配以一定的津贴奖励，最大限度地激励销售人员。

(3) 上门服务：派销售人员上门进行空气能产品维修服务，从而扩大影响力。

(4) 柜台推销：派遣公司专门人员对华帝空气能热水器的经销商进行销售指导，满足顾客多方面的购买需求，以便他们在面对消费者时能更好地进行引导性消费。

(5) 经销商代理：在各市、镇设立销售代理，并对其进行相关知识的培训，通过自身使用起到真实的宣传效果，同时逐步扩大周围人群对华帝空气能产品的了解和接受能力，以部分人使用带动周围人群试用，最终达到大范围群体使用的目的。

3. 公共关系

(1) 对消费者进行定期抽样调查，及时搜集反馈及解决问题：初期对中间商实施有较大吸引力的优惠条件，同时制定奖励机制，为销量大的中间商提供更高级的待遇。

(2) 公关活动：

1) 推出“消费者热水器使用满意度调查活动”，组建“华帝空气能维修爱心会”，长期稳定消费者；

2) 推出“五月一，华帝泡温泉，让身体放个假”活动；

3) 推出“圣诞送礼，华帝送福”活动；

4) 推出“集空气能知识，得 iPad 大奖”活动；

5）办事处不定期推出经销商销售竞赛（必须在不打折、不串货的前提下进行），提高经销商的销售热情。

（四）渠道策略

1. 电器商店、华帝专卖店、KA大卖场三种销售终端

这种布局有利于形成鼎立之势，互为依托。三种销售终端在产品组合服务方面各有侧重。由于中青年市场的特殊性，他们购物习惯上以家附近的电器商店、电器专卖店、KA大卖场为首要选择。这些线下销售终端，商品种类齐全，购物环境舒适，能吸引部分随意性较强的顾客，亦可积聚人气。

2. 网络销售平台

充分利用网络平台，方便消费者购买。此外，网站还可以为消费者提供关于热水洗澡的健康功效及正确使用空气能热水器的咨询服务。

3. 经销商代售点

在温州各个市、镇内设立空气能热水器经销商代售点，方便消费者直接购买。这种销售模式也可辐射到各个乡村，在乡村重要交通枢纽上做华帝空气能热水器喷绘，让更多的消费者认识华帝。同时，对各地经销商的导购员进行产品知识培训，通过提升导购员的专业知识来引导消费者购买华帝产品。

七、具体活动

（一）主题活动一：清爽夏日团购活动——帮您节省每一分钱

1. 活动目的

突出华帝空气能热水器节能的优良功能，让消费者亲自体验华帝品牌，进而提升华帝品牌在消费者中的认知度。

2. 活动时间

2012年6—7月。

3. 活动地点

温州团购网。

4. 活动对象

所有需要使用热水的消费者。

5. 活动诉求点

以“节省用电量”为诉求点，树立华帝的品牌形象，突出华帝“节能省电”的能效，让消费者切实体会到用华帝是实实在在的省钱。

6. 活动方式及内容

（1）与各小区所在区域的零售便利店联系，针对楼盘的目标消费群体，以邮寄广告的形式告知本次活动情况。

（2）在准备做活动的地方，提前三天以户外KT板预告牌的形式预告本次活动。

（3）在《温州都市报》等市内媒体上做广告，宣传“清爽夏日团购活动”。

（二）主题活动二：天长地久——华帝服务月系列活动

1. 活动目的

借助活动的开展，提高华帝品牌在温州消费者心目中的好感和知名度，让华帝品牌及服务深入人心，并提高华帝品牌的良好形象。

2. 活动时间

2012 年 9 月 1 日至 2012 年 9 月 30 日。

3. 活动地点

温州市市中心（鹿城区大南门、瓯海区娄桥家电、龙湾区佳友电器）、乐清市（宏美家电、苏宁电器）。

4. 活动对象

所有需要使用热水的消费者。

5. 活动构想

请温州都市电视台的工作人员来现场拍摄，因为华帝空气能热水器还未被所有人认可，所以要选择一个温州人民都能看到的地方，位于温州市中的大南门人流大，是最佳选择。时间选择在 2012 年 9 月 1 日至 2012 年 9 月 30 日，是为国庆节促销造势，在国庆节前提高华帝在消费者心中的地位，从而提升华帝在国庆节期间的销量。

6. 活动诉求点

借助维修热水器这一机会，以“免费维修”为诉求点，树立华帝的品牌形象，突出华帝“为顾客天长地久服务”的服务心愿（可作为华帝的服务理念）。“久”与“9”谐音，可与活动时间很好地契合。甚至可将每年的 9 月确定为华帝维修服务月，并与国庆结合起来，开展一系列相关活动。

7. 活动方式及内容

本次促销活动分三个阶段。

第一阶段：活动预告期

（1）时间为活动正式举行前的 10 天。

（2）对温州、乐清周边楼盘的分布进行摸底。

（3）与楼盘所在区域的零售便利店联系，针对楼盘的目标消费群体，以邮寄广告的形式告知本次活动情况。

（4）在准备做活动的地方，提前三天以户外 KT 板预告牌的形式预告本次活动。

（5）在《温州都市报》等市内媒体上做广告，宣传“天长地久——华帝服务月系列活动”。

（6）准备好活动需要的物料。

第二阶段：活动进行期

（1）布置一个家庭卫浴式样的促销现场，名叫“华帝体验式卫浴”。现场陈列华帝空气能热水器样品，并布置一个大型的空气能模型。

（2）现场安排两名主持人，让消费者参与互动大赛，分组进行，凡评选出的“最了解华帝空气能产品”的顾客，将获得一份精美礼品。

（3）所有来到现场的观众都可凭现场派发的宣传单，得到一次免费维护家中电器的机会。

（4）空气能热水器陈列现场可让消费者亲自操作、体验，现场购买空气能热水器可享受七折优惠。

第三阶段：活动后期

联系温州的广播电台和电视台，对此次活动进行报道。

（三）主题活动三：公益活动——绿色洗浴、低碳淋浴活动

1. 活动目的

消费者在接受商业性活动上，普遍具有较高的要求与谨慎心理。为了让消费者从心理上认可华帝，举办一些公益活动，可以从行动上说服消费者，也可以为华帝建立良好的品牌形象，提升竞争力，达到潜在的宣传目的。

2. 活动时间

2012年11月的每个周末。

3. 活动地点

温州市市中（鹿城区大南门、瓯海区娄桥家电、龙湾区佳友电器）、温州乐清市（宏美家电、苏宁电器）。

4. 活动对象

所有需要使用热水的消费者。

5. 活动诉求点

公益活动是消费者最看好的一种活动，为社会出一份力，开心你我他。借助本次公益活动，让消费者每天都在低碳节能中生活，提高消费者的社会责任感和使命感。

6. 活动方式及内容

活动方式：

（1）制作宣传图标，扩大宣传力度，使图标成为温州减碳的标志。

1）制作华帝低碳节能活动宣传手册。

2）制作华帝低碳宣传图标，并订制成标签。

3）制作宣传条幅及海报展板，进行前期宣传。

（2）进入小区，进行低碳环保知识宣传，开设“环保课堂——教你如何淋浴减碳”，从娃娃开始树立保护生态环境的意识。

（3）招聘活动宣传员工深入社区，宣传减碳常识，让减碳意识更加深入人心。

（4）寻找政府、媒体及合作机构的支持和赞助（主要参与者为团队成员）。

1）与温州市环保局相关负责人沟通商讨，为活动提供相关数据和必要的行政支持和技术支持。

2）联系温州交通广播电台及新浪网等媒体，对活动进行跟踪报道，扩大社会影响力。

活动内容：

（1）低碳你我同行，共享绿色沐浴。

（2）低碳淋浴，节能生活我主宰。

（3）“低碳家庭——时尚生活”家庭总动员。

（四）主题活动四：露天展会活动——华帝空气能走进万家

1. 活动目的

让消费者零距离接触华帝空气能热水器，通过让消费者认识，从而引发消费者的购买兴趣，让消费者更全面地了解华帝品牌。

2. 活动时间

2012 年 12 月的每个周末。

3. 活动地点

温州市市中（鹿城区大南门、瓯海区娄桥家电、龙湾区佳友电器）、乐清市（宏美家电、苏宁电器）。

4. 活动对象

所有需要使用热水的消费者。

5. 活动诉求点

通过这次露天展销活动，以“走进万家”为诉求点，让更多的消费者了解并懂得使用空气能的好处，同时提高华帝品牌的知名度，提升华帝品牌在消费者心中的认可率及优先选购率。

6. 活动方式及内容

前期进行活动宣传，通过小区、便利店、广播、网络进行宣传，让消费者了解本次活动。再由入驻经销商对各小区的客户进行统计，提供免费体验安装试用。同时向惠顾的顾客发放礼品：参加体验安装空气能热水器及了解空气能知识的顾客，可凭参加活动卡片到奖品区领取精美礼品一份；散客可在奖品区进行登记，参加抽奖。

八、费用预算

（一）活动一费用预算

表 6—5　活动一费用预算

序号	类别	单价（元）	数量	单位	小计（元）
1	《温州都市报》费用	25 000	30	期	750 000
2	温州团购网广告费用	4 000	30	天	120 000
3	邮寄广告费用	2 000	30	期	60 000
4	户外广告代理费用	1 000	30	天	30 000
5	户外广告制作费用	400	50	块	20 000
6	海报制作费用	15	300	张	4 500
7	宣传活动手册费用	3	1 000	册	3 000
8	礼品费用	5	500	份	2 500
9	音响、高清电视费用	200	4	台	800
10	横幅费用	50	5	条	250
11	其他费用				500
合计					991 550

（二）活动二费用预算

表6—6　　活动二费用预算

序号	类别	单价（元）	数量	单位	小计（元）
1	《温州都市报》费用	25 000	15	期	375 000
2	温州交通广播电台费用	10 000	15	天	150 000
3	邮寄广告费用	2 000	30	期	60 000
4	促销小姐	100	5（人）×30（天）	天	15 000
5	主持人	200	2（人）×30（天）	天	12 000
6	KT板	150	50	个	7 500
7	单页	1	1 000	张	1 000
合计					620 500

（三）活动三费用预算

表6—7　　活动三费用预算

序号	类别	单价（元）	数量	单位	小计（元）
1	新浪网费用	15 000	8	天	120 000
2	温州交通广播电台费用	10 000	8	天	80 000
3	海报	50	500	份	25 000
4	活动费	1 000	20	场	20 000
5	宣传手册	5	1 500	册	7 500
6	展板	250	20	份	5 000
7	员工工资	400	8	天	3 200
8	其他费用				500
合计					261 200

（四）活动四费用预算

表6—8　　活动四费用预算

序号	类别	单价（元）	数量	单位	小计（元）
1	《温州都市报》费用	25 000	10	期	250 000
2	温州交通广播电台费用	10 000	10	天	100 000
3	礼品	350	200	份	70 000
4	宣传手册	5	1 000	册	5 000
5	横幅	100	50	条	5 000
6	其他				500
合计					430 500

费用总计：2 303 750元。

资料来源：浙江金融职业学院市场营销专业营销09（1）班章兵，指导老师方志坚。

用黄金标准法则推广品牌

黄金标准法则就是在品牌定位和广告宣传上，为品牌设立一个使之与同类品牌相比更加出色的说辞，从而体现出该品牌的高人一等。“黄金标准”可凸显品牌的优越品质、独特利益和全新价值，使品牌的销售主张更具表现力、冲击力、说服力和促销力。

一、黄金标准法则的优势

1. 优异性

运用“黄金标准”，可以突出本产品的优势，显示其比其他品牌都优异，使其在同类品牌中脱颖而出。

2. 排他性

运用“黄金标准”进行广告宣传的品牌，具有很强的排他性，显得独一无二，有助于形成鲜明的品牌区隔。

二、黄金标准法则的内容

1. 产品品类标准——强调领导性和专业性

强调品牌在同行业或同类品牌中的领导性、专业性地位，如宣称“销量第一”、“某类专家”等，使产品品牌与品类等同起来，独占品类市场，从而突出品牌的优越性，并对其他同类品牌形成排斥。

例如，百威啤酒宣称是“全世界最大、最有名的美国啤酒”，雅戈尔宣称是“衬衫专家”，格兰仕宣称是“柜机专家”等，致使其他的竞争品牌不能采用相同的定位策略。

2. 产品属性标准——突出产品的优越品质

产品的优良属性和优越品质永远是消费者最为关注的。设立产品属性与品质的黄金标准，可使自身品牌与同类竞争品牌形成鲜明的对比，从而获得独有的市场优势。

3. 使用或服务标准——建立科学的使用规则

产品的使用方法正确与否，对许多品牌尤其是药品、保健品品牌而言，是体现产品优劣的重要指标，是凸显品牌专业性和权威性的终极捷径。建立独特的使用或服务的黄金标准，是对品牌快速树立的强劲支持。

4. 理论技术标准——突出品牌在技术、工艺等方面的先进性

先进的技术和工艺是产品优良属性的最有力的支持，可赋予品牌领先性的价值。理论技术标准可强化品牌核心主张的说服力和促销力，提高品牌的可信度。

5. 价值与形象标准——传播唯我独尊的品牌价值与形象

价值与形象标准是以产品为基础，建立在消费者价值需求层面的品牌区隔标准，它传播的信息较产品属性标准更为丰富，对于产品品牌的建设具有更广泛、更深远的意义。

6. 规范与理念标准——建立新型的、概念性的消费理念和规范

全新的消费理念是至高的品牌黄金标准，若运用得当，可使品牌内涵得到极大的提升，使品牌概念成为时尚的风向标和消费者的消费指导思想，让消费者从内心深处认同品牌、接受品牌，进而对消费者的购买决策产成根本的影响。

资料来源：http：//baike. baidu. com/view/3449283. htm.

模块6 团队项目实战训练

团队项目产品策划

一、训练内容

新产品概念提炼、品牌命名及新产品市场推广策划。

二、训练目的

各团队成员通过充分的交流合作、合理分工、互相讨论和互相启发，探索完成本团队项目的产品概念提炼、品牌命名和新产品市场推广策划，从而深入理解并掌握新产品开发策划、新产品品牌命名策划、新产品市场推广策划的基本流程、方法和技巧。

三、训练的具体任务

（1）提出新产品概念。

（2）设计本团队项目的品牌名称。

（3）确定战略目标和战略要点。

（4）在全面分析营销环境的基础上，进行新产品市场推广策划，并撰写新产品市场推广策划方案。

四、训练的步骤及要求

（1）明确分工。

（2）了解、熟悉新产品市场推广策划的内容和基本流程，并掌握产品策划、品牌命名的技巧。

（3）讨论分析该项目的市场需求情况、产品功能及市场定位，提出产品概念。

（4）讨论品牌内涵、品牌名称创意，并确定品牌名称。

（5）充分了解并分析本团队项目的市场环境、行业背景等情况。

（6）明确推广思路。

（7）策划、整合有关营销的思路、步骤。

（8）进行营销策略组合及创意策划。

（9）制定行动方案及计划。

（10）归纳总结。

（11）形成框架内容，并撰写新产品市场推广策划方案。

（12）各团队选1～2名代表向全班同学展示品牌名称，陈述产品概念、品牌含义及新产品推广的大概思路（每组6～8分钟）。

（13）各团队提交一份产品概念说明书、品牌名称设计说明书及新产品市场推广策划方案（3 500字以上）。

五、评价与总结

(1) 团队自评。

(2) 团队成果展示介绍(包括团队成员的工作态度、团队合作程度、工作流程和对成果质量的评价)。

(3) 团队间互评。

(4) 教师总评。

(5) 个人子项目任务教师评价(打分)。

教师根据各团队成果的优缺点,有针对性地点评,启发学生的创新思维;对各团队普遍存在的问题进行重点分析;针对各团队具体项目的策划提出要重点注意的问题。

项目七
营销渠道网络策划

教学目标

通过本项目的学习与训练，掌握营销渠道网络的模式和功能，深入理解营销渠道网络策划的含义和重点，掌握营销渠道网络策划的基本流程和营销渠道网络策划方案的格式与内容。通过充分的交流合作、合理分工、互相讨论和互相启发，探索完成本团队所承担的具体项目的营销渠道网络策划。

教学要求

1. 掌握营销渠道网络的模式和功能
2. 掌握营销渠道网络的设计、成员选择和管理
3. 掌握营销渠道网络策划的基本流程
4. 掌握营销渠道网络策划方案的要点

技能目标

1. 初步具有营销渠道网络分析的能力
2. 初步具有营销渠道网络分布设计、成员选择和营销渠道网络管理策划的能力
3. 初步具有撰写完整的营销渠道网络策划方案的能力
4. 能通过团队合作，运用相关资料解决相关问题
5. 具有团队合作精神和协调团队内部人际关系的能力

模块1 大家来讨论

如何解决销售渠道的冲突?

某公司是做美容加盟连锁的，每个区域只设立一个代理商，由代理商自行发展美容加盟店。该公司实行严格的区域保护制度，各代理商的产品几乎不会流出其所在区域。

这些加盟店是产品的唯一销售场所，并为消费者提供免费的售后护理服务。加盟店严格执行全国统一零售价。该公司极少对产品进行打折销售，凭着良好的产品品质和价格政策形成了较好的口碑。

同类产品品牌虽然有竞争，但是相对来说影响不是很大。然而，从去年以来，来自网络特别是淘宝网之类的网络销售，给该公司和代理商、加盟店造成了非常大的困扰。

一些加盟店开始偷偷地把产品放到网络上销售，或者把产品转给熟悉网络销售的亲戚朋友，让他们通过网络进行销售。这种网络销售，虽然量并不大，但是对全国其他加盟店的影响非常大。跨区销售影响到其他人的利益，打折销售更是影响恶劣。

代理商虽然知道加盟店这样做是损人利己，但是谁在偷偷进行网络销售很难查得出来。即使查出来了，也不敢轻易对他怎么样。即使把这个店关掉，店主可能还会从其他渠道进货。

对于这种情况，该公司采取的方式是一层一层往下压，要求代理商时时留意自己的区域内有没有人在进行网络销售，同时提供一些方法，告诉代理商怎么查。如果该公司发现哪个区域有网络销售，而代理商没有处理，就处罚代理商。但是，简单的处罚毕竟也解决不了问题，现在在网络上销售该公司产品的店越来越多，大有一发不可收拾的势头。

讨论：封闭式渠道如何应对网络销售的冲击?

模块2 基本知识

一、营销渠道网络的含义

营销渠道网络是指产品的所有权和实体从生产领域流转到消费领域所经过的渠道网络，它由所有参与产品从生产领域向消费领域流动的组织和个人所组成。

营销渠道网络是企业满足消费者需求和欲望的直接交易网络。它是一个体系，是销售网络、服务网络、商情网络、宣传网络和客户网络的有机组成。营销渠道网络的优劣是企业营销能力高低的重要评价指标。对一个企业来说，营销渠道网络就像遍布人体全身的血管，要靠有力的销售完成资金循环，为企业的成长提供营养，其中任何部分的病变，都有可能损伤企业的肌体乃至导致生命的枯萎。

二、营销渠道网络的模式

一个企业所处的行业、所生产的产品不同，其所设计的营销渠道网络也有所不同。比较常见的营销渠道网络模式主要有以下两种：

（一）传统营销渠道网络模式

根据产品在从生产到消费的流通过程中是否经过中间商，一般可将营销渠道网络模式分为间接模式和直接模式。

1. 间接模式

间接模式是在消费者市场上占主导地位的营销渠道网络模式。较常见的有经销商模式和代理商模式。

（1）经销商模式。经销商模式是传统营销渠道网络模式中最为常见的模式。这种模式的营销渠道网络主要由生产商、经销商、批发商和零售商构成。国外比较大的企业大多选用这种模式。经销商模式的优点在于，企业可以利用经销商现有的营销渠道网络，建立批发系统和零售系统，将产品从企业传递到消费者手中。经销商的优势在于，有健全的营销渠道网络，有助于企业完成在目标市场的销售目标。企业的优势在于，能够为营销渠道网络成员提供多方面的营销支持和优惠。经销商模式的缺点在于，企业很难控制经销商，一旦发生利益冲突，就非常有可能使企业建立起来的营销渠道网络陷入瘫痪。所以，采用一定的经销商政策，对营销渠道网络加以管理与控制，是确保经销商模式顺利发挥作用的关键。

（2）代理商模式。代理商模式是国际上通行的传统营销渠道网络模式。它是指通过合同或契约的形式，取得企业产品的代理销售权或用户的代理采购权，交易完成后收取佣金。代理的分类如下：

1）根据是否有独家代理权，代理可以分为独家代理和多家代理。独家代理是指代理商在某一市场（可能以地域、产品、消费群等划分）享有独家权利，企业某一产品全部由该代理商代理销售。多家代理是指不授予代理商在某一地区、某一产品的独家代理权，代理商之间并无代理区域的划分，都为企业搜集订单，无所谓“越区代理”，企业也可在各地直销、批发产品。

2）根据是否有权授予代理权，代理可以分为总代理和分代理。总代理商统一代理企业某一产品在某一地区的销售事务，同时有权指定分代理商，有权代表企业处理其他代理事务。因此，总代理商一定是独家代理商。在某一市场中，总代理商为一级代理，分代理商可以为二级代理或三级代理。

3）根据与企业的交易方式，代理可以分为佣金代理和买断代理。较常见的是佣金代理。

2. 直接模式

营销渠道网络的直接模式即直销模式。直销是指企业直接将产品销售给消费者。它主要是依靠现代的营销媒介（如邮政系统、电信系统、互联网等）来获取消费者。直销模式与经销商模式、代理商模式相比，具有比较明显的优势。它关注的是与消费者建立一种直接的关系，让消费者能够直接与企业互动。通过这种互动，消费者可以十分方便地找到所需要的产品，并随时得到专业化的服务；企业也可以准确了解消费者的信息，更好地为消费者服务。

（二）现代营销渠道网络模式

随着企业营销活动的不断发展，在实际的营销渠道网络运作过程中，出现了整合营销渠道网络成员的现代营销渠道网络模式，这种模式正为越来越多的企业所采用。现代营销渠道网络模式主要包括以下三种：

1. 垂直营销渠道网络模式

垂直营销渠道网络是针对传统营销渠道网络松散的特点，通过特约代理或者加盟合作的方式建立起来的一种由生产商、批发商和零售商组成的联合体。垂直营销渠道网络可以由生产商支配，也可以由批发商或者零售商支配，其特征是专业化的管理和集中执行的网络组织。垂直营销渠道网络模式事先规定了要达到的成本经济和市场效果，有利于控制渠道行动，消除营销渠道网络成员之间的利益冲突。

目前，垂直营销渠道网络主要有以下三种类型：

（1）公司式垂直营销渠道网络。公司式垂直营销渠道网络由同一个所有者名下的相关生产部门和分配部门组成。这种营销渠道网络的成品是由产权互相联系的，一般是由生产企业收购渠道企业的股权，使彼此之间的利益相通，从而控制渠道企业。这种模式使用的前提是生产商要有一定的经营规模和资产规模。例如，康佳通过与成都的经销商共同组建合资企业而使产品得以在成都站稳脚跟，应用的就是这种模式。

（2）管理式垂直营销渠道网络。管理式垂直营销渠道网络一般是由某一家规模大、实力强的企业出面组织的，是名牌生产商通过其在市场中的地位和影响，在产品展销、货柜位置、促销活动和定价政策等方面获得经销商大力支持而建立的一种营销渠道网络。

（3）契约式垂直营销渠道网络。在这种模式中，生产商以契约为基础统一营销渠道网络成员的行动，以求得比单独行动更好的销售效果。契约式垂直营销渠道网络成员的联系方式是契约，所以其基础要比上面两种形式薄弱，但较为适合大多数企业。

2. 水平营销渠道网络模式

水平营销渠道网络是由两个或两个以上的企业联合开发的一种营销渠道网络。一般来说，企业采用这种模式是因为其自身缺乏资本、技术、生产或营销资源，不能独立进行营销或承担风险，或者是因为它发现与其他企业联合可以产生巨大的协同作用。企业之间的联合可以是暂时性的，也可以是永久性的，甚至可以组建一个公司。

3. 多渠道营销渠道网络模式

多渠道营销渠道网络为两个不同层面的消费者提供产品。一方面，企业利用经销商的营销渠道网络为一部分消费者提供产品；另一方面，企业通过自身的营销渠道网络，为一些重要客户直接提供产品。这样做的目的在于，企业可以不再单纯地依靠经销商，也可以通过自己的营销渠道网络取得更大的营销业绩。

在实际的市场运作中，选用什么样的营销渠道网络模式，要基于企业的实际条件。而且，随着市场的发展，营销渠道网络的变化使得企业更接近市场，因此，关注营销渠道网络变化的动态并对其加以利用，可以使得企业在市场中更具竞争力。

三、营销渠道网络的功能

现代营销渠道网络具有以下功能：

1. 产品流通功能

企业的营销渠道网络包括一定数量的分销机构或网点，具有达成交易、交付产品和提供服务的能力。分销机构接近或进入消费者所在区域，可以方便消费者选购产品，及时提供消费者所需的多种服务，加强与消费者的联系和沟通，更好地体现企业的经营宗旨。企业通过自身的或经销商的营销渠道网络，将产品层层传递，最后在网络终端完成销售，形成往返的资金流和物流，也因之不断获得利润和活力。

2. 营销推广和形象传播功能

分销机构接近消费者，营销渠道网络覆盖目标区域。在既定的区域内，各分销机构或网点力争选择有利的地理位置，扩张营销渠道网络，企业就能形成较大的营销和服务辐射范围，这不仅有助于稳定和扩大销售规模，更好地传播企业形象，还能挤压竞争者。

3. 信息采集功能

营销渠道网络能够体现产品的合理流向。在营销渠道网络中，分销机构是按一定的空间范围设定的，具有一定的密度，企业可以借此不断采集信息，充分发掘消费者需求潜力，及时把握市场机会，稳定消费者群体，进而巩固自身的市场地位，增强市场竞争力。

4. 人才吸纳功能

庞大的营销渠道网络，有助于企业树立起其在当地的形象，吸纳当地的人才，为实现企业人才本地化提供机会。所以，加强营销渠道网络的建设也是企业占领市场、获取人力资源的重要手段。

四、营销渠道网络的布局

1. 营销渠道网络的区域分布

营销渠道网络的区域分布，应根据产品和市场特性，企业自身的实力、发展战略、管理能力、经验和声誉，以及市场需求的地区差异、分布特点等，恰当地进行分销机构的布局，即合理设计营销渠道网络的点、线、面，采用最适宜的数量和层次的营销渠道网络成员，使企业的产品能够经济、高效、畅通地送达消费者手中。

2. 营销渠道网络的密度安排

营销渠道网络的密度安排应以目标市场潜力或容量为主要依据。在目标市场潜力或容量大的区域，企业应当投入更多的资源，确保分销机构的数量和经营能力。在目标市场潜力或容量既定的情况下，企业投入多少资源，在同一区域内设立多少分销机构，一般要考虑以下因素：

（1）消费者数量分布及购买习惯。如果目标区域内消费者众多、分布均匀、购买频率高且已形成就近购买的习惯，那么该区域就应设立较多分销机构或网点，保证营销渠道网络有较高的密度。

（2）竞争者的分销状况。目标区域内竞争者的分销机构数量、规模及分布状况是营销策划人员必须重视的参照因素。高密度分布有助于挤压竞争者，但不利于各分销机构实现规模效益。

（3）管理动机。在一个目标区域内设置一个分销机构，有利于企业的分销管理和业务支持，也能保证分销机构的规模效益。在一个目标区域内设置若干分销机构，有利于形成内部竞争机制，但会增加管理难度。因此，企业应当权衡利弊，在总结前期实践经验的基础上，对营销渠道网络的密度作出安排。

3. 营销渠道网络的环节设置

分销渠道可长可短，在企业的营销渠道网络中，是尽量减少流转环节还是保留较多分销中介，这要从分销渠道的成本、效率以及市场机会等方面来加以考虑。流转环节的减少有助于节约分销成本和提高分销效率，因此，在营销渠道网络的环节设置上，应提倡减少中介环节。不过，营销渠道网络的环节也并非越少越好。

五、营销渠道网络成员的选择

营销渠道网络成员一般是指生产商、批发商、零售商、代理商和储运企业等，其中，批发商、零售商和代理商通常被称为中间商。在企业的营销渠道网络中，中间商作为企业的分销合作伙伴，对实现营销目标和完善分销体系具有相当重要的作用。在中间商选择及与中间商建立怎样的分销合作关系的问题上，营销策划人员需要掌握若干原则和技术标准。在营销实践中，企业也要根据中间商的分销合作效果，适当调整合作对象和合作方式。

1. 经销商的选择

经销商主要是指区域内的批发商、零售商等中间商。在经销商的选择上，营销策划人员通常需要考虑以下内容：

（1）经销商的经营范围。

（2）经销商的区位优势。

（3）经销商的产品政策。

（4）经销商的产品知识。

（5）经销商的财务状况及管理水平。

（6）经销商的促销政策和技术水平。

（7）经销商的综合服务能力。

（8）预期合作程度。

2. 代理商的选择

在代理商的选择上，营销策划人员通常需要考虑以下内容：

（1）代理商的品德。

（2）代理商的经营规模。

（3）代理商的经营项目。

（4）代理商的销售网络。

（5）代理商的业务拓展能力。

（6）代理商的财务状况。

（7）代理商的区位优势。

（8）代理商的技术水平。

（9）代理商的政治、社会影响力和背景。

（10）同行对代理商的评价。

企业要对经销商和代理商各方面的情况进行严格审查，这是决定经销和代理成败的关键。

六、营销渠道网络的管理

营销渠道网络是企业营销竞争的核心。企业在选择营销渠道网络时，应该关注如何维护这个核心，以提高企业的竞争力。维护这个核心的方法就是对其进行有效的管理。营销渠道网络的管理主要是通过经销商政策管理和网络终端建设来实现的。

（一）经销商政策管理

经销商政策是保证营销渠道网络畅通、实现企业与经销商双赢的重要条件。经销商政策主要包括以下几个方面：

1. 分销权及专营权政策

制定此政策的目的是确保经销商的分销权或专营权，限定经销商的销售区域，规范分销规模，防止串货或占着市场不经营的情况发生。该政策主要涉及经销商区域限定、授权期限、分销规模和违约处理等内容。

2. 返利政策

制定此政策的目的是提高经销商的销售积极性。该政策主要规定了返利的标准、返利的时间、返利的形式、返利的附加条件等。

3. 年终奖励政策

这一政策实质上是返利政策的一种，因为被许多经销商和企业看重，所以逐渐从返利政策中分离出来。制定此政策的目的也是激励经销商。不过，为了防止经销商为获得年终奖励而将市场价格冲垮，企业应注意运用该政策的时间。

4. 促销政策

制定此政策的目的是促进销售，提高经销商的销售积极性。该政策主要包括设定促销目标、设计促销力度、确定促销内容、确定促销时间，以及促销费用的申报管理、促销活动管理和促销考评等。

5. 客户服务政策

制定此政策的目的是督促经销商为消费者提供良好的服务。该政策主要包括客户投诉处理程序、售后服务政策、配送制度、订发货程序、员工礼仪、客户接待制度等。

6. 辅导培训政策

制定此政策的目的是提高经销商的经营能力，加强企业和经销商之间的沟通。该政策主要包括确定培训对象、内容、时间、地点等。

（二）网络终端建设

在现代市场竞争中，网络终端的建设具有重要意义。对终端市场的重视，有助于企业掌握市场主动权，提高对销售渠道的调控能力，保证产品顺畅销售，并使经销商对企业产生依赖。

在营销工作中，管理网络终端、促进市场生动化是网络终端建设的重要内容，具体包括以下三个方面：

1. 确定网络终端的覆盖面

网络终端的覆盖面关系到企业营销渠道网络的整体布局。一般来说，确定网络终端覆盖面的主要目的是保持企业各终端销售点的均衡发展，促进各终端销售点的协调，推动企业产品市场的有序扩张和可持续发展。在具体选择方案时，应考虑分销成本、市场覆盖率以及企业对终端的控制能力和企业后勤支持系统的跟进能力等。

2. 布置网络终端

网络终端建设当前的发展趋势就是标准化，即企业对产品陈列位、产品陈列面、产品结构、产品库存、POP、落地陈列（堆头）及维护方面作出具体的标准化规定。企业销售人员可以参考客户的意见和建议，给网络终端的布置提供指导和帮助。

3. 管理网络客户

企业的营销渠道网络构建起来之后，网络客户管理就是当前最重要的工作了。客户是企业销售体系的重要部分，是企业的重要资产之一。网络客户管理的实质就是有效地运营客户这项资产，对其进行开发、维护、运用并使之增值。

网络客户管理的出发点是既要调动经销商的积极性，又要降低经销商可能给企业带来的风险，主要包括利益管理、支援和辅导经销商、建立良好的客情关系、风险控制等。

模块3 操作指导

一、营销渠道网络策划的基本流程和关键步骤

（一）营销渠道网络策划的基本流程

1. 营销环境分析

营销环境分析是策划的基础。几乎在所有策划中，营销环境分析都是第一位的，离开营销环境分析，策划就无从谈起。在营销渠道网络策划中，营销环境分析要围绕策划目的进行，主要包括：

（1）确定企业和产品的营销目标。

（2）明确营销渠道网络策划的指导思想。

（3）分析目标消费者。

（4）分析目标市场。主要分析该市场现有产品状况、行业状况、市场竞争状况等。

（5）明确产品本身的特点。

（6）分析企业资源。

（7）分析中间商状况。

2. 确定营销渠道网络模式

在上述分析的基础上，找到各项指标的交集，确定合适的营销渠道网络模式。营销渠道网络模式的创新会提升企业的竞争力，带来机会。

3. 拟定策略

这个过程就是根据目标寻找手段的过程，不要拘泥于现有的方法，关键在于目标的具体化。

4. 发现渠道开拓的机会并制定行动方案

根据对市场发展状况、机会和竞争情况的分析和判断，结合企业资源条件，寻找、发现渠道开拓的时机、途径和切入点，并从整体上制定出渠道开拓的行动方案。

5. 策略实验

验证策略的可行性并对其进行修正，制定出推行方案的工作规范。

6. 制定营销渠道网络策划方案

在全面、系统分析的基础上，根据企业的营销战略和策略，设定营销渠道网络策划的具体目标，提出达成目标的渠道发展战略及策略，结合其他营销策略和手段，制定出具体的实施步骤。整个方案的思路要明确，渠道之间既要有主次之分，又要互相配合，突出可操作性。

（二）营销渠道网络策划的关键步骤

1. 分析目标消费者需求

营销渠道网络策划最重要的一步是分析产品的目标消费者需求，即产品到底是卖给哪些人，这些人在什么情况下使用以及如何使用。

2. 定位目标市场

营销策划人员分析目标消费者需求时，往往会发现市场很多的机会点，但不同企业的经营目标与经营能力不一样，因而产品对于目标市场的选择性与适应性也有很大的差别。按照经典的营销理论，产品对于市场的选择应该是在产品生产之前就确定了的。定位目标市场，不能凭感性认识，而要通过 5W2H 法（为何？何事？何处？何时？何人？如何？何价？）来清晰界定。

3. 寻找营销渠道网络最佳接触点

有了清晰的目标市场定位以及目标市场的需求分析，寻找营销渠道网络最佳接触点就顺理成章了。因为在目标消费者需求分析与目标市场定位的环节中，消费者的购买途径已清晰可见。营销策划人员在考虑营销渠道网络与目标消费者的最佳接触点时，必须以竞争者为参照，突出自身的竞争优势，这就引出了下一步——设定营销渠道网络结构。

4. 设定营销渠道网络结构

企业的营销渠道网络结构相当于企业的渠道蓝图，理论上应该是企业一到三年的渠道规划，包括对渠道的结构、层次以及各渠道层次的业务目标、代理商区域划分的规划等。营销策划人员在设计渠道层次时，一定要从经济的角度来分析其存在的意义。

根据目标消费者、区域市场差异化、企业的目标与发展阶段，合理设计了渠道层次后，营销策划人员还应为每个渠道层次设置合理的目标，即对销售、资金回笼、库存、周转率、零售、分销等的具体要求。代理商之间或经销商之间均应有区域的划分，否则就会产生混乱。

5. 选择产品组合

这里的产品组合是指将具有相同流通属性和目标市场的产品组合起来，目的有三：一是防止经销商之间的过度竞争，保证经销商的合理利润；二是满足不同层次的消费者的需求；三是创造比竞争者更强的竞争优势。

6. 制定渠道驱动政策

经营的本质是“唯利是图”，经销商也不例外。经销商经营企业产品，看中的无非是“利润”二字。所以，企业对经销商的吸引与控制条件，是决定营销渠道网络的重要因素与关键因素，我们且称之为渠道驱动因素。常见的渠道驱动因素有：

（1）产品核心竞争力：产品的款式、质量、功能等。

（2）市场管理能力：企业对市场秩序和价格体系的维护能力以及渠道管理能力、服务能力、配送能力等。

（3）价格政策：产品的价格水平、利润空间等。

（4）渠道返利政策：商业补贴、提货返点、模糊返利、退换货政策、样品政策、各种补贴政策等。

（5）市场推广政策：终端建设政策、广告政策、技术投入政策以及新品推广专项政策等。

（6）企业的经营实力。

7. 渠道运营

如果说渠道驱动政策还只是纸上谈兵，那么渠道运营工作就是对上述政策的具体执行了。渠道运营本质上体现的是一个企业的管理能力与执行能力。政策层面的东西人人可学（商业上的抄袭与模仿是最常见不过的事情），但企业的精髓即每个企业的核心竞争力，却不是那么容易被竞争者模仿的。

8. 营销渠道评估与淘汰

在渠道运营的过程中，不可能每个经销商都成为企业忠诚的或者合格的合作伙伴。实际上，根据二八法则，企业20%的核心客户往往占有企业80%的销售额。因此，企业淘汰经销商或经销商放弃经营企业的产品极为常见。关键是，企业要有良好的预警机制，要防患于未然，不能等到出现问题的时候才想到要解决问题。

二、营销渠道网络策划方案的要点

1. 营销环境分析

科学地分析营销环境是营销渠道网络选择的依据与基础。对营销渠道网络的选择而言，营销环境分析的重点应放在行业状况和市场竞争状况上，要对竞争者的市场占有率、销售渠道、产品价格等情况作重点分析。

2. SWOT 分析

从营销环境分析中归纳出企业的优势与劣势、机会与威胁，然后发现企业存在的问题与潜力，为营销渠道网络策划方案的制定打下基础。

企业的优势与劣势一般通过对内部环境的分析来把握，机会与威胁则通过对外部环境的分析来把握。在确定了企业的优势与劣势、机会与威胁之后，营销策划人员根据对市场运动轨迹的预测，就可以大致找出问题所在了。

营销策划人员要充分利用企业的优势，同时要注意其劣势对营销渠道网络选择的影响，采取有效的措施，保证营销渠道网络选择的可行性和合理性。

3. 营销渠道网络的设计

（1）营销渠道网络模式的选择。任何企业都不能随心所欲地选择营销渠道网络模式，而应根据具体的情况来选择。营销渠道网络模式的选择受到一系列微观因素和宏观因素的制约，具体包括产品因素、市场因素、中间商状况、企业本身条件等。

（2）具体分销渠道的选择。具体分销渠道的选择是指对营销渠道网络模式再作具体化选择，即具体选择该类渠道模式的某个环节的中间商。

（3）中间商数目的选择。营销渠道网络的设计不仅涉及具体的营销渠道网络模式的选择，还包括对分销面的大小，即宽渠道和窄渠道的选择。宽渠道是指企业使用的同类中间商较多，分销面较广。窄渠道是指企业使用的同类中间商较少，分销面狭窄，甚至一个地区只由一家中间商统包。在进行中间商数目的选择时，根据产品、市场、企业的具体情况，营销策划人员可以考虑采用三种分销策略，即广泛性分销、选择性分销和独家分销。

（4）具体中间商的选择。在选择中间商时，还需对中间商进行评估。具体评估的因素包括合法经营资格、目标市场定位、地理位置、营销策略、销售能力、服务水平、储运能力、财务状况、企业形象、管理水平等。根据最优化原则，选择最有实力、最善于销售、最守信誉的中间商，作为企业的合作伙伴，本着双赢的原则，把营销渠道网络的设计落到实处。

4. 营销渠道网络策划方案的实施安排

在设计出营销渠道网络策划方案以后，还必须制定方案实施的时间进度表，以使方案更具可操作性。这部分内容不用写得太详细，只要写清楚方案实施的进度安排即可。另外，由谁实施，也要在这里说明。

易兴啤酒分销渠道设计方案

一、企业背景

易兴啤酒有限公司位于河北保定市城郊，是一家以开发生产多种啤酒为主的生产型企业，企业成立初期已经研发并生产出数种广受消费者欢迎的啤酒种类，在市场上试点销售效果良好。企业生产的产品口味较新、质量上乘，以“新颖、健康、价格合理”为产品特色，以“提高消费质量，保证身体健康”为企业理念。

二、渠道设计的目标及影响因素

（一）目标

（1）开拓市场，提高市场占有率，扩大企业知名度；

（2）建立密集型销售网络；

（3）使渠道流通便利、流畅；

（4）使渠道建设更具经济性；

（5）便于消费者购买及使用；

（6）建立良好的客户关系，提供良好的客户服务。

（二）影响渠道设计目标的主要因素

（1）市场分散程度；

（2）服务质量；

（3）等待时间；

（4）产品多样性。

三、影响渠道设计的主要因素

（1）市场因素，包括目标市场的大小、需求的季节性、市场竞争状况、目标顾客的因素等；

（2）产品因素，包括单价、式样、健康性、可保存性、体积、重量、毛利；

（3）企业自身因素，包括企业规模、企业实力、营销管理能力、控制渠道的能力、营销人员的数量与素质、对市场的了解程度、服务能力、仓储及配送能力等；

（4）中间商状况，包括经营规模、实力强弱、营销管理能力、销售人员的数量与素质、对市场的影响程度、服务能力、信誉度、知名度等；

（5）竞争者状况，包括竞争者规模、实力、数量、对市场的覆盖程度、知名度、经营目标及理念、是否存在地方保护等；

（6）环境因素，包括各种宏观、微观环境，各地区的风俗习惯等。

四、分销渠道设计的结构

（1）渠道长度：以能达到分销渠道设计的主要目标为依据，兼顾经济性原则，不刻意追求长渠道或短渠道。

（2）渠道宽度：密集型分销渠道。

（3）渠道广度：多渠道销售。

（4）渠道系统：整合渠道系统中的多渠道系统。

五、分销渠道的选择与品牌推广

1. 经销商

经销商应具有较强的经营实力，并且在消费者的心目中具有较好的形象，能够烘托并帮助建立品牌形象。

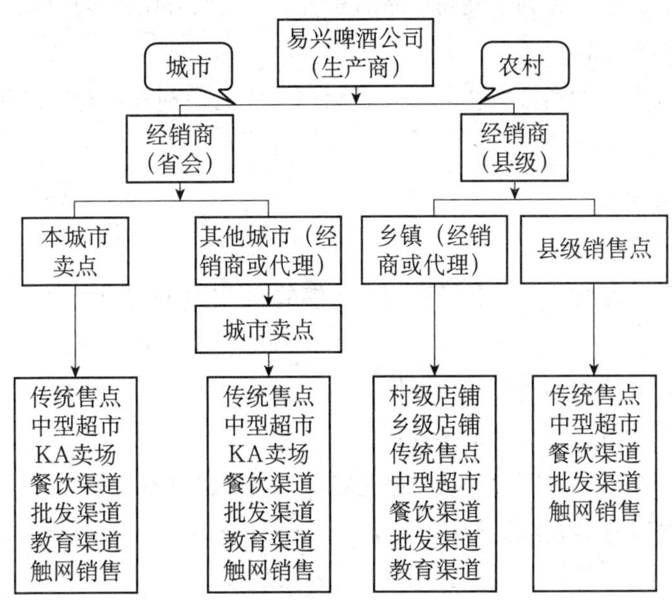

说明：对于网络销售，实行网络订货就近销售终端配送原则。

图 7—1　易兴啤酒公司的销售网

2. 各大高校食堂或者商店（教育渠道）

让产品尽可能接近主要的消费者——大学生，易于拓宽销售；大学生来自全国各地，便于品牌的推广。

3. 传统卖点

一般杂货店或者便民超市。

4. 中型超市

连锁超市或中型超市。

5. KA 卖场

家乐福、沃尔玛等超市卖场。

6. 餐饮渠道

包括中档餐饮、低档餐饮、居民区附近的便民餐饮摊点、企事业单位食堂。

7. 批发渠道

经营者须是长期经营。

8. 触网销售

本企业将与阿里巴巴诚信通、中国食品商务网等知名度高、信誉良好的网络公司合作，建立自己的网络推广与销售平台，使更多的人认识到易兴产品，同时易兴啤酒有限公司也为人们更好地提供易兴产品。

9. 定期进行户外宣传销售

定期在繁华市区或者集市发放传单或者举办免费试饮活动，使产品更贴近消费者，与消费者建立良好的关系，有利于提高产品的知名度，挖掘潜在的客户群。

10. 创建自己的网站

尽可能降低成本，做到价廉物美，并且利用网络的便利性，对产品进行广泛的宣传，以赢得消费者的信赖与支持。

六、分销政策设计

（一）价格政策

产品价格政策的原则是保证各级商家有足够的利润空间和弹性，使经销商获得丰厚的利润。

（1）拉大批零差价，调动代理积极性；

（2）扣率结合批量，鼓励大量多批；

（3）以成本为基础，以同类产品价格为参考，使价格具有竞争力。

（4）顺应市场变化，及时灵活调整。

（5）零售价：全国统一。

（6）促销价：限定最低价区间，销售渠道中各个中间环节举行促销活动须向公司申请，公司书面批准后方可进行。

（7）出厂价：全国统一。

（8）批发价：根据经销商的批发量给予不同程度的优惠。

（二）回款政策

根据经销商的信誉度而有所区别（信誉度将通过实地调查从当地销售终端及消费者口碑中获知，根据口碑好坏确定）。

表7—1　　易兴啤酒公司的回款政策

A类经销商： 先货后款，也可以给予一定程度的赊销	B类经销商： 稍逊于A类，是重点扶植的对象，先货后款或货到付款
C类经销商： 稍逊于B类，少量可欠，货到付款	D类经销商： 月清月结，绝不拖欠，先款后货

七、经销商的培训政策

每个区域内的经销商，由公司委派一到三名业务人员进行全面而深入的售前指导、现场辅导和服务。

（一）培训支持

公司将组建一支由优秀的业务人员与业务经理构成的培训队伍，对经销商的管理人员与一线员工进行全方位的销售培训。

（二）经营管理辅导

举行经销商大会，研讨营销策略，交流经验，编辑培训辅导手册，如《经销商经营指导手册》。

（三）销售激励政策——经销商方面

经销商销售本公司啤酒，在单位期限（月）内提货额达 8 000 元人民币，可得到相应的奖励返点。除此之外，公司还将颁发“荣誉证书”等精神奖励。

（四）销售激励政策——员工方面

销售部员工均采用底薪加提成的方式，提成与销售任务挂钩。

（五）发展政策

（1）利用低价策略迅速抢占市场份额，同时注意价格的合理性。

（2）树立品牌形象，建立与消费者的良好关系。

（六）营销网络维护政策

为保障企业销售系统的统一、流畅、高效运行，除制定合理的政策和程序之外，还需对整个环节中出现的状况有及时的了解，以便适时维护。

（1）对经销商等中间商的销售情况进行定期和不定期的检查。

（2）对于有一定规模的经销商等中间商，需通过网络或信件电联等方式定期、及时地与公司联系与沟通，以保障营销渠道的高效运行。

（3）销售网络中其他指标的检查与维护。

（七）服务政策

销售出的产品如有质量问题，本公司及各销售环节中的成员均提供无条件退换货服务。

资料来源：http：//sunnyurain. blog. 163. com/blog/static/1074883772010930354731 3/.

营销渠道与品牌创建

在这个品牌制胜、渠道为王的竞争时代，越来越多的企业开始重视营销渠道对品牌资产积累和产品销售所起的决定性作用。这使得以往很多企业在制定营销战略时，往往在考虑了产品、价格和促销这三个因素之后才关注渠道这一战略因素的习惯，正在悄然发生改变。营销渠道的地位为什么会发生如此大的变化？营销渠道对品牌创建和品牌资产积累能够起到哪些作用？如何利用渠道策略加速品牌创建？

一、四大变化提升营销渠道的地位

从国内外市场的发展变化来看，导致营销渠道地位大大提升的原因主要在于以下四个方面：

首先，与产品、价格、促销三个因素相比，营销渠道最有利于获得持久的竞争优势。随着市场竞争的加剧和产品同质化程度的增强，企业通过产品、价格、促销等营销因素来获取持久的竞争优势已经变得越来越困难，营销渠道对企业能否获得持久的竞争优势则越来越重要。究其原因，一方面，营销渠道可以更多地从长计议。无论是直接渠道还是间接渠道，维持的时间越长，越有利于企业产品的销售和品牌的打造。另一方面，营销渠道的建立需要长期的投资和相应的组织结构，可增强与竞争对手的抗衡能力。另外，营销渠道是基于关系建立起来的，营销渠道成员之间的关系，主要表现为主导权或合作关系。其中，营销渠道的主导权争夺体现了营销渠道成员之间的控制与被控制的关系。长期以来，国内外工商企业之间的矛盾主要反映在对营销渠道主导权的争夺上。营销渠道成员之间的合作关系，是营销渠道成员之间的权利平等或战略联盟关系。目前，越来越多的企业意识到，今天的市场竞争已经不再是与单个企业的竞争，而是与整个链条上企业的竞争。因此，企业的决策者希望从对营销渠道主导权的争夺中摆脱出来，加强营销渠道成员之间的合作，有的企业还致力于建立长期稳定的合作型渠道关系以提高竞争力。如宝洁公司与沃尔玛公司之间的战略联盟，已经成为众多企业学习的典范。

其次，零售商地位不断提高，市场竞争重心转移。近些年来，随着连锁经营和物流业的发展以及零售业态的不断增多，零售商的地位大大提高，零售终端的竞争也愈演愈烈。一是很多制造商自投资金与零售商合作，抢占零售终端；二是大量批发企业向零售终端延伸，开展零售业务，或为零售企业提供物流配送；三是零售商大搞连锁经营，进行快速扩张，并发展多种业态来争夺市场。可以说，零售终端的激烈争夺是渠道战升级的直接原因，也是营销渠道地位大大提升的直接原因。

再次，营销渠道领域存在较多的利润可挖掘机会。一般来说，企业产品销售价格主要由生产成本和流通成本两部分构成。国内外有关研究表明，在过去的十多年中，发达国家生产企业通过技术改造、技术更新、组织重组、流程再造和扁平化等措施，已有效降低了制造成本和内部营运成本，在制造成本方面进一步大幅度削减的可能性很小。发展中国家制造成本本身就相对便宜，从发展的趋势来看，不仅难以下降，甚至还有上升的可能。而原材料和零部件成本由于资源本身的限制，也难以再降低。在这种情况下，要降低成本、挖掘利润，唯有通过降低流通成本，特别是交易成本和仓储成本来实现。而良好的渠道关系管理和物流配送等使流通成本的降低成为可能。

最后，新技术的广泛运用大大提高了营销渠道的运行效率。目前，影响营销渠道运行的技术主要有互联网技术、电子扫描技术、信息管理技术、电子数据交换技术、物流技术等。这些新技术的广泛运用，不仅提高了营销渠道运行的准确性，还大大降低了营销渠道运行的成本，可有效提高营销渠道的运行效率。

二、利用营销渠道打造知名品牌

根据产品流通环节的多少，可以把营销渠道分为直接渠道和间接渠道两大类。那么，如何利用这两种渠道打造品牌呢？

品牌创建的直接渠道策略主要有开设自营商店、在百货商场中设立专柜、开展直销等。一般来说，企业开设自营商店的目的是控制销售过程，与消费者建立更紧密的联系，把产品直接出售给消费者。不过近年来，也有一些企业开设自营商店的目的主要不是销售产品，而是让消费者了解该企业品牌的过去、现在和未来，给消费者创造一种品牌体验。这样的自营商店，人们一般称之为品牌旗舰店或品牌体验店。例如，耐克公司推出的耐克商城，不仅充分展示了耐克公司的所有产品，而且每家店还通过灯光、音乐、温度及独特的多媒体等来展示耐克的品牌理念。除了开设自营商店外，很多企业还在主要的百货商场中设立专柜，经营产品。这样做，既可以安抚零售商，从零售商的品牌形象中受益，又使企业保持了在购买点对产品设计和经营的控制权。此外，一些企业还采取直销方式，即通过人员推销、电话、信件或电子手段将产品直接出售给消费者。安利、雅芳就是通过直销来销售产品的。这些直销方式的共性是能直接与消费者进行对话、建立联系。总之，直接渠道可以让消费者更好地理解该品牌产品的深度、广度、多样性及突出特性，从而有效地增强品牌资产。

品牌创建的间接渠道策略是企业利用分销商来销售自己的产品。其中，分销商中的零售商可以最直接地接近消费者，因此，他们对品牌资产的影响也最大。一般来说，利用间接渠道创建企业品牌主要有两种策略：一是拉动策略，二是推动策略。拉动策略是指企业把营销的努力定位在目标消费者身上，利用消费者对分销商施压，从而在营销渠道上“拉动”产品销售。如前所述，随着分销商尤其是零售商地位的不断提高，分销商就有资本与企业谈条件，这也意味着分销商可以要求企业更频繁地开展贸易促销和参加零售商的各种促销活动。企业要想重新获得被分销商夺取的优势，办法之一就是创建强势品牌。推动策略是指企业把营销的努力定位在渠道成员身上，通过直接刺激，使他们乐于储存和销售企业的产品，从而在营销渠道上推动产品销售。为了使推动策略更好地发挥效力，企业要注意加强与渠道成员之间的合作，并给予渠道成员适当的支持。如买卖双方可以建立伙伴型的渠道关系、开展广告合作、相互之间提供多种服务等，以促进产品销售，提高品牌知名度。

实际上，许多企业在创建品牌的过程中往往可以同时利用直接和间接这两种渠道策略，但要注意避免渠道冲突。在这方面，耐克公司的做法值得借鉴。耐克通过建立合理的分销与价格体系，有效地避免了渠道冲突。它根据其主营产品服装和运动鞋的不同特点和价格，通过六种不同的零售终端进行销售，包括：耐克专业运动品店，为专业人士提供新的系列产品；耐克普通运动品店，销售各种款式的运动产品；百货店耐克专柜，只销售最新款式的运动产品；大卖场，主要销售各种折扣产品；耐克旗舰店，汇集和展示各种耐克产品；工厂店，降价销售或抛售过剩、过季产品。同时，为了避免渠道冲突，在同一个城市，耐克公司还通过限制商店的数量来控制销售。

资料来源：祝合良：《营销渠道与品牌创建》，载《世界标准信息》，2006（2）。

模块6 团队项目实战训练

团队项目营销渠道网络策划

一、训练内容

营销渠道网络策划。

二、训练目的

各团队成员通过充分的交流合作、合理分工、互相讨论和互相启发，探索完成本团队项目的具体营销渠道网络策划，并撰写营销渠道网络策划方案，基本掌握营销渠道网络策划的内容、基本流程和技巧，提高实际操作和运用能力。

三、训练的具体任务

（1）讨论提出营销渠道网络策划的整体思路。

（2）设计营销渠道网络布局。

（3）选择营销渠道网络成员。

（4）进行营销渠道网络管理策划。

（5）在全面分析营销环境的基础上，撰写营销渠道网络策划方案。

四、训练的步骤及要求

（1）明确分工。

（2）充分了解并分析本团队项目的市场环境、行业背景等情况。

（3）了解、熟悉营销渠道网络策划的基本流程。

（4）明确本团队项目营销渠道网络策划的整体思路。

（5）讨论、分析、设计本团队项目的营销渠道网络分布。

（6）讨论、选择本团队项目的营销渠道网络成员。

（7）进行具体策略的设计。

（8）形成框架内容，并撰写营销渠道网络策划方案。

（9）各团队选1～2名代表向全班同学陈述营销渠道网络策划的大概思路（每组6～8分钟）。

（10）各团队提交一份营销渠道网络策划方案（3 500字以上）。

五、评价与总结

（1）团队自评。

（2）团队成果展示介绍（包括团队成员的工作态度、团队合作程度、工作流程和对成果质量的评价）。

（3）团队间互评。

（4）教师总评。

(5) 个人子项目任务教师评价（打分）。

教师根据各团队成果的优缺点，有针对性地点评，启发学生的创新思维；对各团队普遍存在的问题进行重点分析；针对各团队具体项目的策划提出要重点注意的问题。

项目八 促销策划

教学目标

通过本项目的学习与训练，要求学生深入理解影响常用促销工具选择的因素，初步掌握广告策划、营业推广策划、公共关系策划的内容和基本流程，熟练掌握各种促销工具的策划内容和撰写促销策划方案的技巧，提高学生实际操作和运用的能力。

教学要求

1. 掌握广告策划的内容和基本流程
2. 掌握营业推广策划的内容和基本流程
3. 掌握公共关系策划的内容和基本流程

技能目标

1. 初步具有广告策划和撰写广告策划方案的能力
2. 初步具有营业推广策划的能力
3. 初步具有公共关系策划的能力
4. 能通过团队合作，运用相关资料解决相关问题
5. 具有团队合作精神和协调团队内部人际关系的能力

永久牌自行车如何促销?

上海永久股份有限公司（简称永久公司）从 1940 年就开始生产自行车，是我国最早的自行车整车制造厂之一。新中国成立以后，永久公司作为最大的国有自行车厂，为我国自行车行业的发展做出了不可磨灭的贡献。永久公司研制了统一全国自行车标准、规格的标定车，又开发了我国第一代 660mm 轻便车、载重车、赛车及电动自行车、LPG（液态石油气）燃气助力车等产品。半个世纪以来，永久牌自行车的总销量近 1 亿辆，成为中国单一品牌、单一产品消费者最多的交通工具。

永久牌自行车品牌知名度高，产品质量可靠而稳定，但在过去几十年里，由于该公司市场观念不强、产品的款式和品种跟不上市场需求的发展变化，所以虽然价格不高，但年轻的新生代不了解或对永久的品牌印象不深甚至非常模糊。近年来，随着其他品牌的崛起和市场竞争的加剧，永久公司针对新生代开发了多款时尚的自行车。

鉴于永久牌自行车的良好质量和口碑，以及实惠的价格，再加上丰富、时尚的产品款式也很适合年轻人的需求，公司决定将高校学生和中学生的父母锁定为重要目标市场，前期打算主攻全国的高校市场。

讨论：如何在你所在的学校开展永久牌自行车的宣传或促销?

模块 2 基本知识

一、促销与促销组合

(一) 促销的含义和主要工具

促销是指企业运用各种手段，向消费者传送企业及其产品的信息，实现双向沟通，使消费者对企业及其产品产生兴趣、好感与信任，进而作出购买决策的活动。促销的本质是沟通信息，作用在于赢得信任、诱导需求、促进购买。

一般来讲，促销的主要工具有广告、人员推销、营业推广及公共关系。

（1）广告。广告具有公开展示、普及性、表现力强、非人格化等特性，它一方面能够用于建立一个产品的长期形象，另一方面能促进快速销售。就其传达给地域广阔而分散的广大消费者而言，广告覆盖到个体消费者的成本相对较低，是一种有效的促销工具。但是，广告同时是一个“烧钱”的促销工具，对企业来讲，如何使用广告是一个非常重要的问题。

（2）人员推销。人员推销在建立消费者的偏好、信任方面是最有效的工具，其具有面对面接触、建立和维护各种关系、对促销迅速作出反应的特性。但是，人员推销的费用比较高，对企业营销管理的要求也比较高。

（3）营业推广。营业推广是赠券、竞赛、抽奖等方式的集合，具有沟通信息、刺激销售、吸引消费者购买的特征，能在短时间内引起消费者对产品的注意，扭转销量下降的局面。但是，营业推广的影响常常是短期的，对建立长期的品牌偏好不甚有效。

（4）公共关系。公共关系具有高度可信性等特性，是融合企业与公众关系的重要工具，对建立企业的形象并在长期内促进产品销售有积极影响。

（二）促销组合的含义和选择促销工具时应注意的因素

促销组合是指企业在促销活动中，为实现以最低的促销费用，达到最好的整体促销效果，对广告、人员推销、营业推广和公共关系等促销工具实行综合运用所形成的有机整体。不同的企业，由于行业特点、业务性质、经营范围和消费者类型的不同，促销组合的方式也有很大的不同。

为了达成促销目标，企业要选择最恰当的促销工具。促销工具选择得当，可收到事半功倍的效果，反之则可能与促销目标南辕北辙。选择促销工具时，应注意以下几种因素：

（1）促销目标因素。选择的促销工具必须最有利于促销目标的实现。

（2）企业营销战略因素。选择的促销工具必须充分配合企业的营销战略。

（3）时间因素。选择促销工具时，要考虑促销的时间安排。

（4）市场因素。选择促销工具时，要以市场特性为依据。

（5）产品因素。选择促销工具时，要考虑产品的类型、内在价值和所处生命周期的阶段。

（6）企业自身因素。选择促销工具时，要充分考虑企业自身的优势、劣势和可利用资源，并要符合企业自身的外在形象。

二、促销策划

促销策划是指在对各种促销工具进行组合运用时的具有创造性的谋划与设计。它包含整体促销策划和单一促销策划两个层面。整体促销策划是对企业整个促销工作的谋划和设计，即广告、人员推销、营业推广和公共关系如何实现最佳配合。单一促销策划是指企业在一定时期内，针对确定的市场采用特定的促销工具，对单项促销活动进行的策划，如广告促销策划、人员促销策划、营业推广促销策划和公共关系促销策划等。它是整体促销策划的基础，具有相对的独立性和完整性。其中，人员促销策划较微观，且个性化较强，学校一般会开设专门的课程，所以本项目中不展开阐述。此外，考虑到高职学生的层次和水平，本项目将广告促销策划、营业推广促销策划和公共关系促销策划放大至广告策划、营业推广策划和公共关系策划的层面来讲，这样易于学生理解和接受，有利于他们学会使用这些促销工具。

(一) 广告策划

1. 广告策划的含义

广告策划是根据企业的营销策略，在营销调研的基础上，围绕营销目标的实现，制定系统的广告策略、创意表现与实施方案的过程。它以科学、客观的市场调研为基础，以富有创造性和效益性的定位策略、诉求策略、表现策略和媒介策略为核心内容，以具有可操作性的广告策划方案为直接结果，以广告策划的效果调研为终结，追求广告策划的合理化和广告效果的最大化。

2. 广告策划的构成要素

从平面设计角度来讲，广告策划的构成要素可分为语言文字和非语言文字两部分。语言文字部分包括广告标题、广告正文以及商标和企业名称等，非语言文字部分包括广告构思、广告形象及衬托要素等。广告策划就是对上述诸种要素的创造性组合，其具体构成要素包括五个方面：

(1) 广告主题。广告主题是广告的灵魂，它决定着广告设计其他要素的运用。鲜明的广告主题便于消费者理解广告要告诉人们什么，要求人们去做什么。广告主题在广告中大多以标题的形式出现，并被安排在最引人注目的位置。

(2) 广告创意。广告创意是对广告主题的形象化表现所进行的一系列创造性活动，也称为广告构思。有了明确的广告主题，如果缺少表现主题的创意，就无法引起消费者的注意，难以取得良好的广告效果；如果创意与主题不协调，主题就不能得到充分表现，甚至会干扰主题而转移消费者的注意力，削弱广告效果。

(3) 广告文案。广告文案是表达广告主题和广告创意的文字，是平面广告不可缺少的构成要素。以广告文案配合图形要素来实现广告创意，具有引起注意、传播信息、说服对象的作用。广告文案要素包括标题、广告语、正文、附文等。

(4) 广告图形。广告图形是平面广告的主要构成要素，优美的广告图形能够准确、细腻、生动、形象地表现广告主题和广告创意。广告图形要素包括插画、注册商标、画面轮廓线等。

(5) 广告色彩。广告色彩在广告表现中具有迅速诉诸视觉的作用。公众对广告的第一印象是通过色彩建立的。广告色彩影响公众对广告内容的关注程度。鲜艳、明快、和谐的色彩组合会对公众产生吸引力，灰暗、混浊、不和谐的色彩组合会让公众觉得“这是旧广告”，从而不会注意它。

3. 广告策划的原则

(1) 真实性原则。广告策划的真实性包括以下几个方面的内容：广告必须以事实为依据和基础；广告要以诚信为本，讲求信誉；广告内容要完整，既要介绍产品的优点，又可根据具体情况向社会公众提出必要的忠告。

（2）科学性原则。营销策划人员必须遵照科学的原理、手段、技术和方法对广告策划活动进行经营与管理。同时，还必须充分运用现代的科学技术与手段，从宏观和微观上对广告进行定性与定量的科学研究，这样才能使广告策划产生应有的社会效益与经济效益。

（3）艺术性原则。广告策划的艺术性是指广告必须通过运用美术、摄影、音乐、诗词、戏剧、舞蹈、书法、绘画等丰富多彩的艺术形式，生动活泼地表现出它的主题。广告的艺术形象越鲜明，越具有创造力，就越能感染公众，越能产生社会效益与经济效益。

（4）针对性原则。广告策划的针对性是指营销策划人员要根据企业的营销目标，有针对性地设计产品信息，选择合适的诉求对象及广告媒体。

4. 广告策划的策略

广告是以说服为目的的信息传播活动，广告策略也就是广告的说服策略。广告要达到有效诉求的目的，必须具备三个条件：正确的诉求对象、正确的诉求重点和正确的诉求方法。因此，广告策划的策略也由三部分构成，即诉求对象策略、诉求重点策略和诉求方法策略。

（1）诉求对象策略。广告的诉求对象是指广告的信息传播所针对的那部分消费者，即企业产品的目标消费者兼购买决策的实际作出者。换句话说，广告的诉求对象由产品的市场定位决定。

（2）诉求重点策略。广告中向诉求对象重点传达的信息被称为广告的诉求重点。制约诉求重点策略的因素包括营销目标、诉求对象的需求和产品的市场定位这三方面。

以产品的市场定位来确定广告诉求重点的策略，就是广告诉求的定位策略，在实际运用中有以下几种方法：

1）功效定位。以产品的功效为诉求重点是广告策划的常见形式。

2）高级群体定位。企业可借助群体的声望，打出入会资格限制严格的俱乐部式的高级群体牌子，强调自己是这一高级群体的一员，从而提高自己的地位、形象和声望，赢得消费者的信赖。

3）生活情调定位。生活情调定位就是使消费者在产品的使用过程中能感受到一种良好的令人惬意的生活气氛、生活情调和生活滋味，从而获得精神满足。

（3）诉求方法策略。主要包括以下几个方面：

1）理性诉求策略。理性诉求策略是指广告诉求定位于消费者的理智动机，通过真实、准确、公正地传达企业、产品和服务的客观情况，使消费者经过概念、判断、推理等思维过程，理智地作出决定。该策略一般用于消费者需要经过深思熟虑才能决定购买的产品或服务，如高档耐用消费品、工业品等。

2）感性诉求策略。感性诉求策略是指广告诉求定位于消费者的情感动机，通过表现与企业、产品、服务相关的情绪与情感因素来传达广告信息，以此对消费者的情绪与情感带来冲击，使他们产生购买产品或服务的欲望和行为。该策略适用于装饰品、日用品、化妆品、其他时髦产品和可以给消费者带来某种积极的心理感受的服务。

3）情理结合策略。情理结合策略是指在广告诉求中，既采用理性诉求传达客观的信息，又采用感性诉求激发消费者的情感，结合二者的优势，以达到最佳的说服效果。

（二）营业推广策划

1. 营业推广的含义与特征

营业推广又称销售促进（Sales Promotion，SP），菲利普·科特勒把它定义为“刺激消费者或中间商迅速或大量购买某一特定产品的促销手段”。从这个定义可以看出，营业推广是指在短期内为了刺激消费需求而进行的各种促销活动，这些活动可以诱发消费者和中间商迅速的、大量的购买，从而促进企业的产品销售。营销推广的特征如下：

（1）见效迅速。营销策划人员可根据消费者心理和营销环境等因素，采取针对性较强的营业推广方法，向消费者提供特殊的具有强烈的吸引力和诱惑力的购买机会，唤起消费者的广泛关注，从而促成其购买行为，这往往能在较大范围内收到立竿见影的功效。

（2）直观性。许多营业推广工具具有吸引注意力的直观表现形式，可以打破消费者购买某一特殊产品的惰性。它们告诉消费者，这是永不再来的一次机会，尤其是对于那些精打细算的人来说，具有很强的吸引力，但这类人对于任何一种品牌的产品都不会永远购买，他们是品牌转换者，而不是品牌忠实者。

（3）短期性。营业推广活动只在特定的时期进行，不可能长期开展。活动期间采取的优惠促销政策也只在活动期内有效，活动结束后营销政策就要恢复正常。

（4）目标明确且容易衡量。营业推广活动的开展都有一个十分明确的营销目标。促销方案是否有效，关键就看活动结束后，营销目标的实现程度。

（5）与沟通群体的互动性。这有助于良好的商业氛围和商业关系的形成。营业推广活动往往需要消费者或中间商的积极参与，只有把他们的积极性调动起来，刺激其需求，促进其消费，才能达到促销的目的。

（6）有一定的局限性。营业推广的某些方式表现出急于出售的意图，容易造成消费者的逆反心理。

总之，营业推广的最大特征在于它主要是战术性的促销工具，而非战略性的促销工具，它提供的是短期刺激，会导致消费者的直接购买行为。

2. 营业推广策划的要求

（1）营业推广策划通常是作短期考虑，要求收到立竿见影的效果，且常常要在限定的时间和空间内开展。

（2）营业推广策划注重的是行动，要求消费者或经销商积极参与。

3. 营业推广策划的工具

营销推广策划工具大致可分为针对消费者的工具和针对中间商的工具两类。

针对消费者的工具主要包括如下几个：

（1）赠品。附送赠品的目的是通过直接的利益刺激，达到短期内的销量增加。赠品能直接给消费者带来实惠：一是物质实惠，如能换取更多同质产品的一定面值的货币；二是精神实惠，即消费者愉快的消费感受。但这一工具不可滥用，经常举办附送赠品的营业推广活动，会在一定程度上使消费者忽略产品本身的特性及优点。

（2）试用装。试用装派送是将产品直接送到消费者手中的一种促销方式，主要是针对潜在消费者。当一种新产品或改良的产品推向市场时，为了鼓励消费者试用，提高产品的知名度和美誉度，可以采取这种方法。

（3）折价券。折价券一般分为两种形式：一是针对消费者的折价券，一是针对经销商的折价券。这一工具不宜频繁使用，否则会有损品牌形象。

（4）减价优惠。减价优惠是指企业直接将产品的零售价格调低一定的幅度。在开展减价优惠活动时，营销策划人员要特别注意现场的安全管理。

（5）退款优惠。退款优惠是指消费者提供购买产品的某种证明即可参与抽奖，工作人员根据抽奖的奖额退还消费者购买产品的全部或部分金额。

（6）以旧换新。以旧换新是指消费者在购买新产品时，如果能把同类的旧产品交给商店，就能抵扣一定的价款，旧产品起着折价券的作用。这主要是为了消除旧产品形成的销售障碍，免得消费者因为舍不得丢弃尚可使用的旧产品而不买新产品。

（7）信用消费。信用消费也称为消费信用，它是一种从商业信用和银行信用中独立出来的信用形式。消费者凭借自己的信用，先取得产品的使用权，然后通过信用消费来取得产品的所有权。信用消费主要有分期付款、消费贷款、按揭贷款和租赁消费四种。

（8）免费试用。免费试用是通过让消费者免费试用进而体验产品的性能，促进消费者购买的一种手段。

针对中间商的工具主要包括如下几个：

（1）折扣政策。折扣的主要形式包括现金折扣、数量折扣、季节折扣、销售折扣补贴、功能折扣、协作力度折扣等。

（2）销售竞赛。销售竞赛是指采用现金、实物或旅游奖励等形式来刺激批零商增加进货量，加快产品到达消费者手中的速度。这也可对企业业务人员产生激励。

（3）派遣店员。为了协助商家拓展市场，提高经营管理水平，企业派遣业务人员到商家处协助工作，这期间的费用一般由企业负担。阶段性协助工作结束后，业务人员即回到企业。

（4）订货会。这是一种面向商家的推广形式。一般来说，订货会由企业自办或行业联办，以发函或广告的形式，邀请那些用量大的直接用户或销量大的商家，向他们发布信息、介绍产品，与他们联络感情、建立关系，并通过洽谈来达到争取订单、推广产品的目的。

（5）广告合作。广告合作是指通过合作或协助的方式，与经销商一起做广告，向经销商提供详细的产品技术宣传资料，帮助经销商培训销售人员，建立管理制度，以及协助经销商进行店面装潢设计等。

（三）公共关系策划

1. 公共关系的含义

公共关系（Public Relations，PR），简称公关，是指一个企业或组织为了增进内部及公众的信任和支持，为自身事业发展创造最佳的社会关系环境，在分析和处理自身面临的各种内外关系时，采取的一系列科学的政策与行动。

2. 公共关系策划的含义

公共关系策划，是指公关人员根据企业或组织形象的现状和目标要求，分析现有条件，谋划并设计公关战略、专题活动和具体公关活动最佳行动方案的过程。

公共关系策划的核心就是要解决以下三个问题：一是如何寻求传播沟通的内容和公众易于接受的方式；二是如何提高传播沟通的效能；三是如何完善公关工作体系。

3. 公共关系策划的原则

一般来讲，公共关系策划应遵循的原则包括求实原则、系统原则、创新原则、弹性原则、伦理道德原则、心理原则和效益原则。

（1）求实原则。求实原则是公共关系策划的一条基本原则。公共关系策划必须建立在对事态的真实把握的基础上，以诚恳的态度向公众如实地传递信息，并根据事态的变化不断调整策略和时机等。只有这样，才能获得公众的信任，达到提升企业形象的目的。

（2）系统原则。系统原则是指在公共关系策划中，应将公关活动作为一个系统工程来认识，按照系统的观点和方法予以谋划和统筹。

（3）创新原则。创新原则是指公共关系策划必须打破传统、别出心裁，使公关活动生动有趣，从而给公众留下深刻而美好的印象。公共关系策划要倡导逆向思维、出奇制胜。

（4）弹性原则。公关活动涉及的不可控因素较多，任何人都难以把握，留有余地才可进退自如。

（5）伦理道德原则。在公共关系策划的过程中，要切实加强公关活动组织与策划者的伦理道德素质。

（6）心理原则。心理原则是指公关人员在进行公共关系策划的过程中，要根据心理学的一般原理及其在公关活动中的应用，正确把握公众心理，因势利导。

（7）效益原则。一般而言，提高企业公关活动的经济效益是公共关系策划的重点，即要以较少的公关费用，获得较好的公关效果，达成企业的公关目标。

4. 公共关系策划的对象和对策

内部公关和外部公关是企业公共关系中两个不可或缺的组成部分。

（1）内部公关的对象主要包括员工和股东。企业要搞好内部公关，要对员工和股东采取不同的对策。

1）针对员工的公关对策有：承认和尊重员工的个体价值；了解员工的想法；做好员工的思想工作，培养员工的忠诚度；建立员工的基本价值观念。

2）针对股东的公关对策有：尊重股东的主人意识；及时向股东通报情况；让股东成为企业的公关人员；处理好股东之间的关系。

（2）外部公关的对象主要包括消费者、媒体、政府及其管理部门、社区、团体等。针对外部公关对象的对策如下：

1）针对消费者的公关对策有：提供品质优良的产品和完善的服务；树立“消费者总是正确的”消费原则；妥善处理一切中间环节；加强对消费者心理的研究；进行科学的消费管理。

2）针对媒体的公关对策有：以礼相待，友好热情；提供真实、准确的材料；尊重媒体内部工作程序和新闻规律；不越权，不威胁，不利诱；眼光长远，未雨绸缪。

3）针对政府及其管理部门的公关对策有：与政府有关部门和人员进行有效的沟通；熟悉政策、法规及其变动；熟悉各部门的职责、办事程序、办事人员等；及时向政府反映企业的困难，争取政策支持；正确处理好企业与国家的利益关系。

4）针对社区的公关对策有：搞好环境卫生和环境保护；参与社区公众事务；向社区公众开放一些设施；注意安全生产，不要因事故侵害公众。

5）针对团体的公关对策有：与有关团体部门和人员进行有效的沟通；熟悉相关机构的职能和相关章程；熟悉各机构办事程序、办事人员等；及时向相关机构反映企业的困难，寻求协助和支持。

模块3 操作指导

一、促销策划的基本流程和文案格式

（一）促销策划的基本流程

1. 确定目标市场，选择目标传播对象

确定目标市场就是确定产品或服务针对的消费者。在潜在市场中，哪些人需要企业的产品，哪些人在使用企业的产品的过程中受益，那么这部分人就是企业的目标市场所在。只有认准了潜在消费者，才能采取最有效的促销手段，与他们进行营销沟通，并在沟通过程中传达最适合他们的产品信息。营销策划人员要使促销策划保持持久的生命力，就必须准确选择目标市场，了解目标传播对象及其需求、偏好、态度和其他特征，作为信息沟通的前提。

2. 确定促销信息传播的具体目标

当企业确定了目标市场和目标传播对象后，就要确定促销信息传播的具体目标，即营销策划人员要知道如何把目标传播对象从他们目前所处的阶段推向更高的准备购买阶段。营销策划人员所希望实现的促销目标就是他们期待目标市场对促销活动所作出的反应，比如促使消费者获取购物优惠券并进行购物。如果营销策划人员希望通过刺激消费者的购物欲望来达成提高销售业绩的目标，那么他们就要更准确地确定各种促销方式与手段。

一般来说，消费者对企业及产品的购买心理分为三个阶段：认知阶段、感情阶段和行为阶段。这三个阶段要经过注意、兴趣、欲望、行动四个步骤。企业要根据消费者购买心理的各个阶段的特征来确定促销信息传播的具体目标。

3. 设计促销信息

确定好促销信息传播的具体目标后，下一步就是设计有效的促销信息了。促销信息实质上就是营销策划人员在与目标消费者沟通时用以吸引目标消费者的文字和形象设计。设计促销信息需要解决四个问题：信息内容（说什么）、信息结构（如何说）、信息形式（怎样说）和信息来源（谁来说）。

（1）信息内容。信息内容即营销策划人员在促销活动中传达给目标消费者的信息，为了收到预期的促销效果，信息内容要言简意赅、重点突出，并能令人印象深刻。

（2）信息结构。信息的有效性取决于信息结构，而信息结构的有效性取决于三个方面：提出结论、产品论证和表达次序。

（3）信息形式。营销策划人员必须为促销信息设计一个具有吸引力的形式，广告标题、图片的安排、情节的构思等多方面都是需要研究的。

（4）信息来源。目标传播对象对促销信息的相信程度也受到信息来源的影响。具有较高信誉的信息来源更具有说服力。信息来源的可信度由专门技能、可靠性、权威性等因素决定。

4. 选择促销信息沟通渠道

营销策划人员要将设计好的促销信息传播给目标消费者，需要借助一定的信息沟通渠道。信息沟通渠道主要包括：人员的信息沟通渠道和非人员的信息沟通渠道。

（1）人员的信息沟通渠道。主要是指两个或两个以上的人面对面或通过电话、互联网和书信进行联络的一种渠道。采用人员的信息沟通渠道一般是出于以下情况：产品价格昂贵，有风险或购买不频繁，消费者不相信媒体信息且希望通过面对面的沟通来达成购买协议；或者是产品具有相当的复杂性，诸如轿车、服装等，推销员的专业性信息更能够促进消费者的购买行为，也更有利于双向沟通。

（2）非人员的信息沟通渠道。主要是指通过大众媒体发布广告、新闻以及其他有价值的信息，以及通过环境设计或事件向目标消费者传播有效的促销信息的渠道。其最大的缺点是难以实现双向沟通。

5. 确定促销预算

营销策划人员经常要在估算竞争者的促销预算的基础上来确定企业的促销预算。对竞争者的促销预算进行评估的目的只是借鉴它，并在此基础上，根据具体情况，做出适合企业实际的促销预算。在做促销策划时，一定要考虑成本效益比，一般采用量入为出法、销售百分比法、竞争对等法、目标任务法等。

6. 制定促销方案

在明确了促销策划的目的和具体要求之后，营销策划人员将根据不同促销手段与方式的作用、特点和各方面的适宜性，选择不同的促销手段、方式，确定促销组合并形成促销方案。

(1) 促销方案的具体要求。从促销实践看，设计促销方案需体现以下要求：

1) 告知产品供应信息，唤起消费者的注意。

2) 说明产品的功能和优点，增强消费者的购买动机。

3) 展示产品特点，帮助消费者识别其与竞争产品的差异，引导消费者的购买决策。

4) 提示产品的使用规则，加速消费者的使用或更换。

5) 树立产品形象和企业形象，提高产品的知名度和美誉度。

(2) 主要促销手段和方式的确定。在促销方案中，尤其是在年度促销方案中，应明确主要的促销手段和方式。主要促销手段和方式与企业主要的促销目的和促销预算紧密相连，与目标市场的信息传播途径也有密切联系。一般情况下，除了公关活动，其他促销手段均可作为促销组合的主要手段，某一促销手段、方式在各方面的适宜性应作为企业最重要的选择依据。

(3) 促销组合的确定。由于不同的促销手段各有特点和长处，所以促销组合设计强调发挥促销合力。常用的组合方法是，在明确主要促销手段的同时，安排好其他两种促销手段，并把公关活动作为长期的辅助性促销手段。当然，如果企业的营销目标是争取承接某项重大的工程业务，则公关活动也可作为主要的促销手段。在明确促销手段的主次关系并设计组合方案时，其重点在于促销手段的运用方式、实施时间、促销期限与频率等技术性问题。

7. 确定促销效果的评估方案

确定促销效果的评估方案的主要依据是营销策划人员与消费者沟通的效果。通过消费者对促销信息的知晓程度及购买行为来评估促销效果是重要的宗旨。对促销方案作出评估和调整，这不仅仅是为了调整那些效果不佳的促销手段，也是为了使促销方案能够更有效地为实现促销目标服务。

（二）促销策划的文案格式

(1) 前言。具体包括：促销策划的背景、原因、目的或必要性。

(2) 市场分析。具体包括：目前市场状况分析、竞争者分析、消费者分析、产品分析、产品的市场定位分析。

(3) 销售目标。

（4）促销策略或计划。具体包括：促销目标和促销策略。

（5）行动方案。

（6）促销预算。

（7）效果评估。

二、广告策划的基本流程和文案格式

（一）广告策划的基本流程

1. 前期准备

广告策划的前期准备工作是与广告公司洽谈。广告公司进行工作组织准备，成立工作组，初步分析并掌握企业和市场的基本情况。

2. 调研分析

广告公司研究拟定市场调研的内容、目标、方法等，报企业广告部经理审核，审核通过后以问卷、访谈等方式展开市场调研。广告公司对调研资料进行归纳、整理和分析，对企业的营销环境等方面进行定性、定量分析，明确企业营销的干扰因素和企业亟待解决的问题，提出解决方案和结论性意见，撰写市场调研报告。调研报告主要包括以下内容：

（1）产品分析。营销策划人员要根据产品的特点、市场表现、同类产品的状况等详细的资料，对产品在市场上存在的问题与机会点、消费者购买的理由以及本产品与竞争产品相比的优缺点等进行分析。

（2）目标消费者分析。目标消费者分析的具体内容包括目标消费者行为分析、目标消费者态度分析等。可用直观形象的语言来进行“写真”描述，如抽什么烟、喝什么酒、业余生活的安排、购物习惯等。

（3）竞争者分析。对现有的和潜在的竞争者，从企业发展、产品特征和广告策略等方面进行研究分析，找出企业自身的优势和与竞争者的差距。

3. 确定广告目标

在上述调研分析的基础上，确定具体的广告目标。如提高产品知名度、抑制竞争者、进行品牌价值宣传、改变消费者观念、提升短期销量等。

4. 制定广告策略

（1）制定广告诉求与创意策略。营销策划人员要确定广告所传递的中心思想，针对诉求的对象、内容、要点和方法，提出创意策略和具体操作要求。诉求点是广告的卖点，要能给消费者带来实际利益。没有卖点的广告策划是无法打动消费者的。

（2）制定广告表现执行策略。营销策划人员需要将广告诉求和创意策略付诸实施，确定广告的创意方案、媒体的发布策略、促销组合策略等，并以最具冲击力的表现形式，在适当的时机传达给目标消费者。

5. 制定广告策划方案

营销策划人员要将已确定的广告策略具体化，制定出广告策划方案。其主要内容包括：市场分析、消费者分析、产品分析、企业分析、推广分析、市场策略、广告策略、广告表现、媒体策略、媒体计划、经费预算等。

6. 确定广告预算分配

营销策划人员要及时与广告公司沟通企业的广告资金状况，使广告公司能切实地按资金状况制定符合实际的广告预算分配方案。没有足够的资金保障，广告目标很难实现。许多企业广告预算没做好，在操作中才发现资金缺口大，已投入的费用达不到应有的预算标准，导致广告运作不得不中途终止，从而导致极大浪费。

7. 评估广告策划方案的实施效果

为确保广告策划方案的有效实施，企业广告部应根据事前的广告策略定位、事中的广告创意表现策略以及事后的广告目标实现程度，对广告效果进行监控和评估，及时反馈各种信息，修正、调整不合理的内容。

8. 进行广告策划工作总结

当广告策划工作按程序全部结束后，企业广告部应就广告策划的前期准备、市场调研、广告目标的确定、目标市场的确定、广告策略的制定、广告经费预算与效果评估环节存在的问题，以及营销策划人员的分工、工作效率等事宜进行全面的回顾和总结，对存在的问题和失误进行修正和改进，为广告策划方案的付诸实施做好全面的准备工作。

（二）广告策划的文案格式

（1）市场分析。具体包括：目前的市场规模、目前的市场占有率、市场潜力、产品销售现状、各竞争品牌情况。

（2）消费者分析。具体包括：购买数量与购买频率、购买时间与购买地点、购买动机、品牌忠诚度、产品使用状况。

（3）产品分析。具体包括：产品生命周期、产品的品质与功能、产品的价格、产品的包装、产品销售的旺季与淡季、产品的可替代性。

（4）企业分析。具体包括：企业在行业中的地位、企业给消费者的印象、企业的竞争优势与劣势。

（5）推广分析。具体包括：与竞争者广告的比较分析、与竞争者人员推销的比较分析、与竞争者促销的比较分析、与竞争者服务的比较分析、与竞争者公关活动的比较分析。

（6）市场策略。

（7）广告策略。

（8）广告表现。

（9）媒体策略。

（10）媒体计划。

（11）经费预算。

三、营业推广策划的基本流程和文案格式

（一）营业推广策划的基本流程

1. 确定营业推广目标

营业推广策划的第一步是要充分把握企业的意图，确定该时期的营业推广目标是什么，并设计有针对性的活动来达成目标。根据营业推广对象的不同，营业推广目标也有所不同。

（1）针对消费者的营业推广目标主要有：吸引消费者试用；争取使其他品牌的使用者转向本品牌；鼓励现有消费者持续购买。

（2）针对中间商的营业推广目标主要有：拓宽销售渠道；排除竞争；增加存货量。

（3）针对推销员的营业推广目标主要有：鼓励推销员销售新产品；刺激推销员开发新市场；刺激推销员销售淡季产品。

2. 选择营业推广工具

选择营业推广工具时，要考虑以下因素：

（1）营业推广目标。特定的营业推广目标往往对营业推广工具的选择有着较为明确的条件制约和要求，从而规定着营业推广工具选择的可能范围。

（2）产品特性和产品种类。考虑产品处于生命周期的哪个阶段，不同的阶段表现出不同的市场特点，对应不同的营销策略；此外，还应考虑产品种类。

（3）营业推广对象（消费者、中间商等）。不同的对象有不同的偏好，消费者的购买行为往往比较感性，而中间商的购买行为却很理性。因此，应针对不同的对象，选择合适的营业推广工具。

（4）竞争者的情况。营销策划人员在选择营业推广工具时，最好参考竞争者以往开展促销活动时采用的营业推广工具，分析他们为什么选择这种工具，以及这种工具的优势及劣势。

（5）营业推广预算。在选择营业推广工具前，要量入为出，根据营业推广活动的预算，选择营业推广工具。

3. 制定营业推广方案

营业推广方案的内容主要有以下几个方面：

（1）营业推广形式。即确定采用何种营业推广工具。

（2）营业推广范围。即确定产品范围和市场范围。

（3）折扣率。营销策划人员要对以往的营业推广实践进行分析和总结，在此基础上确定折扣率，力求引起最大的销售反应，并结合新的环境条件确定适合的刺激程度。

（4）营业推广对象。即确定营业推广对象是消费者、中间商还是推销员。

（5）营业推广媒介。即确定如何将营业推广活动的信息传递给目标消费者。

（6）营业推广时间。即确定何时进行营业推广、何时宣布、持续时间及频率等。

（7）营业推广预算分配。即根据企业营业推广的目标和范围等，确定营业推广的规模，制定预算方案，并将营业推广经费和资源进行分配。

（8）营业推广限制。即营业推广对象必须具备什么资格才能参加营业推广活动。

除了以上内容之外，为保证营业推广活动的顺利开展，还必须制定其他一些条款。针对消费者的营业推广，要确定奖品的具体兑换时间、优惠券的有效期限、游戏规则等。针对中间商的营业推广，应明确中间商付款的期限、购买的数额等。

4. 实施营业推广方案

营业推广活动不仅需要耗费一笔可观的资金，而且是一项公开的社会活动。因此，营销策划人员在实施营业推广方案之前，必须对方案进行检验。方案经审查通过后可小规模地在被选定的几个卖场进行试推广，在试行过程中改进不足之处。

在方案正式实施阶段，营销策划人员一定要做好控制工作，保证营业推广活动严格按照具体操作计划来实施；同时，营销策划人员要及时发现营业推广过程中出现的问题，制定相应的应对措施。

5. 评估营业推广效果

为了保证企业的营业推广活动按计划、高效率地进行，保证营业推广工作的成效，营销策划人员要对营业推广活动进行评估，从而总结经验，发现不足之处，为今后的营业推广策划提供宝贵的经验。

（二）营业推广策划的文案格式

（1）前言。

（2）市场及产品分析。

（3）活动传播对象（目标消费者）。

（4）活动目的。

（5）活动时间。

（6）活动主题。

（7）活动策略。

（8）活动信息传播计划。

（9）具体活动（工具）安排与开展。

（10）活动流程与相关负责人及其联络方式。

(11) 物品道具表。

(12) 时间进度表。

(13) 其他备案。

(14) 活动经费预算。

(15) 活动效果评估。

(16) 附录。

四、公共关系策划的基本流程和文案格式

(一) 公共关系策划的基本流程

1. 分析公共关系现状

在公共关系调研的基础上，进行公共关系现状的分析，是公共关系策划的第一步。为此，应做好以下三项工作：

(1) 审核已收集的公共关系资料，在分析公关现状前，应先进行一次充分的公关调研。通过公关调研，营销策划人员可以了解企业在公众心目中的形象和地位、开展公关活动的条件和困难、竞争者的情况、目标实现的可能性等，从而为决策提供科学依据，增强公关活动的针对性，提高公关活动的成功率。

(2) 明确企业形象的主要问题及原因。在上述工作的基础上，找出当前企业形象存在的主要问题及原因。只有把主要问题找准了，公关人员才能抓住关键、对症下药，才能有效地开展公关策划。

(3) 了解企业形象的设想和规划。充分了解和把握企业对自身公众形象方面的设想和规划。企业形象应能促进企业发展，形象设计要求即公众的要求和企业的能力的有机统一。

2. 确定公共关系目标

从解决问题的角度看，公共关系目标分成以下几类：

(1) 全新塑造目标。全新塑造目标是指企业在创办、改制或合并时，为树立一个新企业的形象而设置的公关目标。这时，企业面临的关键问题是公众对其没有什么印象。

(2) 形象矫正目标。形象矫正目标是指为改变公众对企业的原有不良印象所设置的公关目标。由于企业前段工作的失误或由于公众的误解、偏见等原因，企业存在形象受损、声誉下降等严重问题，需要通过公关活动进行弥补、挽回声誉，使公众逐渐淡化并改变对企业的不良印象。

(3) 形象优化目标。形象优化目标是指在原有企业形象的基础上，根据企业的整体目标和公众的需求与意向而制定的继续强化企业形象的公关目标。形象优化目标主要体现为进一步提高企业的知名度和美誉度。

（4）危机公关目标。企业在生产经营的过程中会因某些方面的工作疏漏而发生许多突发事件，如产品质量事故、生产安全事故等。这些突发事件会造成企业的营销危机，危机一旦爆发，营销策划人员就应当及时作出正确的反应，利用危机公关处理好企业的危机，消除事故给企业带来的负面影响。因此，危机问题的解决就是企业危机公关的一种目标。

3. 选择和分析目标公众

企业的公关对象很多。但在一定时期内，根据企业所面临的主要问题和已经明确的公关目标，营销策划人员只能将公众的一部分即目标公众作为企业的重点工作对象。

（1）选择目标公众。选择目标公众的主要依据是企业面临的主要问题和公关目标。

（2）分析目标公众。要搜集目标公众的有关信息，并鉴别目标公众的需求。

4. 制定公共关系策划方案

在公关目标与公关对象确定之后，就可以着手制定具体的公关策划方案了。这一阶段主要涉及以下四个基本问题：做什么？怎么做？谁来做？何时做？第一个问题提出了明确公关策划项目的要求；第二个问题提出了明确公关策略的要求；第三个问题提出了明确公关策划主体的要求；第四个问题提出了明确公关策划时机的要求。制定公关策划方案尤其要注意时机的选择，此外还要重视细节、策动传播、选好公关模式等。

5. 编制公共关系策划的经费预算

公共关系策划的经费预算是对公关策划方案实施所需要的费用的估算。公关费用主要分两类：一是基本费用，包括人工费用、办公费用、器材费用等；二是活动费用，包括招待费用、庆典活动费用、广告费用、交际应酬费用等。

（二）公共关系策划的文案格式

（1）前言（背景、构思或目的）。

（2）公关目标。根据公关调研的结果确定实际公关工作的目标。

（3）公关主题。

（4）时间。

（5）地点（地域、空间范围）。

（6）公关的目标公众。

（7）公关策略。

（8）公关的沟通媒介（大众传播媒介、企业传播媒介、其他传播媒介）。

（9）公关的活动方式。包括：针对消费者的活动方式、针对经销商的活动方式、针对企业员工的活动方式。

（10）经费预算。

（11）效果评估。

模块 4 案例学习

“春绿”有机蔬菜 2013 年春节杭州营业推广策划案

一、前言

有机蔬菜是指来自有机农业生产体系，根据国际有机农业的生产技术标准生产出来的，经独立的有机食品认证机构认证允许使用有机食品标志的蔬菜。有机蔬菜在整个生产过程中必须严格遵循有机食品的生产技术标准，即生产过程中完全不使用农药、化肥、生长调节剂等化学物质，不使用基因工程技术，同时还必须经过独立的有机食品认证机构全过程的质量控制和审查。

有机蔬菜被人们称为“纯而又纯”的食品，从基地到生产，从加工到上市，都有非常严格的要求。有机蔬菜从生产到加工的全过程绝对禁止使用农药、化肥、激素等。在生产和加工有机蔬菜时必须建立严格的生产质量控制和管理体系。与其他蔬菜相比，有机蔬菜在整个生产、加工和消费过程中更强调环境的安全性，突出人类、自然和社会的持续协调发展。

有机食品产业被誉为朝阳产业，具有广阔的市场。联合国粮食和农业组织发表的一份报告分析表明：在过去的 10 年间，在一些国家的市场上，有机农产品的销售额年增长率超过 20%。这与一些常规食品市场的停滞不前形成了鲜明的对比。有机蔬菜的种植讲究的是安全、自然的生产方式，可以很好地促进和维持生态平衡。有机蔬菜无化学残留，口感佳，而且已被证明比普通蔬菜更有营养。如今，人们对安全食品的需求日益强烈，有机蔬菜的国内市场前景非常乐观。

二、市场及产品分析

（一）市场分析

目前，我国国内仅在大城市的超级卖场中有有机蔬菜出售，而且售价远远高于传统蔬菜。根据实地调查的结果，国内市场没有有效开拓的原因主要有两个方面：一方面是获得国外有机认证的企业中有大部分企业有机蔬菜加工只够完成国外的订单，没有能力为国内市场进行加工；另一方面是有机蔬菜的出口价格远远高于国内销售价格。根据笔者在华商超市、沃尔玛卖场的实地调查结果，从总体来看，与传统蔬菜销售价格相比，有机蔬菜的价格较高，如有机荷兰豆价格就比传统荷兰豆每千克高出 12.6 元，但这个价格与出口价格比还是要低很多。从销售情况来看，购买有机蔬菜的人数仍远远少于购买传统蔬菜的人数，所以国内居民的购买力也是一个重要的限制因素。今后开拓和建立国内有机蔬菜的销售渠道尚需时日，而且在国内现有收入水平上，大规模消费有机蔬菜的经济基础的建立、消费习惯的形成以及物流设施、识别标志的完善等还需要进一步提高和加强。

（二）产品分析

1. 产量相对较低

在种植方式上，因为有机蔬菜不能使用农药（不包括获得有机认可的生物农药），所以一般在种植模式上采取避开虫害发生季节种植的模式。如花椰菜一般是7月20日育苗，8月20日左右种植，这样基本避开了虫害发生季节，但产量会下降。秋菠菜种植避开8月份，在9月10日左右种植，使虫害发生率降低，但产量则从亩产2 500千克下降到亩产1 500千克。[①] 产量相对较低是制约有机蔬菜发展的因素之一。

2. 投入成本高

有机蔬菜的种植成本一般比传统蔬菜高出20%～30%，如果再加上防虫网等基础设施的费用，就比传统蔬菜高出50%左右，因此，投入成本高也是限制小规模农户进行有机蔬菜种植的重要因素。其中雇工成本是最高的，基本接近总成本的40%。有机肥料的投入成本也比较高，但相对而言生物农药投入的成本较低。

3. 目标人群有限

由于有机蔬菜的产量相对较低，而其投入成本又相对较高，因此有机蔬菜的价格会相对较高，收入一般的家庭和人群不太会去购买。有机蔬菜的目标人群是中高收入的家庭和人群。

三、活动传播对象（目标人群）

杭州市区的高端社区，如绿城的春江花月、武林门的白马小区、钱江新城的东方润园等。

四、活动目的

（1）树立公司良好的口碑形象。

（2）在中高端的家庭和人群中打响有机蔬菜和有机禽肉的品牌。

（3）进入市场，占领市场份额。

五、活动的时间

2013年2月5日到2月14日，即腊月二十五到大年初五，为期10天。

六、活动主题

爱绿色，爱生活。

七、活动内容

活动主要分两个阶段，第一阶段为2月5日到9日，即春节前，打价格战；第二阶段为2月10日到14日，即大年初一到初五，主要举行各种比赛。

（一）第一阶段

（1）装扮店面。

（2）由卡通人物在店面门口招揽顾客。

---

① 1亩≈667平方米。

(3) 标好各产品的价格。

(4) 做各种菜肴让顾客免费品尝。

(二) 第二阶段

(1) 举行各种小比赛。

(2) 到富阳的绿色蔬菜种植园观光。

八、活动信息传播计划

(一) 发放 DM

(1) DM 大小：16 开，彩色印刷装订本。

(2) DM 内容：封面上印有“新年活动主题”和“活动内容”字样以及广告语，内页的前半部分为各种蔬菜、禽肉的彩照、价格以及促销手段（满多少送多少、抽奖等），后半部分介绍各种比赛的时间、地点、比赛规则和奖品。

(3) DM 投放时间：1 月 29、30 日，2 月 3 日到 6 日。

(4) DM 投放地点：店面所在的小区及其附近的主要交通要道两旁、大商场门口、公园内外、车站等地方。

(二) 报纸

在《都市快报》的最后一版刊登活动的主题、内容、广告语以及活动的时间、地点等，刊登的时间为 2 月 3 日到 6 日，为期 4 天。

九、具体活动（工具）安排与开展

(一) 第一阶段

1. 装扮店面

(1) 店外：正门、建筑正面、舞台等。

(2) 店内：店面入口处、收银台、墙壁、天花板等。

(3) 方式：喷绘＋手工制作＋购买。

(4) 方法：

a. 正门：购买 2 棵年桔，树立在大门左右，并用彩灯装饰，上方制作新年喷绘和彩灯布置＋立体字“喜庆 2013，新年好”＋金布铺底。

b. 建筑正面：贺年巨幅横版，总经理贺词，再加活动巨幅和建筑外观彩灯装饰，加大灯笼、中国结、大鞭炮、红辣椒等。

c. 舞台：背景喷绘。

d. 店面入口处：入口红绸缎、灯笼、鞭炮、中国结等加“春节好”立体字布置，天花倒挂“福”字、金元宝、年画等做点缀，利是封点缀大年桔。

e. 收银台：元宝、活动挂画、鞭炮、财神画等点缀。

f. 墙壁：粘贴活动海报、美味佳肴彩图、有机蔬菜种植园和养殖园的照片等，挂活动主题的横幅以及红辣椒等装饰物。

g. 天花板：挂上小红灯笼、彩色气球串等。

h. 其他以实际操作为主。

2. 由卡通人物在店面门口招揽顾客

每天由工作人员扮的米老鼠和唐老鸭在店面门口吸引顾客，与顾客互动。

3. 标好各产品的价格

用标签把各产品的价格标好，并在显眼的地方贴出海报，内容为："有买就有送！满198元送大公鸡一只，满168元送牛肉一斤，满138元送猪肉一斤，满88元送大白菜两棵，满68元送茄子两只，满38元送红萝卜两只。"

4. 做各种菜肴让顾客免费品尝

请两名厨师在每天9:00—11:00，16:00—17:00于店面门口现场炒各种佳肴，由工作人员免费发放，每人限领一份。

（二）第二阶段

第二阶段以各种小比赛为主，外加到富阳参观绿色蔬菜种植园。

a. 比赛时间：2月10日到13日（为期4天）每天中午12:00。

b. 报名方式：现场报名。

c. 地点：店面门口或附近比较空旷的地方（依据实际情况而定）。

d. 参赛者：每天前50位/组报名者。

e. 奖项：依据各个比赛而定。

f. 奖品：奖品分两部分：第一部分为当场领取的奖品，依据各个比赛而定，奖品摆放于主席台一侧；第二部分为每天获得前3名/组的人，于2月14日到指定店面门口集中，由相关负责人带领到富阳有机蔬菜种植园观光，并举行一些小活动。

g. 比赛规则：依据各个比赛而定。

比赛形式如下：

1. 2月10日：齐心协力吃果果

（1）准备：圣女果若干，小碟子若干，遮眼布若干条。

（2）人数：共50个家庭，每个家庭由爸爸、妈妈和孩子组成，孩子为3～9岁，5个家庭为1组，共分10组进行预赛，每组胜出者参加半决赛，半决赛胜出的5个家庭参加决赛。

（3）规则：

a. 家庭成员A手持圣女果，站在指定位置，B蒙上眼睛，背着C，原地转3圈，在C的语言提醒下，去寻找A手中的果实，并吃掉果实，如此3次，最先吃完者获胜。

b. 期间，A、B、C角色可互换。

c. A和B不许发出任何声音，任何人不许用手碰果实，违者取消游戏资格。

（4）奖品：

第一名，蔬菜篮一个，内装新鲜的刚杀好的鸡一只、红萝卜两个、西红柿两个、小白菜三株、2月14日富阳有机蔬菜种植园观光票三张；

第二名，蔬菜篮一个，内装新鲜牛肉一斤、红萝卜两个、西红柿两个、小白菜三株、

2 月 14 日富阳有机蔬菜种植园观光票三张；

第三名，蔬菜篮一个，内装新鲜猪肉一斤、红萝卜两个、西红柿两个、小白菜三株、2 月 14 日富阳有机蔬菜种植园观光票三张。

2. 2 月 11 日：象棋比赛

（1）基本规则：遵循“友谊第一，比赛第二”的原则，讲究棋风、棋德，赛出风格，比出水平。

（2）时间规定：比赛时由工作人员用秒表或手表计算双方走棋时间。每方走一着棋的时间不得超过 15 秒，如有一着棋超过时间，判负。

（3）对弈：在对局时，由执红棋的一方先走，双方轮流各走一着，直至分出胜负或走成和棋为止。

（4）赛制与计分：本次比赛实行一局定胜负。50 名参赛者通过抽签方式随机分队以及编队号，10 队为 1 组（第 3 组为 5 队）进行预赛，胜出的 25 人再次通过抽签方式随机分队以级编队号（抽到空号者直接退出比赛，并获特殊奖一份），6 队为一组进行半决赛，胜出的 12 人参加下一轮比赛——12 进 6，胜出的 6 人参加决赛，最后胜出的 3 人为最终获胜者。若出现平局，双方选择加赛一局或以抽签方式分出胜负。

（5）奖品：

最终获胜奖：每人奖励活的大公鸡一只、2 月 14 日富阳有机蔬菜种植园观光票一张。

特殊奖：大白菜一棵。

3. 2 月 12 日：烹饪大赛

（1）比赛规则：

a. 本次烹饪大赛分为规定菜式和自选菜式两项，各参赛者必须在规定时间内完成制作。

b. 规定菜式是以土豆为主要原料制作一道菜，操作时间为 30 分钟，完成后立即评分。

c. 自选菜式由各参赛者自定，形式不限，操作时间同样为 30 分钟。

d. 本次比赛规定菜式所需的主要原料（土豆）和普通配料、普通工具由本店提供，其他特殊配料、特殊工具和自选菜式的原料由各参赛者自备（可到本店以半价购买）。

e. 每道菜必须以一句诗或词命名。

（2）评委：聘请当地美食家两位、高级厨师一位做评委。

（3）赛制：每 5 人一组进行比赛，每轮两组同时进行，结束后马上评分，接着下两组进行。最后取分数前 10 名者评奖，一等奖 1 名，二等奖 2 名，三等奖 3 名，优胜奖 4 名。

（4）奖品：

一等奖：每人活的大公鸡一只、2 月 14 日富阳有机蔬菜种植园观光票一张。

二等奖：每人活的母鸡一只、2 月 14 日富阳有机蔬菜种植园观光票一张。

三等奖：每人鲜牛肉一斤、2 月 14 日富阳有机蔬菜种植园观光票一张。

优胜奖：每人大白菜一棵、2 月 14 日富阳有机蔬菜种植园观光票一张。

4.2月13日：踩报纸比赛

（1）道具：旧报纸若干。

（2）参赛者要求：一男一女自由搭配为一组。

（3）规则：50个参赛组同时比赛。比赛开始，大家全部站在报纸上，超出报纸的失败；将报纸对折，超出报纸的失败；再次将报纸对折，超出报纸的失败。以此类推，坚持到最后的3组获胜。（注：组员可以通过抱、背等方式站在报纸上。）

（4）奖品：获胜者每人一个蔬菜篮，内装鲜羊肉一斤、洋葱两个、小白菜两株、2月14日富阳有机蔬菜种植园观光票一张。

5.2月14日：到富阳有机蔬菜种植园观光

（1）参加者：每场比赛的获奖者凭票参加，每票一人。

（2）时间：2月14日早上9点在店面前集合，9:30出发，下午4点结束。

（3）内容：由种植园的负责人带领大家参观种植园；在种植园的空地烘烤；期间组织各种小游戏。

十、活动费用预算

（一）物料及活动费用（小计：20 989.5元）

（1）DM：10 000元

（2）年桔：400元

（3）彩灯：15元

（4）喷绘：50元

（5）立体字：50元

（6）金布：4元

（7）巨幅横板：30元

（8）横幅：40元

（9）大灯笼：12元

（10）小灯笼：10元

（11）红辣椒：20元

（12）中国结：20元

（13）红鞭炮：10元

（14）活动挂画：12元

（15）海报：12元

（16）彩色气球：4.5元

（17）卡通人物：300元

（18）聘请厨师：10 000元

（二）优惠及赠品费用（小计：7 023元）

资料来源：浙江金融职业学院市场营销专业营销11（1）班罗琪玉，指导老师方志坚。

汇源 100%果汁 2013 年元旦杭州公关策划案

一、前言

中国饮料行业是改革开放以来发展起来的新兴行业，是中国消费品中的发展热点和新增长点。30 多年来，饮料行业不断地发展和成熟，逐渐改变了以往规模小、产品结构单一、竞争无序的局面，饮料企业的规模和集约化程度不断提高，产品结构日趋合理。中国饮料在品牌方面的发展成果显著，全国性品牌已有十几个。

汇源集团成立于 1992 年，目前已在全国建立了 130 多个经营实体，链接了 1 000 多万亩优质果蔬茶粮等种植基地，建立了基本遍布全国的销售网络，构建了一个横跨东西、纵贯南北的农业产业化经营体系。以果汁产业为主体，形成了汇源果汁、汇源果业、汇源农业互相促进、共同发展的新格局。

汇源果汁产业拥有 200 多条世界先进的水果加工、饮料灌装等生产线。原浆生产的水果冷破碎、浓缩果汁生产的超微过滤、饮料灌装的 UHT 超高温瞬时灭菌和无菌冷灌装等项工艺技术，均处于世界领先地位。汇源集团健全和实施了一系列质量、安全、环境管理体系，通过了 ISO9001、HACCP、ISO22000、OHSAS18000、ISO14001 体系认证，通过了美国 FDA、GMA、英国 BRC、欧盟 SGF、犹太 KOSHER 认证。汇源纯果汁和中浓度果汁饮料的市场份额一直处于全国领先水平，汇源浓缩果浆、浓缩果汁和部分果汁饮品出口五大洲的 30 多个国家和地区。

汇源集团以“营养大众、惠及三农”为企业使命，每年可为果农加工水果上百万吨，累计研发、生产、销售了 600 多种健康饮品和食品，倡导并引领了健康消费的生活新时尚，带动了种植业、加工业和饮料食品业的快速发展。目前已缴纳各类税金上百亿元，向社会公益事业捐献资金、物资价值 5 亿多元。

汇源集团荣获中国驰名商标、中国名牌产品、农业产业化国家重点龙头企业、全国农产品加工业示范企业、全国轻工行业先进集体、全国就业和社会保障先进民营企业、社会责任突出贡献奖等殊荣。

随着人们生活水平的提高和消费观念的日趋成熟，消费者对饮料的角色定位也在不断升级，“能解渴、口感好”已经无法满足需求，消费者更趋向于不仅能解渴，还要有营养，还要更健康。作为行业领军品牌，汇源 100%果汁一直以为消费者提供“纯天然、更健康”的果汁为己任，多年以来已经形成相当规模的固定消费人群。

据了解，汇源果汁之所以多年来以其健康、营养、安全独占果汁领域鳌头，在于它已经形成了自己的全产业链。仅在原材料一项上，汇源集团便耗费巨资，进行全球采购和自己掌控。如汇源 100%橙汁所用的橙来自巴西和美国、100%葡萄汁所用的葡萄来自环地中海地区、100%苹果汁所用的苹果则来自我国著名的苹果之乡山东……对此，专家介绍说：“橘生淮南则为橘，生于淮北则为枳。采用好产地的水果制成的果汁自然比一般的要好很多，不但口感好，营养价值也会更高。”

二、公关目标

（1）总体目标：进一步巩固汇源100％果汁在高浓度果汁市场的领军者形象，提倡一种以汇源100％果汁为主导者的“健康与品质”的生活方式。

（2）具体目标：加深汇源100％果汁在消费者心中“健康、活力、新鲜”的形象。

（3）活动主题：健康生活，品质人生。

三、时间

2012年12月29日到2013年1月3日。

（1）12月29日到12月30日：前期准备工作。

（2）12月31日到1月3日：举行活动。

四、地点（地域、空间范围）

（1）杭州下沙大型合作超市门口；

（2）杭州下沙分布在大学生生活区的部分化妆品店（如屈臣氏、娇兰佳人）；

（3）杭州公司及经销商内部。

五、公关的目标人群

（1）消费大众：对消费大众进行合理而有效的公关，可以使消费者在最短的时间内接触产品，并在第一时间里影响消费者的心智，从而实现产品和消费者之间的动态沟通。

（2）下沙高教园区大学生：大学生作为年轻的消费群体，也是饮料的主要消费群体，赢得大学生市场很重要。

（3）公司员工：对员工做好公关，让他们忠诚于公司、热爱公司，最大限度地为公司效力，为公司创造最大的价值。

（4）经销商：增强经销商的销售热情，提高其对公司的忠诚度。

（5）供应商：使其提高工作效率。

（6）传播媒体：可以让媒体为我们做免费的宣传。

六、公关策略

（1）调整汇源100％果汁的包装及口味，赋予其一种更为健康、时尚、活力的形象；

（2）举办汇源100％果汁工厂参观活动，让消费者了解果汁生产过程，使其在消费过程中增加对品牌的信任度；

（3）在官网或微博等网上渠道发布或以其他方式赠送健康早餐食谱及生活作息科谱单，向消费者（尤其是白领、老年人以及越来越重视健康生活方式的消费者）传授合理的生活理念；

（4）与部分有一定声誉和权威性的养生类节目合作，在节目中推广汇源100％果汁产品；

（5）拍摄与“健康生活，品质人生”相关的公益性质广告（广告应突破瓶颈，迎合大众审美与心理）；

(6) 成立"汇源健康基金会",致力于为贫困地区人民的健康奉献爱心,每卖出一瓶汇源果汁就会有0.2元钱捐给基金会以帮助贫困地区人民。

七、公关的沟通媒介

1. 大众传播媒介

大众传播媒介主要是指报纸、杂志、广播、电视、网络等,这些传播媒介传播信息具有速度快、范围广、影响大等特点。大众传播媒介具有五项功能,即宣传功能、新闻传播功能、舆论监督功能、实用功能和文化积累功能。

(1) 报纸媒体。优点:读者普遍、读者层稳定、信赖程度高,随时随地阅读,形式简单、携带方便、可保存、费用低廉。缺点:作用时间短、版面限制、不易保存。我们将选择《钱江晚报》、《都市快报》和《杭州日报》来刊登相关信息广告,并且刊登于星期四的最后一版,原因在于人们一般星期四比较有时间看报纸,而放在最后一版人们会较容易记住。

(2) 杂志媒体。包括DM、小册子、函件等印刷媒体。优点:时间和地点自由,可反复阅读且易于保存。缺点:时效性差。由工作人员在人流量大的地方发放,比如大型超市或购物中心门口、十字路口、公园等,也可以通过邮寄的方式寄到目标群体手中。

(3) 广播媒体。优点:生动、直观。缺点:受时间、空间限制较强。我们选的是杭州市的"交通之声",在每天的11:30—12:00、17:00—17:30,即上下午下班高峰期播放,在这个时间段里人们不管是自驾车还是乘出租车下班,车里一般都会开广播。

(4) 电视媒体。优点:强制性广告效力,平均购买力高,覆盖率高。缺点:不易针对目标受众进行宣传。我们发现,每天在浙江卫视的21:00—21:30这个时间段,人们一般都有时间看电视。

2. 公司传播媒介

公司传播媒介主要是指公司的网站和内刊。

3. 其他传播媒介

(1) 户外媒体。包括销售现场、车厢、路牌、灯箱、气球等。优点:地点广泛,新颖、独特。缺点:受所在现场的限制。具体措施:a. 在销售现场以及武林广场放氦气球挂竖幅广告;b. 在延安路、庆春路和学源街的道路两旁的灯杆广告牌上贴上广告海报;c. 在369路、370路公交车以及自己公司的车身上粘贴广告海报。

(2) 流动媒体。主要是指公交电视广告。优点:强制性传播,短、平、快。缺点:受众局限性强。在369路和370路公交车上播放,因为在下沙高教园区,这两路公交车是学生出行的主要交通工具。

八、公关的活动形式

(一) 针对消费大众的活动形式

1. 活动主题:健康早餐,精神每天

(1) 活动时间:12月30日—1月12日(每周的周一、周三、周六)。

（2）活动地点：老年人较多的社区门口，各大学生生活区门口。

（3）活动安排：

a. 活动开始前3天，在社区或生活区的超市的经销商处摆放广告板，宣传免费赠送早餐活动。同时，让收银员在为消费者结账的时候，提醒消费者在3天后的社区门口有免费送健康早餐活动。

b. 活动当天，志愿者（身穿有汇源标志的服装）于6:30开始发放健康早餐（早餐配型：汇源100%果汁200ml+5片全麦面包+水果，汇源100%果汁200ml+2个包子+水果，汇源100%果汁200ml+1个鸡蛋+碗装小米粥和配菜+水果）。提供帐篷式座位，供消费者现场用餐（每人限一份）。志愿者在赠送早餐时，应当提醒消费者活动时间是间隔性的。

c. 每日活动时间：6:30—8:00。

d. 赠送早餐时，同时免费赠送健康早餐宣传手册。

2. 活动主题：甩开亚健康，重建美丽人生

（1）活动时间：12月30日—1月12日（元旦假期及周六、周日）。

（2）活动地点：人流量大的广场、市中心。

（3）活动安排：

a. 活动前一个月开始，在汇源的相关电视广告与冠名的节目中向消费者宣传活动地点及时间。

b. 活动前一周始，在合作经销商处打出平板广告、POP广告，进行宣传。

c. 活动当天，在人流量大的广场摆出较为临时的类似“下午茶”的浪漫的时尚座位（在各处显眼的位置必须印有汇源标志及本次活动的标题），提供免费的汇源100%果汁以及各种小点心。（每人限一份，时间定为每天14:00—16:30，日期为12月30日—1月3日。）

d. 邀请中医与养生专家为消费者开展以主题“甩开亚健康，重建美丽人生”为主题的坐诊式交流活动。

3. 活动主题：绿色生产，亲密接触

（1）活动时间：2月2日。

（2）活动地点：汇源果汁生产工厂。

（3）活动安排：

a. 活动前一个月开始，随机抽取20位购买过汇源产品的消费者，并派公司人员亲自上门递送邀请函，向对方阐述活动内容。（入选者于1月15日确定，可带家属。）

b. 于活动前（1月初）向合作电视、报纸、网络等媒体发出邀请，对活动进行全程公开报道。

c. 活动当天，公司派大巴接送消费者，并指派多位讲解员与接待员。

d. 公司承担活动期间各项属公司服务范围内的费用。

（二）针对某一地区（或城市）大众的活动形式——杭州下沙高教园区大学生市场

活动主题：年轻的美丽，当仁不让。

活动时间：4 月 15 日—4 月 30 日。

活动安排：

（1）在汇源果汁的赞助下，在各大院校进行“汇源 100％果汁健康先生与小姐”评选活动。活动前一个月开始，在大学生生活区及学校进行宣传，并设定报名站点。

（2）活动初期，先在各大院校内进行评选，选出各校前两名；再综合各校入选人员，进行综合评选。

（3）在活动中宣传汇源果汁，并且提出成功当选者有机会参与汇源果汁新一季广告宣传片的拍摄活动。同时，根据参赛者推销出的产品量，给予相应的比赛基金与健康基金。

（三）在合作的经销商处开展系列活动

活动主题：健康积分，美丽绽放。

活动时间：2013 年 1 月至 12 月。

活动地点：各经销商处。

活动安排：

（1）第一次一次性购买 2 瓶汇源 100％果汁可获赠一张精致的“健康积分卡”。（积分卡上印有本次活动主题以及全新代言人形象。卡片为书签大小，设计出彩，具有收藏价值。卡片根据现在市场上汇源 100％果汁所提供的口味的种类来确定款式，每种款式各有其特色，并且每一种卡片上都有与其对应的印章以增加质感。）

（2）之后每次购买 2 瓶汇源 100％果汁都可以得到 1 个印花，积满 20 个印花，可以免费兑换 1 瓶汇源 100％果汁，或者免费兑换其他款式的积分卡。（每个经销商处积分卡发出 100 份，活动为期 1 年。）

（3）学生购买汇源 100％果汁累积得到 5 个印花后可以现场兑得 1 本精致的“健康生活，品质人生”的现实可用的合理生活方式宣传手册。（宣传手册可以与“健康积分卡”配套发行，两者设计均应以简单大方为主要基调，但是也要体现出“健康”与“品质”两大主题，宣传手册共 100 份。）

（四）针对公司员工的活动方式

活动主题：关爱家人，健康到家。

活动时间：元旦与春节假期前。

活动安排：

在元旦与春节来临之际，在公司内部开展“关爱家人，健康到家”活动，赠予员工元旦 100％果汁礼盒和春节 100％果汁礼盒（礼盒包装应当别具一格，元旦礼盒体现出喜庆与现代的时尚情怀，春节礼盒以体现传统美为主，礼盒中有一份合理生活方式宣传手册与一方手帕大小的丝巾，提倡健康的生活方式）。

（五）针对经销商的活动方式

在本年度中，经销商能够将自身销量提升80%以上的，可以根据销售业绩获得与自身经营成果相对应的物质奖励。

（六）针对合作的贫困地区人民的活动方式

活动主题：暖光春节，健康生活。

活动日期：2月2日—2月4日。

活动地点：四川、江西、广西等贫困地区。

活动安排：

（1）活动前，可以以汇源作为活动的领头人，邀请各大媒体以及扶贫志愿者一同前往，为活动造势。

（2）进行公司高层干部深入贫困地区为贫困地区人民送健康的活动，为他们带去健康的、原生态的食物与果汁，也让他们能够在新年伊始开启一种新的生活方式，给予他们温暖与期望。（赠送的食物与果汁必须在显眼处印上企业标志。）

（3）活动期间，访问人员深入体验生活，与当地人共同生活。

（4）假如活动有良好的反响，则可以将之延续为企业文化的一部分，不断深入巩固良好的群众形象与品牌形象。

（5）活动后主动成立“汇源健康基金会”，更加深入地帮助贫困地区人民。

九、预算

（1）“健康积分卡”成本25 000元，宣传手册成本50 000元；

（2）“汇源100%果汁健康先生与小姐”活动资金约20 000元；

（3）赠送早餐成本约100 000元，广场活动资金20 000元；

（4）资助贫困地区人民成本100 000元；

（5）广告投资10 000 000元。

总计：10 315 000元。

资料来源：浙江金融职业学院市场营销专业营销11（1）班二十四点团队，指导老师方志坚。

节日促销的策划技巧

当促销成为必要的营销手段的时候，营销策划人员在突破促销传统观念的基础上，需要更加关注促销的内在需求。有人说，促销比较简单，简单得任何企业都可以做到，其条件、程序、环节、执行等大同小异，因此，许多企业在促销上下的工夫往往不深，未能策划出有特色的促销活动。

节日促销是企业销售的重头戏，也是考验促销功力的关键时刻。在一般性的促销任务的基础上，节日促销着实需要在促销管理、促销执行、促销反馈上有新的突破。

节日促销与一般促销的意义不同。节日受传统的影响较大，所以营销策划人员需要根据节日的各种风俗、礼仪、习惯等的特点，精心选择促销手段。此外，跟踪与反馈节日促销的理由与目标是节日促销的最初要点，也是促销取得成功的基本保证。

节日促销的要领如下：

一、促销包装

当节日成为我们生活的一部分的时候，节日消费随之而来。要引导消费者加入这股消费的浪潮，就需要让他们发现节日消费的与众不同之处，这就需要对产品的各个方面进行包装。促销包装分为技术包装与服务包装两种。技术包装指的是对产品、台面等的包装，服务包装指的是对环境、条件、人员等的包装。促销包装的意义非常重大，需要根据节日和产品的关联性，对其进行精心设计。

二、促销产品

促销产品的选择不是随心所欲的，而是根据产品的消费群体、消费目标、消费价值、消费周期、消费习惯来确定的。从消费群体的角度来说，促销产品要受到广大消费者的青睐。消费目标主要是指产品做什么用，要明确说明促销的意义。消费价值不可太高，要与产品价值匹配。在消费周期方面，节日促销的消费周期不会太长。消费习惯就比较容易理解了，即地域差异将带来消费习惯的差异，因此，促销产品的选择要考虑消费习惯。

三、促销台面

促销台面不仅包括产品的地堆、专柜、专卖区域等，还是一个综合的促销平台，所以从平台这个角度看，其延伸的区域就非常大了。企业买下商家的地堆或者专柜，布置时应尽量做到醒目、有节日氛围，使用多种高科技手段来刺激消费者的眼球。声、光、电等的应用，将是对促销台面的最好包装。而从延伸的角度看，促销台面需要有外围的引导（比如导购台、咨询台等）和对促销产品的说明。

四、促销环境

将人文环境与整体环境交织起来，才能够显示出促销环境的效益。良好的人文环境能够创造效益，对促销效果有着很大的帮助，所以营销策划人员在选择或布置促销环境的时候，应重视人文环境的布置。那么，如何精选人文环境呢？这需要对节日文化有较深入的了解，并在此基础上将产品特征与节日文化结合起来，做到产品与节日文化的捆绑销售，这样可以大大缩小产品与消费者之间的距离，达到良好的促销效果。

五、促销人员

关于对促销人员的要求，重点不在于其知识上的准备，而在于其亲和力上的准备。促销人员的亲和力将是促销取得成功的重要保证。对促销人员的要求如下：一是要注重对区域文化的建设性提炼，构建系统的产品促销规程；二是要促进产品与消费者、产品与环境、产品与服务等的互动；三是要量身定做最佳的服务标准。

六、促销定性

促销定性十分重要。如果营销策划人员对促销的目的和意义不十分清楚，那么促销活动的效果肯定不好。节日促销的重要意义在于，它可以把产品销售推向高潮或赢得竞争优势。因此，企业才会想借节日之机进行促销。但是，许多企业的节日促销并没有达到预期的效果，这是因为在节日促销的实际操作过程中，原先制定的促销计划往往很难有效执行。为了避免这种情况，营销策划人员要充分注意以下几方面问题：

（一）对谁促销

对谁促销，这个问题非常关键。只知道把产品卖出去，而不知道应该把产品卖给谁，会使节日促销陷入困境。因此，无论在什么情况下，都要明确促销的对象，即应该把产品卖给谁。

（二）促销优惠

促销优惠的条件和程序一定要简洁明了，千万不可复杂，因为复杂的促销优惠条件和程序不利于消费者理解，甚至会因消费者误解而产生纠纷，这样就失去了促销的意义。在促销活动中，要慎用积分制、累计制等促销手段，因为这些是很难吸引消费者的。

（三）统一促销

在促销活动中，促销主题一定要保持一致，这样既可使企业的促销行为以统一的形象出现，又可使企业的促销活动及特色有一定的延续性。在理解统一促销的时候，不能否定促销形式或具体手段的创新性和多样性，尤其是在节日促销中，更要突出促销形式或具体手段的创新性和多样性，这样才能使节日促销有特色、有亮点。

（四）动态促销

节日促销需要采用动态促销形式，即将促销活动根据节日消费的不同阶段分阶段进行，而不是自始至终一成不变。特别需要注意的是，市场状况在节日前期与中期的变化可能较小，但在节日后期的变化就非常明显了，因此营销策划人员要注意观察市场的动态变化，否则就会跟不上市场变化的脚步，由此而来的促销活动会呈现一种“空虚”症状。鉴于此，在节日促销中，要防止出现没有管理、没有促销技术跟进、没有促销产品转换、没有新的促销亮点、没有促销反馈数据、没有竞争压力分析等现象，避免促销人员按部就班的工作状态，要让节日促销始终有声有色地进行。

七、促销技巧

促销技巧主要表现为对产品进行有机分化，在此基础上，针对不同的产品采取不同的促销手段，按照不同的规程，在有效的时间段内，对促销作出不同的设计，从而更好地满足消费者的需求，增强促销的效果。

八、促销时限

规定促销时限，是节日促销中必须注意的一点。比如，可以在节日的第一天或某个消费时段进行促销，这样可以有效地刺激消费，在规定的时间里实现销售目标。

九、促销量化

限定促销产品的数量是促销活动的常规做法，但在节日促销中，这样的做法不是很合适，因为节日期间的消费需求旺盛，竞争也十分激烈，如果消费者的需求得不到满足，那么企业的竞争力就会大大减弱。

十、促销特色

节日促销要有特色。营销策划人员可以将促销活动与节日文化、民俗等巧妙地结合起来，在包装、折扣、优惠政策上动脑筋，把特色促销做足、做到位，从而使节日促销不断突破常规促销，以特色赢得消费者。

十一、促销范围

促销范围主要包括两个方面：一是促销的空间或地点，二是参与促销的产品或项目。将促销的空间或地点和参与促销的产品或项目限制在一定的范围内，有利于消费者选择，能使节日促销达到最佳效果。

十二、促销氛围

在节日促销中，营造良好的促销氛围是十分重要的。一般来说，节日的氛围以喜庆为主。但在不同场合的节日促销或者对不同产品的节日促销，要注意营造个性化、差异化的促销氛围。比如，重促销手段而轻产品功能，重促销礼物而轻促销承诺等。

总之，营销策划人员在进行节日促销时，要全面考虑可能会遇到的问题和困难，包括促销环境的变化、促销成本的上升等，从而合理设计促销活动、使用促销组合、运用促销技巧，使促销活动收到预期的效果。

资料来源：http：//www. kesum. com/Article/ltcyyj/cxyj/200703/35110. html.

模块6 团队项目实战训练

团队项目促销策划

一、训练内容

促销策划。

二、训练目的

各团队成员在充分交流、合理分工、互相讨论和互相启发的基础上，探索完成本团队项目的促销策划，并撰写促销策划方案，初步掌握促销策划的内容和基本流程以及促销策划方案的撰写技巧，提高实际操作和运用能力。

三、训练的具体任务

（1）在市场调研的基础上，进行广告策划，并撰写广告策划方案。

（2）在市场调研的基础上，进行营业推广策划，并撰写营业推广策划方案。

（3）在市场调研的基础上，进行公共关系策划，并撰写公共关系策划方案。

（4）在市场调研的基础上，进行促销策划，并撰写促销策划方案。

四、训练的步骤及要求

（1）明确分工。

（2）了解、熟悉促销策划的内容和基本流程，并掌握促销策划方案的文案格式。

（3）在团队内部讨论、分析的基础上，进行策划和思路整合。

（4）归纳总结。

（5）形成框架内容，并撰写促销策划方案。

（6）各团队选1～2名代表向全班同学陈述本团队促销策划的思路、内容及感受（每组5～8分钟）。

（7）各团队提交一份促销策划方案（3 800字以上）。

五、评价与总结

（1）团队自评。

（2）团队成果展示介绍（包括团队成员的工作态度、团队合作程度、工作流程和对成果质量的评价）。

（3）团队间互评。

（4）教师总评。

（5）个人子项目任务教师评价（打分）。

教师根据各团队成果的优缺点，有针对性地点评，启发学生的创新思维；对各团队普遍存在的问题进行重点分析；针对各团队具体项目的策划提出要重点注意的问题。

参考文献

[1] 陈民利，赵红英．营销策划项目教程．北京：机械工业出版社，2011.

[2] 陈培爱．广告策划与策划书撰写．3 版．厦门：厦门大学出版社，2009.

[3] 邓镝．营销策划案例分析．北京：机械工业出版社，2007.

[4] 董新春．市场营销策划实务．北京：北京理工大学出版社，2010.

[5] 方志坚．营销策划技术．北京：中国农业大学出版社，2008.

[6] 胡其辉．市场营销策划．大连：东北财经大学出版社，2006.

[7] 胡占友．现代企业营销方案写作．北京：机械工业出版社，2007.

[8] 黄升民，段晶晶．广告策划．北京：中国传媒大学出版社，2006.

[9] 李学芝，庞玉书．市场营销策划．北京：化学工业出版社，2007.

[10] 孟韬，毕克贵．营销策划——方法、技巧与文案．北京：机械工业出版社，2008.

[11] 王学东．营销策划——方法与实务．北京：清华大学出版社，2010.

[12] 夏武．市场营销策划．北京：中国经济出版社，2007.

[13] 杨明刚．营销策划创意与案例解读．上海：上海人民出版社，2008.

[14] 张建华．市场营销策划．北京：中国人民大学出版社，2010.

[15] 郑方华．营销策划技能案例训练手册．北京：机械工业出版社，2006.

[16] 周雪梅，岑詠霆．营销策划实训．北京：中国人民大学出版社，2009.

[17] 朱华锋．营销策划理论与实践．2 版．合肥：中国科学技术大学出版社，2010.

[18] [美] 艾伦．活动策划完全手册．北京：旅游教育出版社，2006.

[19] [美] 杰恩．市场营销策划与战略．北京：中信出版社，2004.

[20] [日] 浅田和实．产品策划营销．北京：科学出版社，2008.

信息反馈表

尊敬的老师，您好！

为了更好地为您的教学、科研服务，我们希望通过这张反馈表来获取您更多的建议和意见，以进一步完善我们的工作。

请您填好下表后以电子邮件、信件或传真的形式反馈给我们，十分感谢！

一、您使用的我社教材情况

您使用的我社教材名称			
您所讲授的课程		学生人数	
您希望获得哪些相关教学资源			
您对本书有哪些建议			

二、您目前使用的教材及计划编写的教材

您目前使用的教材	书名	作者	出版社
您计划编写的教材	书名	预计交稿时间	本校开课学生数量

三、请留下您的联系方式，以便我们为您赠送样书（限1本）

您的通讯地址			
您的姓名		联系电话	
电子邮件（必填）			

我们的联系方式：

地　址：苏州工业园区仁爱路158号中国人民大学苏州校区修远楼

电　话：0512-68839319　　传　真：0512-68839316

E-mail：huadong@crup.com.cn　　邮　编：215123

微　博：http://weibo.com/cruphd　　QQ（华东分社教研服务群）：34573529

信息反馈表下载地址：http://www.crup.com.cn/hdfs